国家话语翻译与国际传播

Translation and Communication of Chinese Discourse

潘 莉 著

科 学 出 版 社

北 京

内 容 简 介

本书围绕国家话语的主要类型及其翻译特点,在剖析国家话语翻译与媒体传播关系的基础上,分析探讨了不同类型的国家话语的特点、外译技巧及传播实践的异同。全书注重跨学科理论融合,有助于读者系统了解国家话语翻译与国际传播理论;注重理论与实践的结合,深入浅出的理论框架可用于不同文本类型的案例分析;注重专业性与实用性,读者可通过研读丰富的译例和翻译策略及翻译方法,提升翻译能力。

本书适合翻译专业学生、翻译从业者、对外传播工作者及相关研究和教学人员参阅。

图书在版编目(CIP)数据

国家话语翻译与国际传播 / 潘莉著. –– 北京:科学出版社,2025.2
ISBN 978-7-03-078599-2

Ⅰ. ①国… Ⅱ. ①潘… Ⅲ. ①汉语 – 翻译 – 研究 Ⅳ. ①H159

中国国家版本馆 CIP 数据核字(2024)第 106197 号

责任编辑:杨 英 贾雪玲 / 责任校对:王晓茜
责任印制:徐晓晨 / 封面设计:蓝正设计

科 学 出 版 社 出版

北京东黄城根北街 16 号
邮政编码:100717
http://www.sciencep.com

北京建宏印刷有限公司印刷
科学出版社发行 各地新华书店经销
*
2025 年 2 月第 一 版 开本:720×1000 B5
2025 年 2 月第一次印刷 印张:16 3/4
字数:350 000
定价:**98.00 元**
(如有印装质量问题,我社负责调换)

序　言

国家话语，作为塑造国家形象与传达国家意志的重要载体，涵盖对内与对外两个维度。对内国家话语旨在凝聚国内共识，强化民族认同；而对外国家话语则致力于在国际舞台上展现国家形象，促进国际合作与理解。然而，在互联网时代，随着信息技术的飞速发展和全球媒介化的不断深入，信息的传播已不再受地域和国界的限制，国家话语的边界日益模糊。在这个信息无国界的新媒体时代，无论是面向国内民众的国家话语，还是面向国际社会的国家话语，都可能迅速成为全球关注的焦点，国家话语不仅在国内产生影响，更可能被他国翻译、解读并广泛传播。

近年来，翻译在国家话语的国际传播与国家话语权构建中的核心地位日益凸显。国家话语的贴切翻译，不仅是国家形象塑造的关键，更深刻影响着国际舆论的导向和国际认同的形成。为了避免在国际信息流通中处于被动，各国纷纷加强国家话语的外译工作。对外翻译，作为国际传播的重要一环，对于提升国家软实力、增强国际影响力意义重大，不可或缺。

国家话语的对外翻译在国际传播中肩负传递中国声音、展示中国形象的重要使命。通过高质量的翻译，有助于让世界更好地了解中国的发展成就、价值观念和历史文化，提升中国的国际形象。然而，尽管当前国际形势严峻，国际舆论环境复杂，中国对外话语翻译及国际传播能力建设的需求在不断增长，相关研究和论著却相对匮乏。

立足于国家对外传播的战略需要，回应向世界讲好中国故事的现实需求，本书围绕国家话语的主要类型及其翻译难点，把握国家话语翻译与媒体传播之间的关系，全面探讨不同类型的国家话语的外译知识和技巧与传播理论。本书对不同国家话语类型的基础理论知识、话语传播实例、主要翻译策略和译法进行了梳理分析。在内容方面，本书具有三大特点。

首先，注重前沿性与时效性并存。当前国际形势复杂多变，国家话语翻译需求与实践的变化未有穷尽，故此，本书在理论上紧跟国家话语翻译各领域的研究动态，帮助读者把握研究前沿，案例选取上特别注重时效性，全部翻译实例来自近五年内的国家话语及其译文。

其次，注重跨学科与多模态译法融合。本书融合传播学、语言学、翻译学和国际关系学的理论与视角，结合多模态方法和理念，充分反映信息时代国家话语的翻译与传播特点。其突出创新点还在于融入学术动态板块、囊括不同模态的国家话语类型、注重多样传播形式与渠道、提供拓展引申阅读、引导读者讨论思考相关议题。

最后，注重专业性与实用性兼顾。本书结合丰富多样的国家话语及其翻译语料，选取大量高质量译例，分章分析与讨论多种文本类型的国家话语的语言特点、翻译原则及方法。

在理论知识方面，本书针对各章节主题提供高质量的翻译传播研究文献资源，引导读者深入了解不同译法策略下的国家形象建构，把握传统媒体与新媒体中的国家话语对外传播特点、传播流程、传播效果。在翻译实践方面，本书提供汉英翻译范例和译文对比，这有助于读者充分理解不同类型国家对外话语的不同文本功能、文本特征与修辞技巧，掌握对应的翻译方法和策略，并能自如运用到翻译实践中。

《国家话语翻译与国际传播》适用的读者对象广泛，包括翻译专业学生、翻译从业者、对外传播工作者及相关研究和教学人员。鉴于国家话语对外翻译传播人才培养的迫切需求，本书在结构设计上力求有助于相关课程进行教学设计，并配备充足的实践探索案例和对应的参考样例，因此本书也适用于各高校开设的时政翻译等同类课程教学，教师可根据实际教学需求与课程进度，对教学内容进行选择。另外，本书力求展现清晰的理论脉络，全书紧紧围绕翻译传播这一中心，引导读者循序渐进地认识和理解国家话语翻译与传播，既有助于读者提升理论素养和研究能力，也可促进读者的翻译实践能力。

全书由绪论、九个章节和后记组成。绪论统领全书，在定义国家话语翻译与国际传播等重要概念的基础上，论述了国家话语翻译与国际传播的关系，概述了国家话语翻译与国际传播的要素，继而讨论了国家话语外译传播存在的问题、对策与目标。九个章节的内容可分为三大部分。第一部分包括第一章至第三章，分别从话语类型、文本特征、修辞特点等方面，分析了如何整体把握国家话语的翻译原则、基本翻译准则及翻译策略方法。第二部分包括第四章至第六章，涵盖了国家领导人话语、党政文献话语、外交机构话语等最重要、最典型的国家话语类型，分别系统分析了各类话语特征、翻译难点及翻译策略方法。第三部分包括第七章至第九章，分别介绍了国家话语在宣传片、纪录片及新闻等多种媒体中的翻译与建构，从媒体翻译和国家形象建构两方面，全面考察了国家话语翻译与传播亟须关注的状况。

撰写兼具理论深度与实践广度的著作，融合翻译学、语言学、传播学、国际关系学等多学科视角，探讨国家话语翻译与国际传播，实属不易，难免挂一漏万。我们诚挚邀请同行专家不吝赐教，针对本书不足之处提出宝贵意见，共促学术进步。请将反馈发至 panli88@gdufs.edu.cn。愿我们携手并进，深化研究，优化教学，为培养新时代国家话语翻译人才、强化我国国际传播力与国际话语权贡献力量。

目　　录

序言

国家话语翻译是国家话语国际传播中的关键环节和重要工具。梳理国家话语、国家话语翻译、传播与国际传播等基本概念，从传播的角度认识国家话语翻译传播中的主体、内容、途径、受众、效果、动因和环境等七要素，有助于厘清国家话语翻译与国际传播的关系，改进国家话语翻译质量，从而提升国际传播效能。结合我国对外翻译实际，总结国家话语翻译传播中的问题、对策及原则、目标，对国家话语翻译训练、实践与研究都有一定的指导作用和重要的借鉴意义。

第一节　国家话语翻译与国际传播的关系

本节主要厘清国家话语与国家话语翻译、传播与国际传播两对核心概念，说明国家话语、国家话语翻译、传播与国际传播的主要特征和基本内容，以确定本章及其他章节的整体方向。

一、国家话语与国家话语翻译

国家话语与传播关系密切，国家话语翻译与国际传播密不可分。本质上，国家话语是一个国家以传播为目的开展的一种话语实践。国家话语作为"一种国家传播现象及信息形态，是一种以传播国家信息、塑造国家形象、提升国家软实力、解决国际国内问题为目的的国家传播行为"[①]。

国家话语既体现为媒介表达，也形成传播行为，构成一定的话语体系。国家话语体系是一个国家在政治、经济、文化、教育、科技、学术、外交、贸易等方面实力的媒介表达形态，是一个国家作为话语主体在国内外乃至全球范围内行使国家主权、进行国家传播的行为系统[②]。就时空而言，国家话语体系既包括国内话语体系，也包括国际话语体系；既包括古代的话语体系，也包括现代和当代的话

[①] 陈汝东. 论国家话语能力[J]. 北京大学学报（哲学社会科学版），2011（5）：66-73.（p.68）

[②] 陈汝东. 论国家话语体系的建构[J]. 江淮论坛，2015（2）：5-10，2.

语体系。宏观上，国家话语体系涉及一国的政治、经济、军事、文化乃至文明等诸多方面，是一国政党、政府、媒体和国民构成的综合实力的集中表达系统。微观上，国家话语体系由国家话语主体、语境、媒体、信息、方式、方法以及风格等因素构成。一切可以作为信息的媒介符号都能成为国家话语体系的载体①。中国国家话语体系是中国国家意志和国家价值在当代的重新表达，是中华文化和中华文明在全球语境下的话语表达系统，是中国国家治理能力、全球治理能力的重要实践和表达形式②。中国国家话语体系表达的是国家意志，传递的是国家价值，体现的是中华文化和中华文明。

国家话语是国家对内话语和国家对外话语的总和。国家的国际话语体系作为国家话语体系的一部分，主要由国家对外话语构成。部分国家对内话语通过翻译可成为国家对外话语。所以，区分两者的关键在于话语所针对的受众是国内受众还是国外受众，以及是否存在翻译活动。可以说，如果针对国内受众的话语没有对外传播的需要，就无须翻译，当然这不能避免别人翻译并传播我们国家的话语。比如我国的新闻报道和国家领导人讲话，有的是我们国家为了对外传播而进行翻译的，有的是别国为了了解我国而翻译的。同样，我们也会翻译别国的话语。这表明，在全球化的信息时代，包括国家话语在内的各类话语传播，对内传播的同时要考虑国外受众的反应，对外传播时也不能忽视国内受众的感受。

国家话语翻译包含译出（即国家话语对外翻译）和译入（即他国话语译入）两个方面。习近平指出，"讲好中国故事，传播好中国声音，展示真实、立体、全面的中国，是加强我国国际传播能力建设的重要任务。要深刻认识新形势下加强和改进国际传播工作的重要性和必要性，下大气力加强国际传播能力建设，形成同我国综合国力和国际地位相匹配的国际话语权，为我国改革发展稳定营造有利外部舆论环境，为推动构建人类命运共同体作出积极贡献"③。黄友义指出，中国当下应该侧重对外翻译，因为随着中国经济国际化和文化"走出去"，"中国比以往更加需要对外传播自己的声音，讲述自己的故事。由于世界各地受众群体懂中文的人太少，这个任务基本要靠中译外来实现"④。相关数据表明，自2011年起，中国的对外翻译量首次超过外文译入中文的数量。翻译是提升中国国际话语权的桥梁，对外讲好中国故事，增进相互理解，非常需要翻译这座桥梁⑤。本书侧重国

---

① 陈汝东. 论国家话语体系的建构[J]. 江淮论坛，2015（2）：5-10，2.

② 陈汝东. 论国家话语体系的建构[J]. 江淮论坛，2015（2）：5-10，2.

③ 新华社. 习近平在中共中央政治局第三十次集体学习时强调 加强和改进国际传播工作 展示真实立体全面的中国[EB/OL].（2021-06-01）[2022-08-31]. http://www.xinhuanet.com/politics/leaders/2021/06/01/c_1127517461.htm.

④ 黄友义. 中国站到了国际舞台中央，我们如何翻译[J]. 中国翻译，2015，36（5）：5-7.（p.5）

⑤ 新中国70年党政文献翻译与传播专题论坛在京举行[EB/OL].（2019-11-10）[2022-08-31]. http://www.china.org.cn/chinese/2019-11/10/content_75392695.htm.

家话语对外翻译，同时也涉及一些他国话语翻译，主要是为了进行对比分析。

二、传播与国际传播

传播的定义有很多，大致可以将其理解为凭借语言或非语言符号，通过特定的媒介渠道，直接或间接地传递和交流信息、意见、思想和情感的过程。传播这个概念来自英文单词 communication，但在传播学领域，对于 communication 的定义存在争议，该领域认为很难对此概念下一个统一的定义。相应地，这一概念也有多种中文译文，除了"传播"，还可译为"交际""交流""传递""沟通""联系"等。究其原因，英文 communication 是上位概念，中文中"没有层级上相对应的能指"，只有"交流""沟通""传播"等具体形式①，因此难以找到一个内涵高度准确、界限分明的术语来对应。

传播可被定义为信息传递或信息系统的运行。传播学学者哈罗德·拉斯韦尔（Harold Lasswell）指出，传播由五要素组成，"who says what in which channel to whom with what effect"，简称 5W，包括传播主体、传播内容、传播途径、传播受众和传播效果②。在拉斯韦尔的传播五要素（也称为 5W 模式）的基础上，我们增加了传播动因（for what purpose）和传播场景或传播环境（in what situation/environment）两个要素，形成了传播七要素的分析框架来分析国家话语传播（详见本章第二节）。

实际上，自拉斯韦尔的传播五要素提出以来，有很多学者提出改进这个理论，或者提出了更为完善的理论。例如，美籍奥地利社会学家保罗·拉扎斯菲尔德（Paul Lazarsfeld）的"有限效果论"（limited effects theory）指出，受众的选择性感知等因素可能会减弱大众媒体的传播效果③。该理论认为，媒体发出信号，受众对传播内容进行筛选、过滤，从而只接受自己喜欢的内容和赞同的观点。又如，拉扎斯菲尔德和美籍以色列社会学家伊莱休·卡茨（Elihu Katz）等提出了"两级传播理论"（two-step flow model of communication），该理论指出人际互动对塑造公众观点的影响要强于大众传媒机构，强调意见领袖（opinion leader）在信息流动与传播中的重要作用④。

---

① 李瑞林. 译学知识生产的建构性反思[J]. 中国翻译，2020（4）：23-31，189-190.（p. 30）

② Lasswell, H. D. 1948. The structure and function of communication in society[M]. In L. Bryson (Ed.), *The Communication of Ideas* (pp. 215-228). New York: Harper and Brothers.

③ Limited effects theory[EB/OL]. [2022-08-31]. https://www.oxfordreference.com/view/10.1093/oi/authority.20110803100106197.

④ Postelnicu, M. Two-step flow model of communication[EB/OL]. (2016-11-28) [2022-08-31]. https://www.britannica.com/topic/two-step-flow-model-of-communication.

后来有学者提出了"满足需要论",如卡茨与传播学教授杰·G. 布鲁默（Jay G. Blumler）综合微观（如个人态度和选择的形成）和宏观（如社会发展和文化的变迁）的分析，提出了"使用与满足理论"（uses and gratifications theory）。1974年，卡茨与布鲁默在《大众传播的使用：满足研究的视角》（*The Uses of Mass Communications: Current Perspectives on Gratifications Research*）一书中提出了"使用与满足理论"[①]。该理论认为，受众媒介使用与需求满足的过程模式可大致概括为：社会因素+心理因素→媒体期待→媒体接触→需求满足。这一理论被认为是传播研究的一个重要转折点，因为它强调了受众的能动性，突出了受众的地位，通过考察受众使用媒介的动机及其达到的需求满足，来考察大众传播给受众带来的心理影响和行为效果，这使得传播者开始重视受众的需求。

1972年，美国传播学者马克斯韦尔·麦库姆斯（Maxwell McCombs）与唐纳德·肖（Donald Shaw）提出了大众传播媒介的议程设置理论（agenda-setting theory）[②]，该理论的影响力奠定了两位学者在传播学研究中的领袖地位。议程设置理论是由受众调查和媒介调查结果提炼出的理论。此后的研究也多从受众调查入手，例如有学者通过对美国三大新闻周刊的调查，分析了20世纪六七十年代美国在越南战争期间大众传播媒介的议程与受众的关注度，结论是媒介议程和受众关注之间存在因果关系。具体来说，传播媒介给予越多的关注，公众对这个问题的重视程度也就越高。进一步说就是，大众传播媒介具有为公众设置"议事日程"的功能，传媒的新闻报道和信息传播活动影响着人们对新闻事件是否重大的认知和关注度。简言之，在大众传媒时代，新闻媒体影响受众对事情的关注度。还有其他一些研究也印证了这样的结论。

国际传播的起源并不十分明确。11世纪，随着现代民族国家的形成，国与国之间开始交流，国际传播就已经存在[③]。国际传播可被定义为跨越国家或民族边界、服务于国家利益的传播。在现实使用中，国际传播这一概念"更多地指向经由现代组织化的大众传播媒介所进行的、具有特定政治、经济和文化目的的跨越国境的传播活动"，不是一般的跨境传播，而是与国家前途和命运密切相关的，随着国际环境变化而不断调整的有目的、有策略、有组织的传播活动[④]。而民间个人与个人之间的跨国交流，实际上应是不同文化之间的人际交流，我们对此不作讨论。从某种意义上讲，"所有国际传播都带有政治色彩"，可以是显性、公开的，也有

---

① Blumler, J. G. & Katz, E. *The Uses of Mass Communications: Current Perspectives on Gratifications Research*[M]. Beverly Hills: Sage Publications, 1974.

② McCombs, M. E. & Shaw, D. L. The agenda-setting function of mass media[J]. *Public Opinion Quarterly*, 1972, 36(2): 176-187.

③ 罗伯特·福特纳. 国际传播：全球都市的历史、冲突及控制[M]. 刘利群译. 北京：华夏出版社，2000.

④ 王庚年. 新媒体国际传播研究[M]. 北京：中国国际广播出版社，2012.（p.1）

可能是隐性的；换言之，政治性是国际传播的固有本质特征①。

国际传播与全球传播的区别在于：国际传播是在承认国家界限的基础上，以国家为主体开展的国与国之间的传播，强调国与国之间的关系，其最终目的是服务于国家利益；全球传播更多强调的是信息与价值的共享，即在全球化与现代科技的发展下，特别是在互联网技术的影响下，人类互相联系与传递信息的方式发生了巨变，同时人类社会的生产生活方式也受到了深刻影响。国际传播与全球传播二者是并行不悖、同时存在的。

国际传播包括两个部分：对内传播和对外传播。对内传播指将国际社会的重要事件及发展变化传达给本国民众；对外传播指的是一个国家向外传递信息、扩大交流、增强互动、树立形象的传播活动，以外国政府组织、外国公众及境外华人为目标受众。对外传播的目的是影响目标受众对传播国的印象和态度，引导其形成对传播国的积极认知和友善态度，从而营造有利于传播国发展的国际舆论环境。狭义的对外传播指传播国面向对象国进行有目的的新闻报道活动，而广义的对外传播则涵盖传播国在跨国交流中的各种经济、商务、文化、政治、教育等活动以及旅游、移民等跨国行为中的交流活动②。

关于"对外传播"与"对外宣传"两个概念，首先要注意中国语境下的"宣传"一词的英译不能为 propaganda。在中文词汇中，宣传的词义是中性的、正面的、积极的。"宣传"指的是带有劝服、告知、提醒等目的和作用的传播，最终目的是使得受传者关注、接受或同意所传播的事实和理念。但在绝大多数西方语言中，宣传所对应的词语却是消极的。例如，英语中与宣传对应的单词 propaganda 有着强烈的贬义，表示为了政治目的而提供有偏见或误导性的虚假信息。"对外宣传"也不适合译作 international publicity。publicity 多指广告宣传或者媒体报道，属于单向的传播。实际上，由于"对外宣传"这一表述容易引起国际社会的误解，越来越多的人意识到这一点，开始用"对外传播"来替代"对外宣传"。正如沈苏儒所指出的，用"对外传播"取代"对外宣传"，不单单是个名词的替换，而是指导思想的问题。在指导思想上，我们的对外新闻、出版、信息传递等工作，其实就应该是传播，因为"从传播学的理论上讲，'传播'可以涵盖'宣传'"③。

然而，在对外传播中，传播国和对象国之间存在的语言不通、文字各异等交流障碍是一道天然屏障，成为制约对外传播效果的直接因素，也是对外传播活动中需要重点解决的问题。正是对外传播这种与生俱来的跨国界、跨语言、跨文化等特性，使传播国需要采取本国语种以外的语种进行传播，以确保达到"传播出

---

① 罗伯特·福特纳. 国际传播：全球都市的历史、冲突及控制[M]. 刘利群译. 北京：华夏出版社，2000.

② 郭可. 当代对外传播[M]. 上海：复旦大学出版社，2003.（pp.1-2）

③ 吴奇志. "艰苦而深刻的转变"：与外宣专家沈苏儒一席谈[J]. 对外传播，2008（11）：16-18.（pp.17-18）

去"的目的。这往往离不开翻译,这类翻译就是"对外翻译"。

至此,我们可以大致了解,国家话语通过翻译可以实现更大范围的国际传播。国家话语翻译的目的是传播,因此与国际传播关系密切。这意味着,翻译策略和方法都必须考虑国家话语的传播主体、传播动因、传播目的、传播内容、传播对象、传播媒介、传播机制、传播方式和方法、传播功能。正如李瑞林指出,"国家话语翻译重在说明自己,明确立场,更多体现为传播性"[①]。

当前亟须理顺的是国家话语的对外传播与对外翻译的关系。一方面,对外传播的跨国界、跨语言、跨文化等特性决定了它对翻译有很大的依赖性,翻译是确保达到"传播出去"的目的的重要甚至必不可少的手段和策略;另一方面,对外翻译的目的在于对外传播,其效果取决于翻译产品在海外受众中的传播效果。

第二节　国家话语翻译与国际传播的要素

国家话语翻译与国际传播息息相关,两者之间密不可分,这种有机联系值得译界和传播界共同重视。就译界而言,无论是翻译实践,还是翻译教学与科研,都不能只关注国家话语翻译,而不关注其国际传播,否则事倍功半,甚至等于"竹篮打水———一场空"。对于国际传播而言,只有处理好翻译与传播的关系,才能事半功倍,国家话语的国际传播才能卓有成效。因此,国家话语翻译应具备国际传播意识,应关注国际传播的任务与使命;翻译人才的培养应注重增强国际传播素养的教育,国家话语翻译人才培养应作为国家话语国际传播能力建设的重要组成部分。从传播的角度来看,传播七要素同样是国家话语翻译应当重视的要素,译者对这七个要素的正确判断和分析有利于提升其在国家话语翻译实践中的国际传播效度。

一、国家话语的传播主体

国家话语的传播主体包括党和国家领导人、国家各类各级机关、国家各级媒体机构、国家对外出版机构[如中国外文出版发行事业局(简称中国外文局)],以及包含网民在内的国民等。在信息时代,随着新媒体的发展,我国国家话语的传播主体呈现多元化趋势。具体而言,"中国对外传播主体呈现出差异性多元、全民性多元与个性化多元三类特征,人人参与的'全民外交'时代到来。在中国对外传播主流媒体不断提升国际传播能力的同时,中国网民、外国记者、海外华侨

---

① 李瑞林. 译学知识生产的建构性反思[J]. 中国翻译, 2020(4): 23-31, 189-190.(p.30)

华人是值得关注的有生力量"①。

二、国家话语的传播内容

国家话语的传播内容一般被认为主要是政治话语，如党和国家领导人的演讲和著作（如《习近平谈治国理政》）、党政会议文件（如两会文件）、外交部发言人表态和答记者问、政府白皮书等。但其实国家话语的传播内容不仅仅包括国家党政文献和时政话语等政治话语，还包括一个国家从古到今在政治、经济、军事、文化等诸多方面对内、对外传播的内容。就政治话语而言，为了推出中国政治话语翻译的"国家标准"，提高中国特色政治话语的国际知晓度和认同度，国家级翻译与对外传播机构相继推出了中国政治术语翻译数据库。例如，中央编译局中央文献重要术语译文审定委员会从 2015 年 4 月开始陆续推出"中央文献重要术语译文"系列，中国外文局及其设立的中国翻译研究院筹建了"中国关键词"翻译数据库（http://keywords.china.org.cn/）。这些专门机构的翻译不仅有权威性，也能体现政治话语翻译的国家意志②。

三、国家话语的传播途径

国家话语的传播途径包括承载和传播信息的各类媒介和渠道，例如报刊、广播、电视等传统媒体以及依托互联网、移动终端等载体的新媒体。我国对外传播的主流传统媒体代表有《中国日报》（*China Daily*）、《环球时报》（*Global Times*）、中国国际广播电台（China Radio International, CRI）、中央广播电视总台下属的新闻国际传播机构中国国际电视台（China Global Television Network, CGTN）等。

新媒体是一个相对概念，不同媒介出现时，都可理解为新媒体，而当前我们所说的新媒体主要指基于网络信息技术的更新迭代而发展起来的具有互动性的媒体形式。尽管万维网（World Wide Web, WWW）于 1993 年 4 月 30 日正式免费开放给所有人使用，然而直到 21 世纪初大众才真正实现能够在网络上进行互动。这种互动带来了一个新的媒体时代，这个时代的名称有不同的说法，如用户产出内容时代、参与性媒体时代、公民新闻时代、社交视频时代、大众互动交际时代等，还有"创作共用"（creative commons, CC）时代。"创作共用"是非营利组织，也是网络上数字作品创作的许可授权机制。无论称这个时代为什么时代，其共同特征是从少对多的单向传播变成了多对多的双向传播。网络用户不仅消费媒

① 钟新，令倩. 全民外交：中国对外传播主体的多元化趋势[J]. 对外传播，2018（9）：7-9.（p.7）

② 翟石磊. 话语认同与话语协调：论政治话语翻译中的国家意识[J]. 学术探索，2017（5）：28-34.（p.28）

体产品，还发布自己创作的内容，或转发其他媒体发布的内容，或是报道新闻、发表观点评论、科普知识。媒体受众不只是消费者和接受者的单一角色，还是媒体文本的生产者和传播者。这些变化给传统媒体带来了很大的冲击，迫使其进行改革与转型，逐步进入新媒体平台，实现传统媒体与新媒体的融合，开启媒体融合转型发展。比如，随着媒介技术与环境的变化，上述我国主流传统媒体逐渐形成了全媒体传播体系。

国家话语的新媒体传播途径既包括我国党和国家机构及国家媒体机构的官方外文网站，也包括其微博、微信、抖音、推特（Twitter，2023 年更名为 X）、脸谱（Facebook）等社交媒体官方账号，还包括其他国家话语传播主体的社交账号和自媒体平台等。

传播途径对翻译的重要性不言而喻，也日益受到各方重视。"党政文献翻译出版之后，万里长征才迈出了第一步。只有将这些文献传播到世界各地，送达目标读者手中才真正实现了国际传播的目的。"①外文出版社原总编辑、英文审定稿专家徐明强在介绍中国外文局 70 年来在传播党政文献方面所做的努力时曾提道，面向海外 180 多个国家和地区，中国外文局传播党政文献主要"依托国际同业发行、国际合作出版、本土化出版、参加国际书展等传统方式和互联网时代的全媒体传播手段"②。

四、国家话语的传播受众

与国家话语的传播主体一样，国家话语的传播受众同样具有多元性。受众意识是译者培训的必要内容，翻译实践中应重点关注不同背景的受众在认知和理解上的差异，有必要从受众的角度确定如何翻译和呈现内容。中国外文局原常务副局长、外文出版社原社长赵常谦指出，"作为译者，在文化信息转换过程中，一要有尊重读者的意识，了解受众国家的文化背景、风俗人情和思维方式；二是在内容上，应当找小切口，用读者更易接受的小故事讲中国发展变化的大道理"③。

对外传播的受众包括外国人和海外华人。对象的不同决定了我国对外翻译传播要有针对性。陈小慰从外宣受众需求、外宣翻译环境以及外宣目的三个角度，提出了外宣翻译中的"认同"构建问题，认为外宣翻译要采用受众认可的话语方

① 郑成琼. 新中国 70 年党政文献翻译与传播专题论坛在京举行[EB/OL]. （2019-11-10）[2022-08-31]. http://www.china.org.cn/chinese/2019-11/10/content_75392695.htm.

② 郑成琼. 新中国 70 年党政文献翻译与传播专题论坛在京举行[EB/OL]. （2019-11-10）[2022-08-31]. http://www.china.org.cn/chinese/2019-11/10/content_75392695.htm.

③ 郑成琼. 新中国 70 年党政文献翻译与传播专题论坛在京举行[EB/OL]. （2019-11-10）[2022-08-31]. http://www.china.org.cn/chinese/2019-11/10/content_75392695.htm.

式，以形成受众话语认同为最终目标[①]。政治话语翻译中的认同不仅局限于语言层面的认同，因为话语不等同于语言。语言是一种表达方式，话语是特定语境下的语言使用。话语的影响力在于内含的价值观念和意识形态因素[②]。

对外翻译传播的针对性体现在两方面。首先，在内容的选择上，对外翻译传播对目标受众需有针对性。我国对外翻译传播要抓住时下海外受众的兴趣点，比如中国的重大决策、社会体制和政治局势、国际事务参与、各项基础设施建设成就、国内投资环境以及在目前动荡不安的国际环境下中国的走向等内容。其次，在思维方式和语言习惯上，对外翻译传播也必须要有针对性，必须考虑目标受众的期望和价值观念，贴近国外受众对中国信息的需求，贴近他们的思维习惯[③]，有针对地做出调适，从而提高信息的接受度。对外翻译实践要求译者具备深厚的母语功底，同时要熟知外国语言习俗，防止落入文字陷阱，特别需要注意不同语言背后思维方式的转换，关注中外受众的思维差异。

五、国家话语的传播效果

传播效果是检验传播是否成功的"试金石"。以对外传播为目的的翻译活动是以说明解释或说服为目的的传播行为，讲求达到传播效果。传播效果主要体现在两个方面：一是获得受众的认同，对其产生影响，促使其产生态度或行为转变；二是达到传播主体的预期目标，实现传播意图。换言之，国家话语的传播效果主要取决于受众的反馈是否切合传播动因和预期目标。译者应对影响翻译效果的诸多因素加以考量。对翻译的传播效果进行充分的调查研究，有助于认识国家话语翻译与传播活动中存在的不足，进而改善翻译传播实践。

在国家话语翻译中，传播效果的实现很大程度上取决于译者在翻译过程中对受众意识的把握。受众，即传播对象，对译文的理解与接受是决定传播成功的关键。资深外宣翻译工作者黄友义与徐明强都强调，中国政治文献的英译需从跨文化语境、读者认知心理和视野融合三个维度进行读者关照[④]。外宣专家沈苏儒谈道，"在外宣'三贴近'已经深入人心的今天，有些问题已不是问题，但对有些问题的讨论仍在继续。只是已经不再是对与错的问题，而是如何做的问题。比如，如何将我们自身的需求与海外受众的需求结合起来：如何深入了解外国读者的感知力、判断力、思维习惯和思维方式；如何提高宣传技巧等。这些都是我们当前提高外

① 陈小慰. 外宣翻译中"认同"的建立[J]. 中国翻译，2007，28（1）：60-65，96.

② 翟石磊. 话语认同与话语协调：论政治话语翻译中的国家意识[J]. 学术探索，2017（5）：28-34.（p.28）

③ 黄友义. 坚持"外宣三贴近"原则，处理好外宣翻译中的难点问题[J]. 中国翻译，2004，25（6）：27-28.

④ 尹佳. 从读者接受理论看外宣翻译中的读者关照：黄友义、徐明强访谈录[J]. 中国翻译，2016，37（5）：76-80.（p.76）

宣效果面对的课题"①。

六、国家话语的传播动因

国家话语的传播动因与传播目的密切相关，可以将其理解为激发和维持传播活动以达到目的的动力。国家话语的传播动因与传播目的往往以国家利益为核心。也就是说，国家话语的对外传播一般都需要从本国的根本利益和长远利益出发。

国家话语的传播动因大致可以分为两个方面：一方面在于传递信息，满足受众的信息需求；另一方面在于引起关注，得到认同，达到传播目的。中国国家话语的传播动因可归纳为全面、客观、真实地向外国人（包括海外华人）介绍中国，传播我国的主张与立场，争取世界人民的了解、信任和支持，改变他们对我国的思维定式，从而树立我国良好的国际形象，创造有利的国际舆论环境。

此外，传播动因与传播目的会因受众的不同而存在差异和多样性，因而需要采取具有针对性、贴近性的差异化传播策略。2021年5月31日，习近平就加强我国国际传播能力建设再作部署时指出，"注重把握好基调，既开放自信也谦逊谦和，努力塑造可信、可爱、可敬的中国形象"，"采用贴近不同区域、不同国家、不同群体受众的精准传播方式，推进中国故事和中国声音的全球化表达、区域化表达、分众化表达，增强国际传播的亲和力和实效性"②。

七、国家话语的传播环境

国家话语的传播环境与国际舆论环境有着密切联系，直接影响着国家话语的传播效果。我们可以从国外媒体的涉华报道或时事评论中窥见中国国家话语的传播环境。当前，西方舆论环境对中国极其不利，在国际舆论上说服对方、达到认同是一项非常艰巨的任务。国家话语对外传播面临着多重挑战，最为突出的挑战是"话语逆差"和在国际舆论场中议程设置能力的不足③。中国在国际话语权的权力份额和权力运用上存在多重困局："其一，综合实力的崛起，并没有使中国的国际话语权得到相应程度的提升"；"其二，在未来较长时期内，西方的国际话语权强势地位和中国的弱势地位难以根本改变"；"其三，'与世界接轨'带来的话语权

① 吴奇志. "艰苦而深刻的转变"：与外宣专家沈苏儒一席谈[J]. 对外传播，2008（11）：16-18.（p.17）

② 新华社. 习近平在中共中央政治局第三十次集体学习时强调 加强和改进国际传播工作 展示真实立体全面的中国[EB/OL].（2021-06-01）[2022-08-31]. http://www.xinhuanet.com/politics/leaders/2021/06/01/c_1127517461.htm.

③ 张涛甫. 改变国际舆论场的"话语逆差"[EB/OL].（2016-04-19）[2024-11-11]. https://epaper.gmw.cn/wzb/html/2016-05/05/nw.D110000wzb_20160505_6-06.htm.

困局"①。中国提升国际话语权所面临的第一个挑战是话语生产能力问题②，而国家话语外译作为跨语言、跨文化的传播活动，有必要根据国际传播环境对国家话语进行再生产，这在一定程度上决定着向世界传播什么样的话语。因此，国家话语的对外翻译对构建中国的国际话语权起着至关重要的作用。

第三节　国家话语外译传播存在的问题、对策与目标

一、国家话语外译传播存在的问题

总的来看，我国包括政治话语在内的对外传播存在的问题不少，基本是由"内外不分""内外无别"所致的。无视话语传播的"内外有别"是国家话语翻译与传播的主要问题。除此之外，我国外宣话语还存在"宣传味"浓厚、缺乏针对性等问题③。概括起来，我国外宣翻译有四大问题：一是内宣和外宣不分（内宣的东西直接拿来对外，可能会引发矛盾）；二是缺少外宣研究；三是文风不平和（即爱讲道理）；四是特色词汇翻译难以理解，而"最大的问题是内宣和外宣不分"④。外宣话语的"宣传味"浓厚、缺乏针对性的问题⑤最为突出。目前我们的外宣往往只是内宣思维的延伸和拓展，是一种以自我为中心的意识形态思维定式，不能精准把握受众的价值取向和接受偏好，而是按照自认为正确的思路、价值、理念去说服对方⑥。

对外翻译存在的问题背后有一个重要原因，就是对当前我国对外话语受众的认识不够全面。黄友义指出，过去的外宣翻译是给少数研究中国问题的专家学者看的，他们本身对中国有一定了解，熟悉中国的话语体系；但随着中国经济实力不断提升、国际地位和国际影响力与日俱增，外宣翻译的受众迅速增加，不再是少数外国专家学者，而是 57 亿外国人⑦。普通读者与专家学者最大的不同是前者对中国的了解程度和理解能力不高，不了解中国的文化历史及政治背景。外宣翻译的译文是要让普通读者看懂的，要符合其语言习惯。黄友义认为，对于中国的

① 张志洲. 中国国际话语权的困局与出路[J]. 绿叶，2009（5）：76-83.（pp.78-80）

② 张志洲. 中国国际话语权的困局与出路[J]. 绿叶，2009（5）：76-83.

③ 张昆. 重视国家形象的对外宣传与传播[J]. 今传媒，2005（9）：7-12.

④ 徐明强. 外宣翻译的苦恼[J]. 中国翻译，2014，35（3）：11-12.

⑤ 张昆. 重视国家形象的对外宣传与传播[J]. 今传媒，2005（9）：7-12.

⑥ 张涛甫. 意识形态工作需持续有力地"突围"[J]. 人民论坛，2016（16）：57.

⑦ 尹佳. 从读者接受理论看外宣翻译中的读者关照：黄友义、徐明强访谈录[J]. 中国翻译，2016，37（5）：76-80.

重大理念，在表述上要进行调整，因为"中国文化是世界上独有的一种方块字的文化，博大精深。我们引经据典，我们一听就懂；吟一句古诗，我们就知道要表达什么。这些信息对外国人来说太难、太高深。他不懂中文的情况下，他无论如何难以理解我们的真实意图"①。"一方面是中国文化的博大精深和深厚底蕴，另一方面如本文前面所述，拓展了的外国受众对中国文化了解实在有限。"②

二、国家话语外译传播的对策及原则

国家话语外译传播的对策可以概括为坚定立场、贴近受众、重视差异。习近平指出，国家媒体对外传播要"用海外读者乐于接受的方式、易于理解的语言"③。黄友义指出，政治话语对外传播是一种精准传播，必须要针对受众的理解能力、思维习惯来进行翻译，"这样我们时政类的表述才能够更有效果"④。外交部外语与翻译资深专家陈明明对创新党政文件翻译工作提了几点建议，其中一点是"注意中外文化差别"⑤。徐明强认为，外宣翻译需要改进文风，"对内的文章不能直接对外，要进行改写，要给予编辑和翻译较大的权力"⑥。窦卫霖强调，"重视差异"应是中国政治话语对外传播的策略之一，要了解传播对象，重视差异，尤其需要"重视对内与对外传播的差异，通过坚持不懈的强化传播，即使西方受众在认知上暂不认同我们的理念，也能够逐渐接受我们的翻译表述，实现从排斥—接受—认可的转化"⑦。在国际传播领域，"内外有别"首先体现在对受众差异的深刻理解上。国际受众在信息需求、文化背景、语言习惯和思维方式上往往有着显著差异，这对传播效果有着决定性的影响。若忽视这些差异，尤其是语言习惯的不同，可能导致译文生硬难懂，这种非常粗糙的翻译虽能传递大致意思，却牺牲了阅读体验，甚至会引发误解。真正有效的国际传播应采用引人入胜的叙事手法和语言来吸引受众，触动受众心灵，从而引起共鸣。最高境界的国际传播则是通过创造性的叙事手法来讲述故事，将信息传递与受众互动融合，实现情感和关系

---

① 黄友义. 我们要建立中国特色国际话语体系[EB/OL].（2017-08-25）[2021-10-15]. http://zjnews.china.com.cn/Interview/2017-08-25/134067.html.

② 黄友义. 中国站到了国际舞台中央，我们如何翻译[J]. 中国翻译，2015，36（5）：5-7.（p.6）

③ 新华网. 习近平就人民日报海外版创刊30周年作出重要批示[EB/OL].（2015-05-21）[2022-08-31]. http://www.xinhuanet.com//politics/2015-05/21/c_1115367376.htm.

④ 黄友义：我们要建立中国特色国际话语体系[EB/OL].（2017-08-25）[2021-10-15]. http://zjnews.china.com.cn/Interview/2017-08-25/134067.html.

⑤ 陈明明. 在党政文件翻译中构建融通中外的新概念新范畴新表述[J]. 中国翻译，2014，35（3）：9-10.（p.10）

⑥ 徐明强. 外宣翻译的苦恼[J]. 中国翻译，2014，35（3）：11-12.（p.12）

⑦ 窦卫霖. 如何提高中国时政话语对外译效果：基于认知心理学角度[J]. 探索与争鸣，2016（8）：127-130.（p.130）

的深度共鸣与共振。因此，掌握传播规律，在尊重差异的基础上，以情感共鸣为桥梁，创造性地讲述中国故事，是提升国家话语国际影响力的核心策略，是切实提高国家话语国际传播力的关键。

针对我国"内外不分"的外宣现状，黄友义提出了"外宣三贴近"原则，即贴近中国发展的实际，贴近国外受众对中国信息的需求，贴近国外受众的思维习惯[①]。"外宣三贴近"原则对外宣翻译具有很强的指导意义，但在实践中要注意这三个贴近的重要性并不完全一样。在国家话语翻译与传播实践中，由于国家话语涉及国家意志、国家价值、国家立场，鉴于国家利益无法兼顾"外宣三贴近"原则的所有方面，所以要优先考虑"贴近中国发展的实际"，这在一定程度上往往会淡化"贴近国外受众对中国信息的需求"和"贴近国外受众的思维习惯"两个原则。这是由于在涉及国家利益的国家话语翻译中，我们不能只顾迎合受众的信息需求与阅读期待，而首要的是从中国现实出发，坚定阐明中国观点和中国立场。尽管如此，解决中国话语对外翻译传播存在的问题、提升传播效果仍有必要兼顾以下两方面：一要正确把握传播主体的意图和立场，二要密切关注目标受众的思维习惯。

三、国家话语外译传播的目标

国家话语翻译与国际传播需协调语言认同、文化认同与政治认同的问题。语言认同是指"认同话语表述的语法结构与符号表征"，文化认同则指"认同话语背后的文化蕴含"，而政治认同意味着"认同话语所揭示的政治理念"[②]。认同是传播的终极目标，与认知在深度和效度上有所区别。认知是指实现海外读者在文本层面上了解和理解中国政治话语，这是政治话语对外传播的第一阶段效应，不以接受为目标，而是以国际公众"听得到"中国声音为目标；认同是指以实现海外公众认可中国政治话语背后的政治理念和价值观为目标[③]。

在体现国家意识的前提下，国家话语翻译与国际传播的三维目标如下：首先实现表层的语言认同，再到深层的文化认同，最终实现政治认同这一终极目标。这既是达到国家话语翻译认同这一目标的三个维度，更是国家话语翻译与国际传播实践中的三大挑战。获得政治认同是我国国家话语外译传播中尤需关注的问题。中国的政治体制与世界大部分国家和地区存在较为明显的差异。受政治体制和政治文化差异的影响，在很多情况下，跨越政治文化鸿沟，实现跨文化认同极具挑

① 黄友义. 坚持"外宣三贴近"原则，处理好外宣翻译中的难点问题[J]. 中国翻译，2004，25（6）：27-28.
② 翟石磊. 话语认同与话语协调：论政治话语翻译中的国家意识[J]. 学术探索，2017（5）：28-34.（p.33）
③ 翟石磊. 话语认同与话语协调：论政治话语翻译中的国家意识[J]. 学术探索，2017（5）：28-34.（p.33）

战性，对外翻译传播应坚持"政治正确与跨文化贴切相互协调的准则"①。因而，国家话语翻译与传播中的话语认同既关乎语言问题，也关乎文化问题、政治问题。

要使国家话语翻译实现传播效果、产生国际影响力，必须处理好上述三个认同之间的关系。借鉴翟石磊提出的"三个协调"原则，即"坚持语言符号与政治蕴含的协调，特色性与普遍性的协调，国内、国际两个语境协调的原则"②，有助于实现"三个认同"的整合，从而实现国家话语翻译传播的总体目标。

延 伸 阅 读

1. 黄友义. 坚持"外宣三贴近"原则，处理好外宣翻译中的难点问题[J]. 中国翻译，2004，25（6）：27-28.

2. 翟石磊. 话语认同与话语协调：论政治话语翻译中的国家意识[J]. 学术探索，2017（5）：28-34.

3. 周鑫宇，黄嘉莹. 中国国家治理体系的对外讲述[J]. 对外传播，2020（2）：7-9.

4. 杨雪冬. 在比较中阐释中国制度优势的一般性[J]. 对外传播，2020（2）：4-6，18.

5. Bielsa, E. Globalisation and translation: A theoretical approach[J]. *Language and Intercultural Communication*, 2005, 5(2): 131-144.

6. Nimmo, D. D. & Sanders, K. R. *Handbook of Political Communication*[C]. Beverly Hills: Sage Publications, 1981.

7. Wodak, R. *Language, Power and Ideology: Studies in Political Discourse*[C]. Vol.7. Amsterdam and Philadelphia: John Benjamins, 1989.

---

① 翟石磊. 话语认同与话语协调：论政治话语翻译中的国家意识[J]. 学术探索，2017（5）：28-34.（p.28）

② 翟石磊. 话语认同与话语协调：论政治话语翻译中的国家意识[J]. 学术探索，2017（5）：28-34.（p.33）

第一章

国家话语类型、功能及翻译原则

　　国家话语根据不同分类依据，有多种划分方式。从传播学视角来看，根据传播主体的不同，国家话语可分为国家领导人话语、党政机构话语、国家媒体话语、国家企事业机构话语、国民话语等；根据受众或传播范围的不同，国家话语可划分为国内话语和国际话语；以传播内容为分类依据，国家话语可分为政治话语、经济话语、军事话语、外交话语等。如果以时间跨度为分类依据，国家话语还可分为古代国家话语、近代国家话语、现代国家话语、当代国家话语。

　　不同类型话语的传播功能有所不同[①]。国家各方面的话语信息具有不同的话语表征和媒介表达方式，从而实现不同的话语功能。由于国家话语翻译是以传播为目的，服务于国家政治、经济、贸易、文化、科技、军事等各方面信息的国际交流和对外传播活动，因此在国家话语翻译与传播实践中，对于不同媒介承载的各类话语信息的传播功能和翻译原则不可一概而论。无论是国家话语翻译与传播实践，还是相关研究，都有必要区分不同国家话语类型及功能，从话语类型的不同功能来确定和评估翻译原则和翻译策略。

　　本章基于文本类型理论（text typology）[②]，以翻译活动要实现的功能为出发点，从文本功能的维度划分国家话语类型，并描写不同类型国家话语的功能，进而提出不同国家话语类型的翻译原则。

第一节　文本类型及功能翻译理论

　　文本类型理论是功能主义学派翻译研究的基础，该学派的理论焦点是翻译目

---

① 陈汝东. 论国家话语能力[J]. 北京大学学报（哲学社会科学版），2011（5）：66-73.（p.69）

② Reiss, K. *Translation Criticism—The Potentials & Limitations: Categories and Criteria for Translation Quality Assessment*[M]. London: Routledge, 2000.

的（即译文的社会功能）决定翻译手段，强调译文在译语（翻译的目标语言）语境中的功能对翻译策略的决定作用，即翻译策略取决于文本功能[①]。文本类型的划分源自语言的三个基本功能。德国心理学家、语言学家卡尔·比勒（Karl Bühler）提出，语言有表现（represent）、表情（express）、呼吁（appeal）[②]三个基本功能，这三个基本功能分别侧重于语言的客观性、主观性、说服性特征。德国功能学派翻译研究代表人物卡特琳娜·莱斯（Katharina Reiss）根据比勒的语言功能三分法，划分出信息型文本（informative text）、表情型文本（expressive text）、操作型文本（operative text）三种文本类型[③]，从而将文本功能引入翻译批评；她提出了功能主义翻译批评理论，指出交际是在文本而非词汇或句子层面实现的，将语言的功能和文本的类型及其翻译策略关联起来[④]。莱斯指出，虽然一个文本可以同时具有三种文本类型的特征和功能，但是该文本的功能有轻重主次之分。文本的主要功能决定其所属的主要文本类型。功能不同的文本归属的文本类型不同，信息型文本重内容及语言的表征功能，表情型文本重形式及语言的表情功能，操作型文本重呼吁及语言的劝说功能。不同的文本类型所采取的翻译方法也应有所区别，通常情况下对文本类型的区分是确定翻译方法的首要因素。翻译时进行文本类型分析的必要性在于，不存在能够适用于所有类型文本的翻译方法，因此必须在分清文本类型的前提下选择翻译方法。这一节将简要介绍信息型文本、表情型文本、操作型文本、视听文本的语言特点、话语功能及翻译要点，内容主要基于莱斯的专著《翻译批评——潜力与制约：翻译质量评估的类型与标准》（*Translation Criticism—The Potentials & Limitations: Categories and Criteria for Translation Quality Assessment*）。

一、信息型文本及其翻译要点

信息型文本以内容为重，强调语言的逻辑性和表征功能，包括新闻报道、操作指南、非虚构类作品、库存清单、参考书、条约、证书、论文、声明、评论等。信息型文本旨在快速、准确、全面地提供信息。例如专业领域的信息型文本，如人文社会科学或自然科学领域的研究论文中，特别需要注意专业术语的处理。

信息型文本的翻译应以内容为重，可谓内容第一、形式第二。但这并不意味

---

① 张美芳，钱宏. 翻译研究领域的"功能"概念[J]. 中国翻译，2007，28（3）：10-16，93.（p.14）

② Bühler, K. *Theory of Language: The Representational Function of Language*[M]. D. F. Goodwin Tran. Philadelphia: John Benjamins Publishing Company, 1990.

③ Reiss, K. *Translation Criticism—The Potentials & Limitations: Categories and Criteria for Translation Quality Assessment*[M]. London: Routledge, 2000.

④ Munday, J. *Introducing Translation Studies*[M]. 4th edn. London: Routledge, 2016. (p.113)

着信息型文本只重内容而不顾形式。信息型文本的形式关乎传播的有效性和信息的准确性，只有通过适当的形式才能表达合适的内容，因此内容和形式是不可分割的。信息型文本翻译以译语为导向，翻译要点是"内容转换的不变性"（invariance in transfer of their content），要求在译语中切实传达文本的信息内容。为此，语言形式上应首要采用译语的地道表达，符合译语的使用规范。同时，为使受众明了原文的信息，原文的隐含信息在译文中应尽可能明晰化。

二、表情型文本及其翻译要点

表情型文本以形式为重，强调语言的审美性和表情功能，以表达形式带来的美感或美学（aesthetic）效果为主要判断依据，如诗歌、散文等文学作品。文本的"形式"（form）关乎作者如何表达自身，而"内容"（content）则关乎作者说了什么。表情型文本追求艺术性的表达形式，因而翻译时需在译语中找到类似的表达形式，使目标受众在阅读文本时产生相似的印象或感觉，从而在译语环境中实现文本的表情功能。

表情型文本的翻译以原语为导向，翻译要点是"形式的相似性"（similarity of form），旨在实现美学效果的对等（an equivalence of esthetic effect）。在表情型文本的翻译中，形式是第一位，内容是第二位。翻译应保留或再现原文作者的个人特征或创作风格。文本形式是表情型文本翻译的首要因素，尤其是文本中为了实现美学目的而使用的文体、韵律、俗语、谚语、隐喻等修辞手段及其他语言形式，其在原文中的修辞功能应再现于译文中，因而需尽可能采用直译。相反，信息型文本翻译中的习语、俗语、隐喻等修辞手段，在不影响内容转换完整性的前提下，可以忽略原文表达的修辞性，将其替换为译语中的类似表达或只译出其意。

三、操作型文本及其翻译要点

操作型文本以呼吁为重，强调语言的对话性和劝说功能。操作型文本不只通过语言形式传达特定信息，其区别性特征在于文本信息的呈现往往基于特定的视角、带有明确的目的，以产生"非语言的效果"（non-linguistic result），即通过语言的呼吁功能使文本对受众产生某种吸引力，激发受众的兴趣和反应，进而采取行动或改变行为。操作型文本包括广告、宣传、布道、辩论、讽刺作品、竞选演讲等公开发言。

操作型文本的翻译要点在于保留语言的呼吁功能或修辞功能，使译文能够引起受众的反应，并有可能带来行为上的改变，或者说使译文实现文本生产者预设的效果。例如，商业广告的形式与内容都服务于一个总体目标，即引起消费者的反应、刺激消费行动。广告翻译如果仅追求与原文在语言表达形式上的相似，那就有可能削弱广告本身的呼吁功能和说服效果。并非所有语言群体都会对同类广告产生相同的反应。由于社会生活环境的差异，原语广告的概念体系在部分译语受众中有可能是缺失的。在这种情况下，翻译需要调整或替换概念，以适应译语受众的文化语境。

因此，操作型文本的翻译需把信息传达的非语言目的放在第一位，把信息呈现的形式及语言形式承载的内容放在第二位。这也就意味着，相较于信息型文本和表情型文本，操作型文本的翻译可在更大程度上偏离原文的内容和形式，以达到原文作者意欲实现的文本效果，并保留文本固有的感染力或吸引力。

四、视听文本类型及翻译要点

在上述三种文本类型之外，莱斯提出了第四种文本类型——声音媒体文本，后又称其为三种基础文本类型的"多媒体"变体[1]。目前，翻译研究中多将这类多媒体文本称为"多模态文本"[2]。莱斯指出，声音媒体文本还可分为其他不同类型，如重内容的类型、重形式的类型、重呼吁的类型[3]。

但是，对于声音媒体文本以及其他多媒体协同构建意义的多模态文本，翻译中根据三种基础文本类型及其功能来确定此类文本的翻译方法并不完全合适。这是因为多模态文本功能的实现除了依靠所属基础文本类型的语言功能，还依赖于其他非语言因素，如配乐、肢体及表情等多种模态的补充或增强效果。同时，不同语言在口头话语节奏和音调上的差异要远大于在书面形式上的差异。例如，对于视听翻译，最合适的方法应是使视听译作整体上实现与原视听作品相同的视听效果，而非仅仅实现语言层面的功能和效果。

作为多模态文本，视听文本的独特性在于交际的实现依靠多种媒介技术，并依赖声音、图像，以及其他视觉表现形式，这类文本包括任何需要使用非语言媒介来达到传播目的的文本，如广播电视新闻报道、戏剧、影视作品等。因此，在这个信息日益视听化的媒体时代，不应忽视视听文本的多模态性对视听翻译的作用。实际上，视听文本翻译脱离于原作形式和内容的程度甚至可能大于操作型文本的翻译。视听译作更重要的是体现原作中语言与非语言模态或其他因素的协调与融合。

---

① Reiss, K. *Translation Criticism—The Potentials & Limitations: Categories and Criteria for Translation Quality Assessment*[M]. London: Routledge, 2000. (p.44)

② Munday, J. *Introducing Translation Studies*[M]. 4th edn. London: Routledge, 2016. (p.116)

③ Reiss, K. *Translation Criticism—The Potentials & Limitations: Categories and Criteria for Translation Quality Assessment*[M]. London: Routledge, 2000.

值得注意的是，翻译通常无法完全表达原语文本的方方面面，因此根据不同文本的主要功能进行取舍就尤为重要。各类文本的主要功能决定其所属的文本类型，进而决定翻译时应采取的方法，最终决定译文能否实现翻译意欲达到的效果。换言之，文本类型及功能决定了翻译方法的选择，即决定了翻译中应优先考虑和保留哪些文本要素。信息型文本的翻译注重语言的逻辑性，优先考虑信息内容的准确性；表情型文本的翻译注重语言的审美性，优先考虑语言形式的美学效果；操作型文本的翻译注重语言的对话性，首要考虑引起受众的反应；视听文本则注重语言与非语言媒介因素的协调性，首要考虑语言和图像、音乐、背景音等非语言媒介因素的协同效果。

同时需注意，在不同的语言文化环境中，同类文本的语言特点及话语功能并不一定相同，原文的功能不同于译文所要实现的功能。一个可能的原因是，原文创作时预设的受众群体不同于译文针对的受众群体。还要注意，一些文本可能难以定位其主要文本类型，也就是说它同时混合了两种或两种以上文本类型的特点，处于两种或两种以上文本类型的中间地带。例如，传记可归为信息型文本和表情型文本的混合体，一方面提供了有关传主（传记主人）的信息，另一方面体现了其作为文学作品形式的表情功能，甚至还有可能具备操作型文本的功能，也就是让读者相信传主的行为是合理且正确的[①]混合型文本的翻译有必要对不同的信息类型在文本中的信息价值进行区分，并选取对应的翻译策略和翻译方法[②]。

文本类型模型对于翻译与翻译批评都具有重要意义。例如，文本类型模型将翻译理论的焦点从语言和文本效果的层面拓宽到翻译的交际功能，这对翻译实践具有一定的实用价值和解释力。文本类型理论对于划分国家话语类型及功能具有指导意义，而根据文本类型划分国家话语，有助于翻译策略和翻译方法的选择，对国家话语翻译的质量评估也有较大的导向意义。

第二节　国家话语类型及功能

以文本类型及其功能为切入点来划分国家话语类型，首先需厘清文本类型与国家话语类型两者之间的关系。在国际传播视野下，国家话语的显著特征是其坚定鲜明的政治立场，而国际传播的本质属性则是政治性。考虑到国家话语传播的政治意义与立场特征，本书主要围绕国家政治话语翻译与传播进行探讨。同时，

---

① Munday, J. *Introducing Translation Studies*[M]. 4th edn. London: Routledge, 2016. (p.116)

② 潘莉,黄楚欣. 信息价值优先原则下的纪实短视频英译策略初探[J]. 解放军外国语学院学报,2022,45(4): 79-87，161.

本书关注的国家话语主体主要包括涉及相关话语事件的个体、群体或机构，重点关注这些主体与国家意志和国家立场具有一致性的话语。

基于文本类型理论，一种文本类型可涵盖不同的体裁（genre）或话语类型[①]。政治话语由不同的体裁构成[②]，政治话语的传播也涉及不同的体裁[③]。实际上，大部分政治行为是话语层面的（discursive）。政治话语不仅包括法律、行政法规、政府条例，以及其他相关的机构话语形式，还包括代表国家意志和立场的宣传、演讲、媒体采访、时政节目等具体体裁[④]。因此，国家话语可表征为不同的体裁。根据不同体裁文本的主要功能，国家话语可分为三种主要文本类型。通常情况下，一种文本类型可包括多种国家话语体裁，而一种体裁归属于一种主要文本类型。具体来说，根据话语体裁的主要功能，国家话语可分为以信息为主的国家话语（简称信息型国家话语）、以表情为主的国家话语（简称表情型国家话语）、以呼吁操作为主的国家话语（简称操作型国家话语），这三类话语分别由不同的体裁构成，如图 1-1 所示。需要注意的是，这三类国家话语主要以文字为媒介，通过书面或口头形式呈现。

图 1-1　国家话语主要文本类型

如图 1-1 所示，三角形的三个角分别指向信息型文本、表情型文本、操作型文本。三角形内列举了本书后面各章节涉及的具体国家话语体裁。各类国家话语在三角形内的位置由其主要话语功能决定，这也表明，三角形内列出的各类国家话语体裁，在不同程度上可同时具备两种或三种文本类型的特征及功能，只是不

① Munday, J. *Introducing Translation Studies*[M]. 4th edn. London: Routledge, 2016. (p.116)

② Chilton, P. *Analysing Political Discourse: Theory and Practice*[M]. London: Routledge, 2004.

③ Cap, P. & Okulska, U. *Analyzing Genres in Political Communication: Theory and Practice*[M]. Amsterdam and Philadelphia: John Benjamins, 2013.

④ van Dijk, T. A. What is political discourse analysis?[J]. *Belgian Journal of Linguistics*, 1997, 11(1): 11-52. (p.18)

同的文本类型特征在各类国家话语体裁中所占的比重有大小之分。一般情况下，距离某类话语体裁最近的角所指向的文本类型，为其主要文本类型。例如，白皮书在图 1-1 中的位置偏向"信息型文本"一角，是信息型国家话语，但并不排除白皮书中包含修辞手法等带有表情型文本特征的语言要素，只是就话语功能而言，白皮书的信息内容本身比语言形式更为重要。

图 1-1 中国家话语主要文本类型的划分依据的是中国国家话语的特征及主要功能。接下来，我们将进一步阐释这一划分，并举例说明。需注意的是，在不同的国家和地区，受政治、文化、环境差异等因素影响，上述国家话语类型的区分可能不完全适用，因此需要根据具体情况进行调整。

一、信息型国家话语特征及其功能

信息型国家话语以内容为重，其主要功能是陈述事实、提供信息，旨在向国内外各界人士介绍国家在各方面的方针政策、发展情况、进展或规划等。信息型国家话语包括白皮书、党政文件、政府工作报告、总理记者会等，主要话语主体为党中央、国务院等党和国家机构。这一类国家话语侧重语言表达的逻辑性，语言风格偏正式，通常包含较多统计数据和专门术语，如政治理念、机构名称、方针政策、官方文件名等。文本主要起到记录信息和回溯信息的作用，具有历史参考价值。

白皮书由国务院新闻办公室（简称国务院新闻办）发布，一般是政府针对某一重大问题或国际关切，说明事实、表明立场的正式官方文书，讲求文字简练、用语规范、事实清楚、立场明确[①]。白皮书的基本结构由目录、前言、正文、结束语组成。例如，2022 年 1 月发布的《2021 中国的航天》白皮书介绍了 2016 年以来中国航天活动的主要进展及未来五年的主要任务，以增进国际社会对中国航天事业的了解；2021 年 6 月发布的《中国新型政党制度》白皮书介绍了中国共产党领导的多党合作和政治协商制度，阐明了中国新型政党制度的基本内容、特征及优势等方面的内容。

例 1：选自《2021 中国的航天》白皮书，2022-01-28

2016 年以来，截至 2021 年 12 月，共完成 207 次发射任务，其中长征系列运载火箭发射共完成 183 次，总发射次数突破 400 次。长征系列运载火箭加速向无毒、无污染、模块化、智慧化方向升级换代，"长征五号""长征五号乙"运载火箭实现应用发射，"长征八号""长征七号甲"

---

① 李洋. 白皮书的翻译与出版[J]. 中国翻译，2020，41（1）：49-53.

实现首飞，运载能力持续增强。

（http://www.scio.gov.cn/zfbps/zfbps_2279/202207/t20220704_130725.html）①

例2：选自《中国新型政党制度》白皮书，2021-06-25

中国人民政治协商会议全国委员会由中国共产党、各民主党派、无党派人士、人民团体、各少数民族和各界的代表，香港特别行政区同胞、澳门特别行政区同胞、台湾同胞和归国侨胞的代表以及特别邀请的人士组成，设若干界别。各民主党派、无党派人士是人民政协的重要界别，在人民政协中发挥重要作用。

（https://www.gov.cn/zhengce/2021-06-25/content_5620794.htm）

党政文件指中国共产党机关和国家行政机关（简称党政机关）各部门发布的文件、党政重要会议文件等。例如，2022年10月，习近平总书记在中国共产党第二十次全国代表大会上作的题为"高举中国特色社会主义伟大旗帜 为全面建设社会主义现代化国家而团结奋斗"的报告；2021年11月召开的中国共产党第十九届中央委员会第六次全体会议（简称"十九届六中全会"）上发布的十九届六中全会公报，以及会上通过的《中共中央关于党的百年奋斗重大成就和历史经验的决议》；《中华人民共和国国务院公报》等。

例3：选自习近平：高举中国特色社会主义伟大旗帜 为全面建设社会主义现代化国家而团结奋斗——在中国共产党第二十次全国代表大会上的报告，2022-10-16

十九大以来的五年，是极不寻常、极不平凡的五年。党中央统筹中华民族伟大复兴战略全局和世界百年未有之大变局，召开七次全会，分别就宪法修改，深化党和国家机构改革，坚持和完善中国特色社会主义制度、推进国家治理体系和治理能力现代化，制定"十四五"规划和二〇三五年远景目标，全面总结党的百年奋斗重大成就和历史经验等重大问题作出决定和决议，就党和国家事业发展作出重大战略部署，团结带领全党全军全国各族人民有效应对严峻复杂的国际形势和接踵而至的巨大风险挑战，以奋发有为的精神把新时代中国特色社会主义不断推向前进。

（http://www.gov.cn/xinwen/2022-10/25/content_5721685.htm）

---

① 例句出处网址系作者在撰写本书过程中所提供，且在当时均可正常访问。

例 4：选自《中共中央关于党的百年奋斗重大成就和历史经验的决议》，2021-11-11

全党必须坚持马克思列宁主义、毛泽东思想、邓小平理论、"三个代表"重要思想、科学发展观，全面贯彻习近平新时代中国特色社会主义思想，用马克思主义的立场、观点、方法观察时代、把握时代、引领时代，不断深化对共产党执政规律、社会主义建设规律、人类社会发展规律的认识。

（http://www.gov.cn/zhengce/2021-11/16/content_5651269.htm）

国务院政府工作报告（简称政府工作报告）是国务院总理在全国人民代表大会上所作的报告，提请全国人大代表进行审议。政府工作报告由专门的政府工作报告起草组起草，主要以国务院研究室为主，国务院总理和政府各个部门都参与报告的起草①。报告的主要内容是对过去的总结和对下一年的规划，例如，2022年政府工作报告包括"一、2021 年工作回顾""二、2022 年经济社会发展总体要求和政策取向""三、2022 年政府工作任务"三个主要部分。报告中提出的工作要求、预期目标、任务举措等，突出了老百姓关切的重大问题，是政府对全国人民的庄严承诺，也是向国内外公众发出中国政府的声音。

例 5：选自李克强 2022 年政府工作报告，2022-03-05

人民生活水平稳步提高。居民人均可支配收入实际增长 8.1%。脱贫攻坚成果得到巩固和拓展。基本养老、基本医疗、社会救助等保障力度加大。教育改革发展迈出新步伐。新开工改造城镇老旧小区 5.6 万个，惠及近千万家庭。

（http://www.china.org.cn/chinese/2022-03/14/content_78106770.htm）

例 6：选自李克强 2022 年政府工作报告，2022-03-05

今年发展主要预期目标是：国内生产总值增长 5.5% 左右；城镇新增就业 1100 万人以上，城镇调查失业率全年控制在 5.5% 以内；居民消费价格涨幅 3% 左右；居民收入增长与经济增长基本同步；进出口保稳提质，国际收支基本平衡；粮食产量保持在 1.3 万亿斤以上；生态环境质量持续改善，主要污染物排放量继续下降；能耗强度目标在"十四五"规划期内统筹考核，并留有适当弹性，新增可再生能源和原料用能不纳入能源消费总量控制。

（http://www.china.org.cn/chinese/2022-03/14/content_78106770.htm）

---

① 《政府工作报告》是怎么写成的？[EB/OL].（2018-03-04）[2022-03-22]. https://lianghui.huanqiu.com/article/9CaKrnK6PSm.

总理记者会指每年全国人大会议闭幕后，国务院总理出席记者会并回答中外媒体记者提问。总理记者会是了解中国政府内政外交政策的重要场合，主要涉及中国的经济、民生、外交等社会各界密切关注的问题，反映了时代发展变化和国内外时事动向。在记者会上，总理有时会直接或间接地提及自己的个人经历、工作经验或执政理念，表达个人感受。总理在会议上所展现的领导人形象及其话语风格，使得其在记者会上的回应具有表情型文本的特征。但需要注意的是，总理以国家领导人的身份出席记者会，会上总理话语的主要功能是传达国家内政外交的相关信息。因此，总理记者会上的话语仍是以信息型文本为主的。

例 7：选自李克强总理出席记者会并回答中外记者提问，2022-03-11

我刚才说了，中国从来都是奉行独立自主的和平外交政策。关于乌克兰局势，中方主张各国主权和领土完整都应该得到尊重，联合国宪章宗旨和原则都应该得到遵守，各国合理安全关切也应该得到重视，中方据此作出我们自己的判断，并愿意和国际社会一道为重返和平发挥积极作用。

（http://www.gov.cn/premier/2022-03/11/content_5678618.htm#allContent）

例 8：选自李克强总理出席记者会并回答中外记者提问，2022-03-11

记得我出任总理时在这里召开第一次记者会，也就是在这个大厅里边，就明确表明，要持续发展经济、不断改善民生、促进社会公正，这是我们政府的基本任务，行大道、民为本、利天下，就是要以民之所望为施政所向。

（http://www.gov.cn/premier/2022-03/11/content_5678618.htm#allContent）

二、表情型国家话语特征及其功能

表情型国家话语以表达形式为重，侧重语言的表情功能，主要包括国家领导人讲话、国家领导人著述、外交部例行记者会话语等。这类国家话语较为明显地体现了国家领导人或外交部发言人的话语风格，在一定程度上有助于塑造我国的国家领导人形象或大国外交形象，准确传达我国外交立场和态度。因而，对于表情型国家话语，修辞形式和修辞功能是首要的。

国家领导人讲话主要指国家领导人在国内外公开场合的系列讲话，体现领导人个性鲜明的语言风格，同时也是在向世界传递中国声音、展现中国形象，例如国家主席在每年新年前夕发表的新年贺词，以及在国事访问或国际会议等外事活动中的演讲等。

例 9：选自习近平在北京 2022 年冬奥会欢迎宴会上的致辞，2022-02-05

我们应该牢记奥林匹克运动初心，共同维护世界和平。奥林匹克运动为和平而生，因和平而兴。去年 12 月，联合国大会协商一致通过奥林匹克休战决议，呼吁通过体育促进和平，代表了国际社会的共同心声。要坚持相互尊重、平等相待、对话协商，努力化解分歧，消弭冲突，共同建设一个持久和平的世界。

（http://china.cnr.cn/gdgg/20220205/t20220205_525733879.shtml）

例 10：选自习近平在 2022 年世界经济论坛视频会议的演讲，2022-01-17

经济全球化是时代潮流。大江奔腾向海，总会遇到逆流，但任何逆流都阻挡不了大江东去。动力助其前行，阻力促其强大。尽管出现了很多逆流、险滩，但经济全球化方向从未改变、也不会改变。世界各国要坚持真正的多边主义，坚持拆墙而不筑墙、开放而不隔绝、融合而不脱钩，推动构建开放型世界经济。

（ https://language.chinadaily.com.cn/a/202201/18/WS61e65993a310cdd 39bc81d29.html）

国家领导人著述主要指国家领导人以其本人名义或他人选编其著述而出版的文献，如《毛泽东选集》《周恩来选集》《邓小平文选》《论"三个代表"》《胡锦涛文选》《习近平谈治国理政》等，收录了领导人历年具有代表性的主要文章、著作、讲话等文本，时间跨度较大，具有历史参考价值。国家领导人著述往往体现出领导人的个人语言风格和政治理念。

例 11：选自《毛泽东选集》第一卷中《反对本本主义》，1930 年

你对于那个问题不能解决吗？那末，你就去调查那个问题的现状和它的历史吧！你完完全全调查明白了，你对那个问题就有解决的办法了。一切结论产生于调查情况的末尾，而不是在它的先头。

（https://www.marxists.org/chinese/maozedong/marxist.org-chinese-mao-193005.htm）

例 12：选自《周恩来选集》上卷中《现阶段青年运动的性质和任务》，1937 年

我们青年不仅仅有今天，而且还有远大的未来。他不仅管自己的一生，而且还要管及他的子孙，他的后代。今天的青年不仅要问，怎样争取抗战最后的胜利；而且要问，在抗战的胜利取得后，怎样改造中国，使它成为一个自由的、民主的、共和的国家。

（https://www.marxists.org/chinese/zhouenlai/016.htm）

外交部例行记者会指外交部发言人回答中外媒体记者提问，一般在工作日举行，是代表政府发表官方信息，说明政策、观点和立场的渠道，直接影响国家形象和利益。外交部例行记者会是外交部发言人与记者的话语交际场合，具有不可预测性，双方的矛盾冲突不可避免。外交部发言人话语的修辞形式是阐明事实、表明立场态度的重要手段。外交部发言人话语具有机构化特征和明显的修辞风格，语言委婉含糊、礼貌含蓄，通常采用隐喻、谚语、俗语、反语、闪避回答、模糊用语等修辞手段。

例 13：选自 2022 年 3 月 18 日外交部发言人赵立坚主持例行记者会

彭博社记者：关于习近平主席与拜登总统的通话，中方认为有没有可能中美领导人可以合力停止乌克兰的战争？

赵立坚：我想两国元首通话的时候肯定会讨论他们关心的国际、地区问题，当然也包括乌克兰问题。两国元首会晤是双方就乌克兰问题交换意见的一次重要机会。让我们对这次沟通的成果拭目以待。

（ https://www.mfa.gov.cn/wjdt_674879/zcjd/202203/t20220318_10653084.shtml ）

例 14：选自 2022 年 2 月 24 日外交部发言人华春莹主持例行记者会

路透社记者：中方是否认为俄罗斯入侵乌克兰？如果不是的话，为什么？

华春莹：我给你提一个建议，你可以去问问美方，他们不断拱火、点火，现在打算怎么灭火？

（ https://www.mfa.gov.cn/fyrbt_673021/202202/t20220224_10645295.shtml ）

三、操作型国家话语特征及其功能

操作型国家话语旨在引起受众反应，强调语言的对话性和说服功能，包括国家企事业机构宣传话语，如央企、国企等机构简介及宣传片，主要通过企业网站及社交媒体官方账号等媒体平台发布。这些企业是我国国民经济的支柱，涉及航空航天、石油化工、汽车制造、物流运输、电力、能源等领域，例如中国航天科技集团有限公司、中国石油化工集团有限公司、中国南方航空集团有限公司等。国家企事业机构宣传话语的主要功能在于塑造机构形象，展示企业实力，推介品牌或产品，同时引起受众对企事业机构的文化理念、经营等各方面的兴趣，进而产生认同感，并作出行为反应。

例 15：选自中国移动通信集团有限公司官方微博，2022-08-31

图 1-2 中国移动通信集团有限公司官方微博截图

（https://www.weibo.com/cmccguanfang）①

例 16：选自中国邮政集团有限公司官方微博，2022-09-03

图 1-3 中国邮政集团有限公司官方微博截图

（https://weibo.com/5501611052）

① 此类网址引用的是当时的内容，目前已更新至最新日期。

四、国家视听话语的主要类型

上述三大文本类型主要是以静态文字文本呈现的国家话语。除此之外，视听文本也是国家话语的一种重要呈现形式。从符号作为传播媒介的角度来说，"国家话语的符号形态，既包括自然语言和文字，也包括图片和视频以及其他一切具有符号性质的媒介"[①]。"新技术、新媒介、新的传播机制、新的传播方式的发展"，释放出信息生产力的无限空间，推动了国家视听媒介话语体系的完善，进而促进了国家视听传播话语体系的发展[②]。从媒介形态来看，国家话语的范围不仅限于语言文字表征的话语，还涉及图像、音频、视频等其他形态的话语。因此，我们把通过语言和图像、音视频等非语言媒介协同呈现的国家话语称为国家视听话语。根据文本类型模型中的三种基础文本类型，可进一步将国家视听文本划分出相应的三种视听话语类型，如图 1-4 所示。

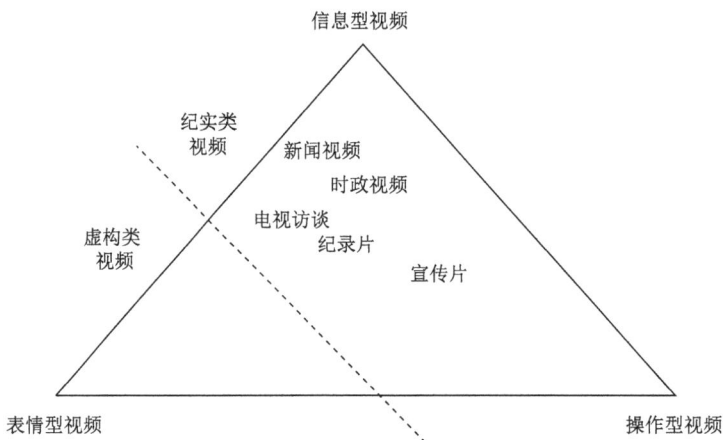

图 1-4　国家视听话语的主要类型

基于视听话语信息与现实的关系，视听话语首先可分为纪实类视频和虚构类视频。根据视听话语的体裁、内容及功能，纪实类视频以纪实性内容为主。其次，根据信息型、操作型和表情型三种基础文本类型特征及信息内容在各类文本中的重要程度，纪实类视频主要由信息型视听内容和操作型视听内容构成[③]。国家视听话语重在反映我国内政外交等各方面的真实情况，以纪实类视频为呈现形式，包

---

① 陈汝东. 论国家话语能力[J]. 北京大学学报（哲学社会科学版），2011，48（5）：66-73.（p.68）

② 陈汝东. 国家视听话语体系的建构策略研究[J]. 人民论坛·学术前沿，2019（18）：78-82.（p.81）

③ 潘莉，黄楚欣. 信息价值优先原则下的纪实短视频英译策略初探[J]. 解放军外国语学院学报，2022,45(4)：79-87，161.

括以信息型为主的国家视听话语和以操作型为主的国家视听话语，如新闻视频、时政视频、电视访谈、纪录片、宣传片等。换言之，国家视听话语，无论以何种媒介形式呈现，其内容是以纪实性或非虚构性信息为主的。当然，不排除存在包含艺术风格特色等虚构性内容的国家视听话语，但是虚构性内容在国家视听话语中的比重远远低于非虚构性或纪实性信息。因而，对于国家视听话语，本书重点关注纪实类视听作品，相关章节将聚焦国家纪录片和国家宣传片的翻译与传播。

国家纪录片是以信息型为主的国家视听话语，指党和国家机构、国家级主流媒体机构制作或委托制作并对外发布的关于中国国情的纪录片。以信息型为主的国家视听话语注重信息内容的真实性和准确性。国家纪录片记录并展示国家的政治、经济、社会、文化等各方面的情况，其首要目标是向受众传达信息、提供事实，以增进受众对国家各方面信息的认识和了解，同时关系到国家形象的塑造。

下面简单介绍一些具有代表性的、广泛传播的国家纪录片。《大国外交》是由中国共产党中央委员会宣传部（简称中宣部）、新华通讯社、中央电视台推出的，围绕习近平总书记提出的外交新理念、新思想、新战略，全方位、多角度展现党的十八大以来中国特色大国外交的宏伟实践。《如果国宝会说话》由中宣部、国家文物局、中央电视台共同实施，中央电视台纪录频道制作。该纪录片多维度地展示了中国历史文物背后的中华文化、审美观和价值观。CGTN 推出的四部新疆反恐纪录片《中国新疆·反恐前沿》《幕后黑手——"东伊运"与新疆暴恐》《巍巍天山——中国新疆反恐记忆》《暗流涌动——中国新疆反恐挑战》，展示了新疆多年来面对来自恐怖主义和极端主义的威胁和挑战，以及当地人民为反恐和去极端化所作的努力。

国家宣传片是以操作型为主的国家视听话语，指党和国家机构、国家级主流媒体所制作或委托制作并对外发布的关于中国国情的宣传视频。国家宣传片的主要目的是对外展示国家整体形象，增进受众对中国政治、经济、社会、文化等各方面的兴趣，主要功能是在国内外受众心中留下对中国的深刻印象。例如，下列视听作品都是极具有代表性又广泛传播的国家宣传片：由国务院新闻办发起的《中国国家形象片——人物篇》，展示了约 50 位来自中国体育界、金融界、科技界等各领域名人，向世界观众诠释中国形象，并通过国际主流媒体进行海外传播；由人民日报客户端发布的国家形象宣传片《中国进入新时代》，从农民、军人、企业员工、外籍在华人士等群众个体视角展示国家发展，体现个人发展与国家进步的统一关系；中国日报新媒体中心为庆祝新中国成立 70 周年推出的系列短视频《70 秒·看见中国》展示了全国各省市地区的别样风采；由 CGTN 推出的 8 分钟短片《世界减贫史上的中国奇迹——消除绝对贫困》展现了中国 8 年脱贫攻坚奋斗历程。

第三节　国家话语主要类型的翻译原则

基于文本类型理论，结合上一节归纳的国家话语类型，本节将简要说明不同文本类型国家话语的翻译要点和原则。我们在绪论讲到，本书中的国家话语翻译，更确切地来说，是指国家话语对外翻译传播。国家话语的翻译与传播，无论涉及哪一种文本类型，都要秉持立场等效的总原则，并遵循"外宣三贴近"原则——贴近中国发展的实际，贴近国外受众对中国信息的需求，贴近国外受众的思维习惯①。

一、信息型国家话语的翻译原则

信息型国家话语翻译需遵循"信息准确、逻辑清晰"原则。翻译时，以内容为重，侧重语言的逻辑性，同时注意文本的形式关系，以确保话语传播的有效性和信息的准确性。信息型国家话语，如白皮书和政府工作报告，旨在向国际社会各界人士介绍国家在各方面的方针政策、发展情况、进展或规划等，满足受众对我国的信息需求。翻译时，需要准确传达文本的内容和信息，语言形式上首要采用符合译语习惯的表达，以符合译语使用规范，原文的隐含信息在译文中应明晰化。尤其需要注意偏正式的文体风格，以及术语译文表达的清晰准确，如政治理念、机构名称、方针政策、官方文件等具有中国特色的表达。

二、表情型国家话语的翻译原则

表情型国家话语翻译应遵循"修辞等效"原则。翻译时，以文本形式或修辞特征为重，旨在使译文达到原文的修辞效果。表情型国家话语翻译，如领导人发言或著述的话语、外交部例行记者会话语，应突出话语主体的语言风格。在确保译文准确且顺畅传达信息的前提下，可适当保留领导人鲜明的语言风格或作为外交话语策略使用的用典、俗语、谚语、隐喻等修辞手段，或可在译语中寻找类似的惯用表达。

三、操作型国家话语的翻译原则

操作型国家话语翻译应遵循"受众导向"原则。翻译时，需实现话语的呼吁

---

① 黄友义. 坚持"外宣三贴近"原则，处理好外宣翻译中的难点问题[J]. 中国翻译，2004，25（6）：27-28.（p.27）

功能或修辞功能，使译文能够引起受众的反应，实现文本生产者预设的效果。操作型国家话语翻译，话语形式及其承载的内容是第二位的。国家企事业机构宣传话语的翻译，无论在内容还是形式上的处理都是为了引起受众的兴趣和注意力。由于不同语言文化环境的机构宣传话语在内容和形式上存在明显差异，翻译时如果仅追求原文内容的重现和完整性或与原文在形式上的相似性，可能会削弱译文在译语语境中的传播功能，无法引起受众的注意，难以达到预设的传播效果。

四、国家视听话语的翻译原则

国家视听话语翻译首先需根据视听翻译的不同类型采用相应的原则和策略，如字幕翻译需遵循"表达简洁、易于理解"原则，而配音翻译需遵循"同步性"原则。此外，国家视听话语的翻译原则还取决于其两个主要视听文本类型的功能。对于以信息型为主的国家视听话语翻译，如国家纪录片，应遵循"信息准确"原则，旨在如实记录和呈现国家政治、社会、经济、文化等各方面的情况，让受众获取我国真实的发展信息。对于以操作型为主的国家视听话语翻译，如国家宣传片，应遵循"受众导向"原则，旨在展现国家形象，增进受众对中国的兴趣和了解。

延 伸 阅 读

1. Reiss, K. *Translation Criticism—The Potentials & Limitations: Categories and Criteria for Translation Quality Assessment*[M]. London: Routledge, 2000.
2. 陈汝东. 论国家话语能力[J]. 北京大学学报（哲学社会科学版），2011（5）：66-73.
3. 陈汝东. 国家视听话语体系的建构策略研究[J]. 人民论坛·学术前沿，2019（18）：78-82.
4. 张美芳，钱宏. 翻译研究领域的"功能"概念[J]. 中国翻译，2007，28（3）：10-16，93.
5. 潘莉，黄楚欣. 信息价值优先原则下的纪实短视频英译策略初探[J]. 解放军外国语学院学报，2022，45(4)：79-87，161.

第二章

国家话语的文本特征与翻译

　　不同类型的国家话语在传播功能上有所不同，在传播主体、传播内容、传播受众、传播媒介和传播效果这五大传播要素上也有所差异。每种类型的国家话语因此有着各自独特的文本特征，这使不同类型国家话语的翻译存在不同的难点，需遵循不同的翻译准则。第一章在对国家话语的分类中提出，国家话语可分为信息型国家话语、表情型国家话语、操作型国家话语和国家视听话语四种类型。不同类型的国家话语有着不同的话语功能，具有不同的文本特征，翻译准则也因此不同。本章将进一步介绍信息型国家话语、表情型国家话语、操作型国家话语和国家视听话语的不同文本特征，分析不同类型国家话语的翻译难点，并探讨对应的翻译准则。

第一节　国家话语的主要文本特征

一、信息型国家话语的文本特征

　　如第一章第二节所述，信息型国家话语的主要功能在于准确、全面地陈述事实、提供信息，目的在于向国内外各界人士介绍国家在各方面的方针政策、发展情况、进展、成果或规划等。信息型国家话语主要由党和国家机构成员集体创造和传播，其主要文本特征有以下四点：①事实信息占比大，真实性强；②语言表达具有逻辑性，条理清晰；③语言风格正式，较少含有口语化表达；④内容包罗万象，综合性强，涉及各个领域的专业术语。

　　例1：选自《中国残疾人体育事业发展和权利保障》白皮书，2022-03-03
　　全国性残疾人体育赛事影响不断扩大。自1984年举办首届全国残运会以来，中国已先后举办 11 届全国残运会，比赛项目从田径、游泳、乒乓球发展到 34 个项目。自 1992 年第三届全国残疾人运动会起，全国残疾人运动会正式列入国务院审批的大型运动会系列，形成每四年举办一次的机制，残疾人体育逐步进入制度化、规范化的发展轨道。2019 年，在天津举办的第十届全国残运会暨第七届全国特奥会首次实现全国残运会和全国运动会同城举办。2021 年，在陕西举办的第十一届残运会暨第八届特奥会首次实现全国残特奥会和全国运动会同城同年举办，促进了两个运动会的同步规划、同步实施、同样精彩。除了举办全国残运会，还在各地举办全国性肢残人、盲人、聋人等各类单项赛事，吸引各类残疾人广泛参与体育运动。通过举办经常性全国残疾人体育赛事，培养了残疾人运动员队伍，提升了残疾人运动水平。

（http://www.scio.gov.cn/zfbps/zfbps_2279/202207/t20220704_130731.html）

例 2：选自李克强 2021 年政府工作报告，2021-03-05

优化和稳定产业链供应链。继续完成"三去一降一补"重要任务。对先进制造业企业按月全额退还增值税增量留抵税额，提高制造业贷款比重，扩大制造业设备更新和技术改造投资。增强产业链供应链自主可控能力，实施好产业基础再造工程，发挥大企业引领支撑和中小微企业协作配套作用。发展工业互联网，促进产业链和创新链融合，搭建更多共性技术研发平台，提升中小微企业创新能力和专业化水平。加大 5G 网络和千兆光网建设力度，丰富应用场景。加强网络安全、数据安全和个人信息保护。统筹新兴产业布局。加强质量基础设施建设，深入实施质量提升行动，完善标准体系，促进产业链上下游标准有效衔接，弘扬工匠精神，以精工细作提升中国制造品质。

（http://www.china.org.cn/chinese/2021-03-16/content_78109538.htm）

例 1 的话语文本讲述了我国全国性残疾人体育赛事的情况，包含许多事实信息，语言风格正式。整段话语采用"总—分—总"的论述结构，逻辑清晰。首先提出总体论点，即"全国性残疾人体育赛事影响不断扩大"，然后以时间顺序列举重点赛事来支撑论点，最后总述了举办经常性全国残疾人体育赛事的重要意义。例 2 的话语文本讲述了 2021 年我国在"优化和稳定产业链供应链"方面的计划措施，信息量大，内容丰富，语言正式，采用"总—分"的论述结构，逻辑清晰，且含有"三去一降一补""增值税增量留抵税额""千兆光网"等经济和科技领域术语。

二、表情型国家话语的文本特征

表情型国家话语重视语言的表情功能，同时追求在语言形式上实现一定的美学效果。这类国家话语主要由国家领导人、外交部发言人等能够代表国家的个人，以讲话或著作的形式发表和传播，其主要文本特征包括以下两点：①语言形式具有艺术性，美学特征较明显，修辞手段丰富；②语言风格带有个人特色，个性化特征突出，体现在情感态度、词汇选择、修辞偏好等各方面。

例 3：选自习近平：在庆祝中国共产主义青年团成立 100 周年大会上的讲话，2022-05-10

早在两千多年前，孔子就说："后生可畏，焉知来者之不如今也？"青年之于党和国家而言，最值得爱护、最值得期待。青年犹如大地上茁壮成长的小树，总有一天会长成参天大树，撑起一片天。青年又如初升的朝阳，不断积聚着能量，总有一刻会把光和热洒满大地。党和国家的希望寄托在青年身上！

（http://www.china.org.cn/chinese/2022-06/08/content_78259023.htm）

例 4：选自习近平在全球发展高层对话会上的讲话，2022-06-24

发展是人类社会的永恒主题。上世纪 60 年代末，我在中国黄土高原的一个小村庄当农民，切身体会到了百姓的稼穑之难和衣食之苦，他们对美好生活的渴望深深印在我的脑海里。半个世纪后，我重访故地，看到乡亲们吃穿不愁，衣食无忧，脸上洋溢着幸福的笑容。

（http://www.china.org.cn/chinese/2022-06/29/content_78296093.htm）

例 3 和例 4 的话语文本都选自习近平的讲话，可以看出，习近平善于运用各种修辞手法（见例 3 下划线处），且常在讲话中用平实的语言讲述自己的亲身经历（见例 4 下划线处），这些都是习近平讲话的个人特色。

三、操作型国家话语的文本特征

操作型国家话语强调语言的呼吁功能和说服功能，旨在引起受众的兴趣和关注，进而使其产生心理认同或作出行为反应。这类话语主要由国家企事业机构发布，意在向受众介绍机构概况、推介产品服务或宣传知识信息。其主要文本特征有以下三点：①语言表达带有互动性，对话特征明显；②语言具有趣味性和感染力，召唤和劝说意味强；③带有明确的话语目的。

例5：选自中国航天科技集团有限公司官方微博，2023-02-06

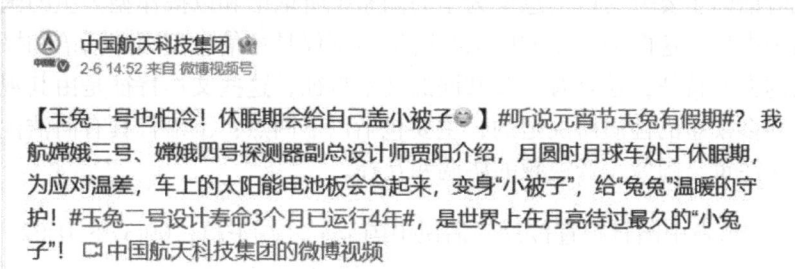

图 2-1　中国航天科技集团有限公司官方微博截图

例6：选自中国大唐集团有限公司官方微博，2023-02-09

图 2-2　中国大唐集团有限公司官方微博截图

例 5 和例 6 的话语文本分别选自中国航天科技集团有限公司和中国大唐集团有限公司这两家国企的官方微博，是典型的操作型国家话语。例 5 语言可爱有趣，具有感染力，其话语目的为宣传"玉兔二号"的有关知识；例 6 则采用第二人称称谓语，直接对受众进行提问，与受众进行对话，互动性强，同时，"来肇庆热电公司，看看我们家的萌宠吧"一句直接向受众发起邀请，召唤性强，其话语目的为介绍和宣传肇庆热电公司的设备。

四、国家视听话语的文本特征

国家视听话语是国家话语在视听领域中的具体体现[①]，由语言和图像、音视频

---

① 陈汝东. 国家视听话语体系的建构策略研究[J]. 人民论坛·学术前沿，2019（18）：78-82.

等非语言媒介协同呈现，其中的文字仅为多种媒介模态中的一种。如第一章所述，国家视听话语主要分为以信息型为主的国家视听话语和以操作型为主的国家视听话语两种类型。这两种类型的国家视听话语不仅具备信息型国家话语和操作型国家话语的文本特征，还具有一些共同的文本特征，这些文本特征是由其视听的呈现形式和多模态的性质所决定的，主要包括以下两点：①语言具有简洁性，重点突出；②注重与图像、音视频的协调和互补。

例 7：选自中国日报宣传片《话说中国节》之端午篇，00:37～01:02

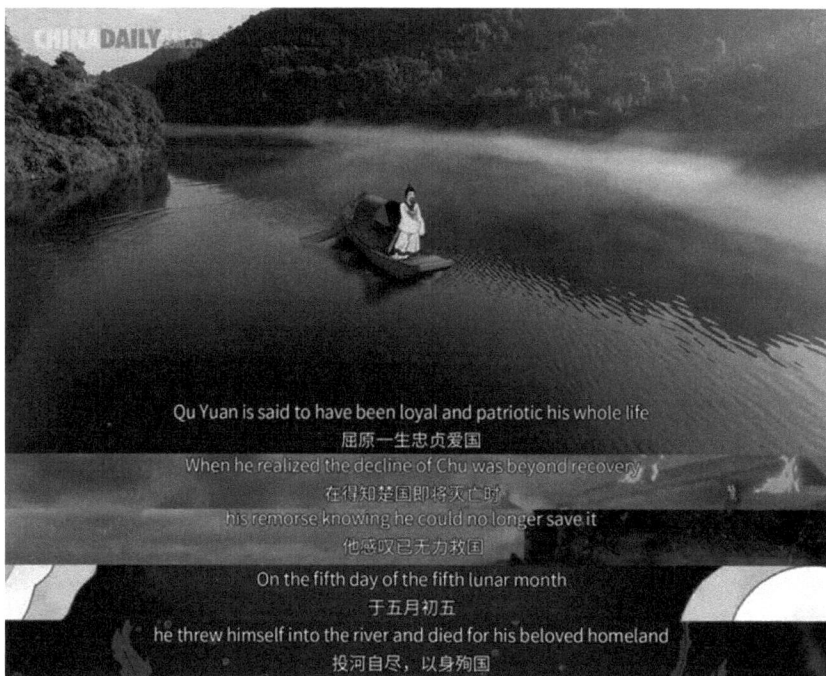

图 2-3　中国日报宣传片《话说中国节》之端午篇截图

屈原一生忠贞爱国
在得知楚国即将灭亡时
他感叹已无力救国
于五月初五
投河自尽，以身殉国
（https://cn.chinadaily.com.cn/a/202006/25/WS5ef405fba310a859d09d433d.html）

例 8：选自 CGTN 纪录片《了不起的决心》第二集《钱，有更好的赚法》，11:04～11:33

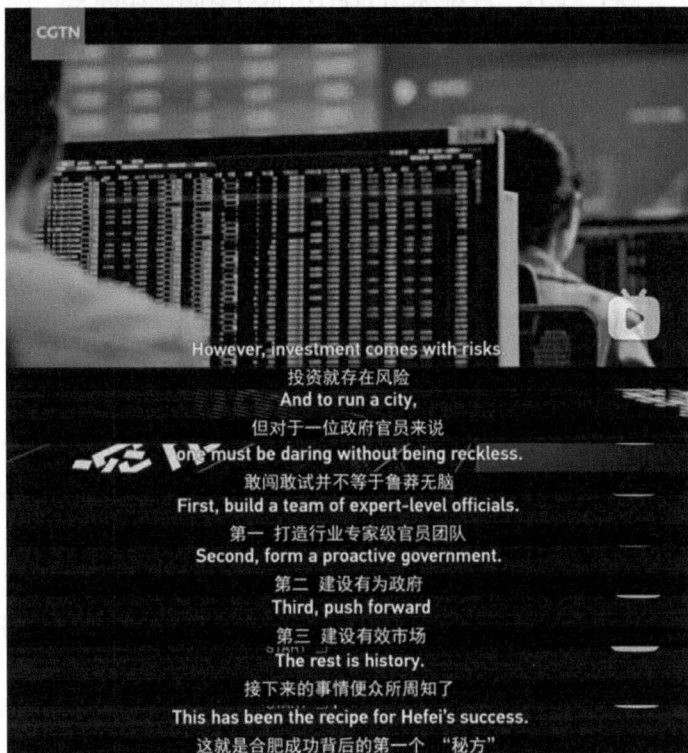

图 2-4 CGTN 纪录片《了不起的决心》第二集《钱，有更好的赚法》截图

投资就存在风险
但对于一位政府官员来说
敢闯敢试并不等于鲁莽无脑
第一 打造行业专家级官员团队
第二 建设有为政府
第三 建设有效市场
接下来的事情便众所周知了
这就是合肥成功背后的第一个"秘方"
（https://www.bilibili.com/video/BV1b84y1r7d9/）

　　例 7 和例 8 分别选自一部国家宣传片和一部国家纪录片。例 7 讲述了屈原的爱国故事，例 8 论述了合肥政府产业投资的政策措施。这两例中的话语文本语言简洁，重点信息一目了然，且文本与音视频十分协调。

第二节 国家话语的总体翻译难点

不同类型的国家话语具有各自独特的文本特征，在传播内容和传播效果上也各有侧重，因此在翻译过程中具有不同的难点。

一、信息型国家话语的翻译难点

信息型国家话语翻译强调内容和信息的传达，其难点在于确保信息的准确传译和顺利接收。

（一）信息的准确传译

信息型国家话语内含大量事实信息，涉及国家在各方面的方针政策、发展情况、进展、成果或规划等，内容时常关联到政治、经济、哲学、法律、军事、国际关系等各个领域的知识。这些庞杂的信息在译文中的准确呈现是信息型国家话语翻译的一大难点。一方面，国家方针政策、设计规划等信息具有国家政治高度，内容复杂深刻，准确将方针政策的内涵和实质传达给受众是译者面临的一大难题。另一方面，信息型国家话语中的信息综合性强，涉及各个领域的知识和专业术语，这些专业性知识和术语的准确传译也给译者造成了不小的挑战。

（二）信息的顺利接收

在国家话语翻译与传播的活动中，不仅要考虑如何将信息准确地传递出去，还要考虑如何让传递出去的信息顺利为受众所接收。在信息型国家话语的翻译中，如何让国外受众面对信息庞杂的译文而不丧失阅读耐心，如何让国外受众顺利理解信息内涵，读懂中国的方针政策和发展理念，也是一大难点。

例9：选自《携手构建网络空间命运共同体》白皮书，2022-11-07

信息基础设施建设规模日益扩大。截至 2022 年 6 月，中国网民规模达 10.51 亿，互联网普及率提升到 74.4%。截至 2022 年 6 月，中国累计建成开通 5G 基站 185.4 万个，5G 移动电话用户数达 4.55 亿，建成全球规模最大 5G 网络，成为 5G 标准和技术的全球引领者之一。独立组网率先实现规模商用，积极开展 5G 技术创新及开发建设的国际合作，为全球 5G 应用普及作出重要贡献。骨干网、城域网和 LTE 网络完成互联网协议第六版（IPv6）升级改造，主要互联网网站和应用 IPv6 支持度显著提升。截至 2022 年 7 月，中国 IPv6 活跃用户数达 6.97 亿。

（http://www.scio.gov.cn/zfbps/zfbps_2279/202303/t20230320_705520.html）

例 10：选自习近平：高举中国特色社会主义伟大旗帜　为全面建设社会主义现代化国家而团结奋斗——在中国共产党第二十次全国代表大会上的报告，2022-10-16

完善中国特色现代企业制度，弘扬企业家精神，加快建设世界一流企业。支持中小微企业发展。深化简政放权、放管结合、优化服务改革。构建全国统一大市场，深化要素市场化改革，建设高标准市场体系。……健全现代预算制度，优化税制结构，完善财政转移支付体系。深化金融体制改革，建设现代中央银行制度，加强和完善现代金融监管，强化金融稳定保障体系，依法将各类金融活动全部纳入监管，守住不发生系统性风险底线。健全资本市场功能，提高直接融资比重。加强反垄断和反不正当竞争，破除地方保护和行政性垄断，依法规范和引导资本健康发展。

（http://www.gov.cn/xinwen/2022-10/25/content_5721685.htm）

例 9 的国家话语文本介绍了我国信息基础设施建设的情况，信息量大，涉及"独立组网率""骨干网""城域网""LTE 网络""互联网协议第六版（IPv6）"等信息技术专业术语和专业知识，具有一定的翻译难度。例 10 的话语文本列举了我国在进一步发展社会主义市场经济体制方面的计划措施，文本信息量大，且涉及我国在经济领域的各种方针政策，内涵深刻，不易为译语受众所理解和接受，在翻译上具有难度。

二、表情型国家话语的翻译难点

表情型国家话语翻译追求形式的再现，其难点在于话语个性化特征的再现和修辞等艺术效果的保留。

（一）个性化特征的再现

表情型国家话语主要由国家领导人、外交部发言人等能够代表国家的个人发表和传播，因而不可避免地带有个人的语言风格，这在情感态度、词汇选择、修辞偏好等各个方面都有所体现。表情型文本的翻译以"形式的相似性"为重，因此，不同话语主体的个性化语言特征应在译文中得到再现，这对译者来说是一大难点。

（二）艺术效果的保留

表情型国家话语追求艺术性的语言形式，这主要表现为大量修辞手段的运用。作为一种语言艺术手法，修辞与一个国家的语言、文化、历史、社会生活等各个方面息息相关，很多修辞形式只有在特定的语言文化中才能实现。而国家话语的翻译是一项跨国别、跨文化、跨语言的活动，因此，在翻译过程中实现修辞等艺术效果的等效保留并非易事。

例 11：选自习近平在庆祝香港回归祖国 25 周年大会暨香港特别行政区第六届政府就职典礼上的讲话，2022-07-01

"享天下之利者，任天下之患；居天下之乐者，同天下之忧。"我说过，人民对美好生活的向往，就是我们的奋斗目标。当前，香港最大的民心，就是盼望生活变得更好，盼望房子住得更宽敞一些、创业的机会更多一些、孩子的教育更好一些、年纪大了得到的照顾更好一些。民有所呼，我有所应。

（http://www.china.org.cn/chinese/2022-07/04/content_78303693.htm）

例 12：选自 2022 年 2 月 24 日外交部发言人华春莹主持例行记者会

当时如果各方都多做劝和工作，多尊重和照顾彼此安全关切，合理妥善解决，使局势软着陆，那今天情况会是怎么样？美方放出消息称 16 日俄方大规模侵入，俄方称这是虚假消息。你是愿意看到美方喊"狼来了"成真？还是真正出自对乌克兰人民以及地区和平安全的关心，希望事情消灭于萌芽状态，不走到今天这个地步呢？

（ https://www.mfa.gov.cn/web/wjdt_674879/fyrbt_674889/202202/t20220224_10645295.shtml ）

例 11 选自习近平讲话，可以看出该话语文本中依次使用了引用、排比和对偶的修辞手法，且引用文本为文言文形式。首先，文言文和对偶句都是中文独特的语言形式，在翻译中较难实现对等转换；其次，英文追求简洁，对排比句的使用相对较少，这也是译者在翻译中需要考虑的难点之一。除此之外，该文本采用了"更……一些"的表达，语言风格偏口语化，这种风格在表情型国家话语的翻译中也需要设法保留。例 12 选自外交部发言人在例行记者会上的回应，该话语文本运用了隐喻和引用的修辞手法，采用了口语化的问句形式，这些语言形式在译文中的保留都是译者需要考虑的难点。

三、操作型国家话语的翻译难点

操作型国家话语一般带有明确的话语目的，比如塑造企业形象、推介产品服务、宣传知识信息等。这些话语目的在译文中的实现具有两个难点：第一，如何使译文引起受众的关注和兴趣；第二，如何在译文中实现话语的劝说和召唤效果。

（一）引起受众的关注

如何在跨文化的语言转换中使译文成功引起受众的关注和兴趣，是操作型国家话语翻译的首要难点。只有受众对话语文本产生阅读兴趣，对话语内容持续关注，操作型国家话语的目的和效果才有可能得以实现。

（二）话语效果的实现

在成功引起受众的关注和兴趣后，译者要考虑如何用译语组织和呈现话语文本，才能对受众产生理想的劝说和召唤效果，从而使他们对话语内容产生心理认同，进而采取相应的行动。这是操作型国家话语翻译的另一个难点。

例 13：选自中国航天科技集团有限公司官方微博，2023-02-02

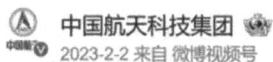

🅐 中国航天科技集团 👾
2023-2-2 来自 微博视频号

【航天员在太空都在锻炼！我们也不能落下😷】"每逢佳节胖三斤"，春节假期过后，你是否要重新开始"身材管理"了？在#我们的空间站#，航天员进行身体锻炼有三"大"法宝，分别布置在天和核心舱、问天实验舱与梦天实验舱内，快和航天员一起燃烧卡路里吧！ 📹载人航天小喇叭的微博视频

图 2-5　中国航天科技集团有限公司官方微博截图

（https://weibo.com/5386897742/Mr7PH84i3）

例 14：选自中国核工业集团有限公司官方微博，2023-02-10

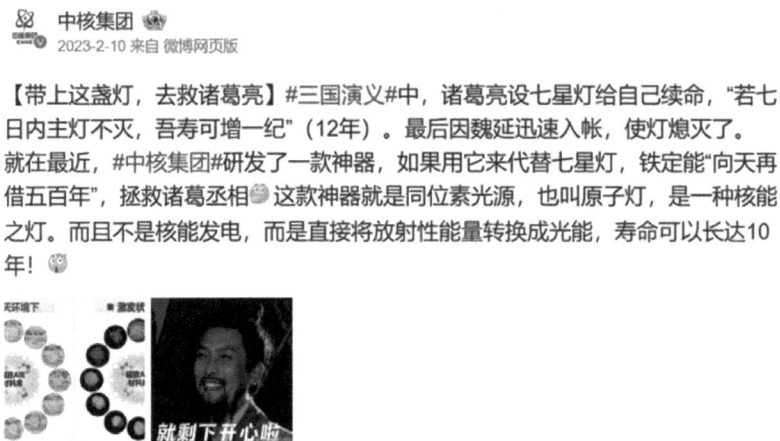

图 2-6　中国核工业集团有限公司官方微博截图

（https://m.weibo.cn/2884530251/4867578709938646）

　　例 13 的话语文本使用了一些中文流行语，如"每逢佳节胖三斤"和"身材管理"等，语言具有趣味性，且话语内容涉及锻炼塑形，是汉语受众比较关注的问题，能够引起受众的阅读兴趣。除此之外，"我们也不能落下""你是否要重新开始'身材管理'了""三'大'法宝""快和航天员一起燃烧卡路里吧"等语句具有召唤性，容易吸引受众点开视频。例 14 借助《三国演义》中"诸葛亮设七星灯"的故事对"同位素光源"进行介绍，语言生动有趣，极具感染力和吸引力。译者想要在译文中实现以上两例的话语效果，是具有一定难度的，需要结合英语受众的具体情况对原话语进行调整。

四、国家视听话语的翻译难点

　　国家视听话语的翻译与文本型国家话语的翻译存在很大的差异，译者要时刻考虑其视听性质和多模态特征，其翻译难点在于：第一，如何在译文中实现多种模态之间的协调配合；第二，如何保证译文的简洁性，以适应有限的画面空间和播放时间。

（一）多种模态的协调

　　国家视听话语通常由文字、图像、音频、视频等多种模态构成。在翻译过程中，文字的形式会发生变化，这可能会破坏各种模态在原文中原有的协调。因此，译者除翻译文字外，可能还需考虑如何在译文中保持多种模态之间的协调配合，比如在纪录片、宣传片的翻译中，译者要设法保证音、画、字的同步。相较于文本型话语的翻译，这是国家视听话语翻译的一大难点所在。

（二）简洁性的实现

由于视频画面空间有限，且要不断切换，国家视听话语中文字的呈现在空间和时间上都存在限制。这就要求译者保持译文的简洁性，使受众在有限的时间内可以迅速理解译文的意思，且不影响其观看画面内容。由于不同语言在字符空间上存在差异，比如英文单词所占空间一般要比中文汉字大，译者需要运用各种策略使译文在语言转换过程中保持简洁精练，这也是国家视听话语翻译的一大难点。

例 15：选自中国日报宣传片《话说中国节》之七夕篇，02:21～02:40

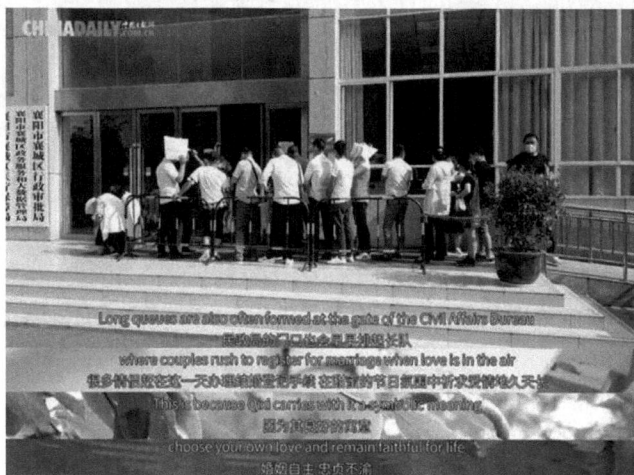

图 2-7　中国日报宣传片《话说中国节》之七夕篇截图

民政局的门口也会早早排起长队
很多情侣赶在这一天办理结婚登记手续
在甜蜜的节日氛围中祈求爱情地久天长
因为其良好的寓意
婚姻自主　忠贞不渝

（https://cn.chinadaily.com.cn/a/202208/04/WS62eb2367a3101c3ee7ae2447.html）

例 16：选自 CGTN 宣传片《美丽中国：自然》浙江象山系列第五集《花岙奇岛》，00:11～00:46

图 2-8　CGTN 宣传片《美丽中国：自然》浙江象山系列第五集《花岙奇岛》截图

东部沿海的宁波象山

一座名为花岙的小岛

因为海蚀柱状节理群奇观

而盛名在外

晚侏罗世时期　火山喷发

炽热的酸性熔岩与海水相遇

产生垂直裂变

形成高矮不一的柱状节理

（ https://www.bilibili.com/video/BV1UG4y1u7ct/?vd_source=06429010 849c045663a111edfa1cb6f9 ）

例 15 和例 16 的中文话语文本虽篇幅不大，但所含信息丰富。因此，除了设法在译文中保持多种模态之间的协调配合外，这两段话语的翻译难点在于如何用简洁精练的语言，在有限的字符空间内，将原话语的内涵清晰地传达给受众。

第三节　国家话语的基本翻译准则

在掌握不同类型国家话语的文本特征和翻译难点的基础上，译者遵循一定的翻译准则，有助于针对性地采取不同的翻译策略，以更好地实现译文的话语功能和传播效果。

一、信息型国家话语的翻译准则

（一）查证术语，准确传递实质信息

对于信息型国家话语中涉及的国家方针、政策、规划等，译者需通过查阅资料、文献等，了解其制定或实施的背景，理解其内涵实质。在此基础上，译者再仔细推敲并选出最贴切的词汇表达，准确传递话语原文的内涵[①]。对于信息型国家话语中的专业性知识，译者要秉持学习的态度，对相关知识进行查阅，对相关术语的译文进行查证，切不可望文生义。面对信息繁杂深刻的国家话语，译者只有经过深入学习和准确查证，才能确保译文的准确性。

例 17：选自李克强 2023 年政府工作报告，2023-03-05

原文：提前实施部分"十四五"规划重大工程项目，加快<u>地方政府专项债券</u>发行使用，依法盘活用好专项债务结存限额，分两期投放<u>政策性开发性金融工具</u>7400 亿元，为重大项目建设补充资本金。运用专项再贷款、财政贴息等政策，支持重点领域设备更新改造。采取联合办公、地方承诺等办法，提高项目审批效率。全年基础设施、制造业投资分别增长 9.4%、9.1%，带动固定资产投资增长 5.1%，一定程度弥补了消费收缩缺口。

译文：In response, we launched several major projects set out in the 14th Five-Year Plan ahead of schedule, expedited the processes of issuing and utilizing <u>local government special-purpose bonds</u>, made better use of <u>carryover quotas for special-purpose bonds</u> in accordance with

---

① 钟永军，王松林，黄金金. 文本类型理论视角下《政府工作报告》的英译研究[J]. 现代语文（语言研究版），2013（3）：137-139.

the law, and issued <u>development and policy-backed financial instruments</u> in two batches totaling 740 billion yuan to replenish the capital for major projects. We used <u>targeted re-lending</u>, <u>loan interest subsidies,</u> and other policies to support key sectors in upgrading equipment. To speed up project screening, <u>different government departments established joint offices</u> and <u>a commitment-based approval system was adopted for local governments</u>. In 2022, investments in infrastructure and the manufacturing sector increased by 9.4 percent and 9.1 percent respectively, while fixed-asset investment increased by 5.1 percent. This has, to some degree, offset the contraction in consumption.

（http://www.china.org.cn/chinese/2023-07/27/content_85189666.htm）

例 18：选自李克强 2022 年政府工作报告，2022-03-05

原文：贯彻落实党中央全面从严治党战略部署。开展党史学习教育。加强党风廉政建设和反腐败斗争。严格落实<u>中央八项规定精神</u>，持之以恒纠治<u>"四风"</u>，进一步为基层减负。

译文：We implemented the Party Central Committee's strategic decision to exercise full and strict Party self-governance. We carried out activities to study the history of the CPC, and did more to improve Party conduct, build a government of integrity, and fight corruption. We strictly complied with <u>the central Party leadership's eight-point decision on improving work conduct</u>, kept up our efforts to tackle <u>pointless formalities, bureaucratism, hedonism and extravagance</u>, and took further steps to ease the burdens of those working on the ground.

（http://www.china.org.cn/chinese/2022-03/14/content_78106770.htm）

以上两段话语文本涉及我国的许多方针、政策以及精神，包括"地方政府专项债券""专项债务结存限额""政策性开发性金融工具""专项再贷款""财政贴息""联合办公""地方承诺""中央八项规定精神""四风"等，内涵较为复杂，译语受众较难理解。从以上两例的译文可以看出，在理解这些政策、精神的内涵的基础上，采用增译等手段对这些内容进行明晰化处理，有助于受众更轻松地理解原文内涵。

（二）心怀受众，多维消减理解障碍

信息密度大的文本容易让受众失去阅读耐心，由此阻碍信息的传播。因此，在翻译信息型国家话语时，译者可以多进行换位思考，以受众的身份阅读译文，考量什么样的译文才能为受众所理解和接受，以此对译文进行改进。具体来说，译者可以首选符合译语习惯的表达，遵守译语的语言规范；尽量将隐含信息在译文中进行明晰化处理，以减轻受众的理解障碍；注重译文的逻辑性和条理性；保持译文文字的简练性，减少不必要的重复。

例 19：选自习近平：高举中国特色社会主义伟大旗帜　为全面建设社会主义现代化国家而团结奋斗——在中国共产党第二十次全国代表大会上的报告，2022-10-16

原文：我们深入贯彻以人民为中心的发展思想，在幼有所育、学有所教、劳有所得、病有所医、老有所养、住有所居、弱有所扶上持续用力，人民生活全方位改善。人均预期寿命增长到七十八点二岁。居民人均可支配收入从一万六千五百元增加到三万五千一百元。城镇新增就业年均一千三百万人以上。建成世界上规模最大的教育体系、社会保障体系、医疗卫生体系，教育普及水平实现历史性跨越，基本养老保险覆盖十亿四千万人，基本医疗保险参保率稳定在百分之九十五。

译文：We have implemented a people-centered philosophy of development. We have worked continuously to ensure people's access to childcare, education, employment, medical services, elderly care, housing, and social assistance, thus bringing about an all-around improvement in people's lives. China's life expectancy has reached 78.2 years, its per capita disposable annual income has risen from 16,500 yuan to 35,100 yuan, and more than 13 million urban jobs have been created each year on average over the past 10 years. We have built the largest education, social security, and healthcare systems in the world. These achievements have allowed us to make historic strides in making education universally available, bring 1.04 billion people under the coverage of basic old-age insurance, and ensure basic medical insurance for 95 percent of the population.

（http://www.china.org.cn/chinese/2023-08/10/content_100089522.htm）

例 20：选自李克强 2023 年政府工作报告，2023-03-05

原文：减税降费公平普惠、高效直达，五年累计减税 5.4 万亿元、降费 2.8 万亿元，既帮助企业渡过难关、留得青山，也放水养鱼、涵养税源，年均新增涉税企业和个体工商户等超过 1100 万户，各年度中央财政收入预算都顺利完成，考虑留抵退税因素，全国财政收入十年接近翻一番。

译文：Tax and fee cuts are equitable, inclusive, effective, and directly accessible for those in need. Over the past five years, tax cuts and fee reductions respectively totaled 5.4 trillion yuan and 2.8 trillion yuan. This policy not only helped enterprises overcome difficulties and stay afloat, but also nurtured business growth and cultivated sources of tax revenue. On average, over 11 million market entities including enterprises and self-employed individuals were newly registered with the tax authorities each year, and the central government met all of its annual targets for budgetary revenue. With VAT credit refunds taken into account, national fiscal revenue almost doubled over the past decade.

（http://www.china.org.cn/chinese/2023-07/27/content_85189666.htm）

例 21：选自习近平：高举中国特色社会主义伟大旗帜 为全面建设社会主义现代化国家而团结奋斗——在中国共产党第二十次全国代表大会上的报告，2022-10-16

原文：生态文明制度体系更加健全，污染防治攻坚向纵深推进，绿色、循环、低碳发展迈出坚实步伐，生态环境保护发生历史性、转折性、全局性变化，我们的祖国天更蓝、山更绿、水更清。

译文：China's ecological conservation systems have been improved, the critical battle against pollution has been advanced, and solid progress has been made in promoting green, circular, and low-carbon development. This has led to historic, transformative, and comprehensive changes in ecological and environmental protection and has brought us bluer skies, greener mountains, and cleaner waters.

（http://www.china.org.cn/chinese/2023-08/10/content_100089522.htm）

以上三例均为信息型文本，信息量大，具有一定的翻译难度，需要以消减受众的理解障碍为准则，采取相应的翻译策略。首先，三段中文文本多为流水句，逻辑关系隐含在句中。考虑到英文偏好树形结构的长句，主次分明且逻辑关系显化，需要做出相应的调整以适应英文的语言规范。三例的译文均是先将中文短句划分意群，进行断句处理，再将每个意群译为一个英文长句。然后通过添加逻辑衔接词（如例 21 中的 has led to）、使用非谓语结构表达（如例 19 中的 thus bringing about）或添加指示代词（如例 19 中的 these achievements、例 20 中的 this policy 和例 21 中的 this）等手段来显化句子成分间的主次关系和逻辑关系，从而增加译文的条理性和逻辑性，方便译语受众更好地阅读和理解。

其次，例 20 使用了两个形象化表达："留得青山"和"放水养鱼"。这两个形象化表达与我国"减税降费"政策息息相关，但对于不了解政策内容的译语受众来说具有一定的理解难度。译文中将这两个形象化表达省去，将其内涵明晰化，用平实的语言表达出来，分别译为"helped enterprises...stay afloat"和 nurtured business growth，有助于减少译语受众对信息型国家话语的理解障碍。

值得注意的是，例 19 原文中重复使用了"……有所……"的结构，共提及了幼儿、学生、劳动者、患者、老年人、住房者和弱势群体这七个对象。如果按照原文的结构形式将其全部译出，译文将显得冗长繁复，不符合英文"喜好简洁"的语言习惯。译文灵活地将原文中提到的七个对象整合译为 people，将"……有所……"的重复结构统一译为一个 access to，再将不同的内容接在后面，使整个译文结构清晰、语言简洁，符合英文的语言规范，更容易为译语受众所理解和接受。

二、表情型国家话语的翻译准则

（一）把握风格，保留个性语言特色

表情型国家话语在翻译中重视话语主体个性风格的再现。因此，有必要注意考察和总结话语主体的独特语言风格，掌握其语言特色、情感态度以及词汇偏好等，在此基础上对能够展现其个人特征的词汇、修辞等在译文中尽可能予以保留。

例 22：选自习近平在全球发展高层对话会上的讲话，2022-06-24

原文：发展是人类社会的永恒主题。上世纪 60 年代末，我在中国黄土高原的一个小村庄当农民，切身体会到了百姓的稼穑之难和衣食之苦，他们对美好生活的渴望深深印在我的脑海里。半个世纪后，我重访故地，看到乡亲们吃穿不愁，衣食无忧，脸上洋溢着幸福的笑容。

译文：Development is a timeless theme for humanity. In the late 1960s, I worked as a farmer in a small village on the Loess Plateau. There I experienced first-hand the hardships in farming and saw how the local people struggled to make ends meet. Their longing for a better life has stayed in my mind ever since. Half a century later, I revisited the village and found the villagers no longer in want of food or clothing, as evidenced by the happy smiles on their faces.

（http://www.china.org.cn/chinese/2022-06/29/content_78296093.htm）

例 23：选自习近平在金砖国家领导人第十四次会晤上的讲话，2022-06-23

原文：中国人讲"烈火见真金"。16 年来，面对惊涛骇浪、风吹雨打，金砖这艘大船乘风破浪、勇毅前行，走出了一条相互砥砺、合作共赢的人间正道。站在历史的十字路口，我们既要回望来时路，牢记金砖国家为什么出发；又要一起向未来，携手构建更加全面、紧密、务实、包容的高质量伙伴关系，共同开启金砖合作新征程。

译文：The Chinese people often say, "True gold can stand the test of fire." Over the past 16 years, the giant ship of BRICS has sailed forward tenaciously against raging torrents and storms. Riding the wind and cleaving the waves, it has embarked on a righteous course of mutual support and win-win cooperation. Standing at the crossroads of history, we should both look back at the journey we have traveled and keep in mind why we established BRICS in the first place, and look forward to a shared future of a more comprehensive, close, practical and inclusive high-quality partnership so as to jointly embark on a new journey of BRICS cooperation.

（http://www.china.org.cn/chinese/2022-06/27/content_78291483.htm）

如第一、二节所述，习近平的讲话具有"修辞丰富""故事化"等特色。在以上两例中，译者对以上特色进行了最大程度的保留，用简单平实、带有真实情感的语言转译了原文中的故事片段，采用直译的方法对原文中的引用和比喻修辞进行了保留。

（二）直译为主，兼顾译语修辞习惯

为了尽可能地实现译文与原文在美学效果上的对等，对于表情型国家话语中的修辞手法，译者可以首选直译的方法，最大限度地保留原文的修辞表达形式。但由于修辞与一个国家的社会生活、语言、文化关系密切，直译修辞中的意象有时可能会给译语受众造成理解困难，或引起译语受众的误解，甚至引发文化冲突。在这种情况下，译者可以在译语中寻找类似的惯用修辞表达，对原文中的修辞表达进行替换。若原文中的某些修辞意象或修辞形式在译语中不存在，必要时译者也可以省去修辞，仅将其内涵表达出来。

例 24： 选自 2022 年 2 月 16 日外交部发言人汪文斌主持例行记者会

原文： 美国发动阿富汗战争后在阿及美盟国境内设立大量秘密监狱，入侵伊拉克后对伊平民实施暴行、酷刑和谋杀，阿布格里卜监狱虐囚丑闻举世震惊。任意拘押这顶帽子，戴在美国头上最为合适。

译文： Following the US invasion of Afghanistan, the US has set up a large number of secret prisons in Afghanistan and US allies. After it waged the war against Iraq, the US committed atrocities, torture and murder against Iraqi civilians. The scandals around torturing inmates in the Abu Ghraib prison have shocked the whole world. The label of arbitrary detention suits the US better than anyone else.

（https://mp.weixin.qq.com/s/owf2F2Y_1TfA0wgPr65zDw）

例 25： 选自国家主席习近平二〇二二年新年贺词，2022-01-01

原文： 民之所忧，我必念之；民之所盼，我必行之。我也是从农村出来的，对贫困有着切身感受。经过一代代接续努力，以前贫困的人们，现在也能吃饱肚子、穿暖衣裳，有学上、有房住、有医保。全面小康、摆脱贫困是我们党给人民的交代，也是对世界的贡献。

译文： The concerns of the people are what I always care about, and the aspirations of the people are what I always strive for. Having worked in the countryside myself, I know precisely what poverty feels like. Thanks to the sustained efforts of the Chinese people from generation to generation, those who once lived in poverty no longer have to worry about food or clothing, or access to education, housing and medical insurance. Realization of a moderately prosperous society in all respects and elimination of extreme poverty is what the CPC has delivered to our people, and it is also a contribution to the world.

（http://www.china.org.cn/chinese/2022-01/01/content_77979676.htm）

例 26： 选自 2022 年 12 月 2 日外交部发言人赵立坚主持例行记者会

原文： 近期，多位欧洲国家领导人和官员针对《通胀削减法》做出表态。他们表示，美国不应拿这个来对抗朋友，这等同于从欧洲搜刮投资。事实上，美国口口声声说欧洲是重要盟友，实则把欧洲当成挡灾救火的"接盘侠"，这样的例子不在少数。

译文： Lately several European leaders and officials have said that the US shouldn't use the Inflation Reduction Act against friends, as it could result in a significant diversion of future investment away from

Europe. The US calls Europe an important ally. But in reality, the US is <u>letting Europe pay for the price in the crisis</u>. There is no lack of such examples.

（https://mp.weixin.qq.com/s/v0V95K0FigwLhxqenue4EQ）

例 24 中，外交部发言人汪文斌使用了隐喻"帽子"，喻指"罪名或负面的标签"。由于该隐喻意象在英文中不具有相同的隐喻义，不易引发译语受众的相同联想，译文将其替换为译语中类似的隐喻意象 label，这有助于译语受众更好地理解和接受译文。

例 25 中的"民之所忧，我必念之；民之所盼，我必行之"一句是从《孟子·梁惠王下》中提炼演化而来的。该句为文言文形式的对偶句，极具中文语言特色。译文将该句译为两句形式对应的英文长句，最大限度地保留了原文的整齐句式，在一定程度上还原了原文的修辞效果。同时，译文采用了从句的句式，顺应了英文的语言习惯，便于译语受众接受和理解。

例 26 中，外交部发言人赵立坚使用了隐喻"接盘侠"。该隐喻为中文网络流行语，喻指"在不知情的情况下被迫接受某种事物的一类人"。由于该隐喻意象在英文中不具有隐喻义，难以引起译语受众的相同联想，译文删除了该隐喻，将其内涵用平实的语言表达出来，有助于避免引起理解障碍或误解。

三、操作型国家话语的翻译准则

（一）受众导向，力求契合受众心理

操作型国家话语翻译强调话语目的和话语效果的实现，而判定这两者是否实现的标准就是看翻译后的话语是否能够使受众产生心理认同，进而作出行为反应。由此可见，目标受众在操作型国家话语的翻译中十分重要。因此，操作型国家话语翻译应以受众为导向，必要时可以对原文进行大胆调整。翻译时，首先要确定话语的目标受众是谁，然后需要调查并把握其需求和兴趣点，从与其相关联的人、事、物入手，结合原文的话语目的，对译文进行组织。由于原语受众和译语受众在社会、文化、生活背景方面存在差异，译者有时可以对译语受众不感兴趣或难以理解的信息或表达进行调整和删改。

例 27：选自中国铁建股份有限公司官方微博，2023-02-09
原文：

中国铁建
2-9 19:00 来自 新版微博 weibo.com

【高端综合体+酒店+公寓 #中国铁建再造迪拜新地标#】当地时间2月9日，由@中铁十八局集团有限公司 迪拜FAIRMONT高档酒店公寓项目顺利封顶。该项目总建筑高度226米，外形比较独特，完美结合了迪拜当地自然文化景观——棕榈树造型，是迪拜首座以棕榈树树干形状为造型的超高层建筑。据悉，该项目建成后，将成为与棕榈岛相互映衬的又一迪拜地标性建筑，对吸引投资者到迪拜置业，进一步提升当地就业水平，激发迪拜Sufouh社区的旅游活力和经济动能具有重要意义。@国资小新

图 2-9 中国铁建股份有限公司官方微博截图

（https://m.weibo.cn/status/4867309187634331?sourceType=weixin&from=10C5195010&wm=9847_0002&featurecode=newtitle）

译文：

China Railway Construction Corporation
@CRCCNews

#CRCCUpdates On February 9, the topping out of the FAIRMONT Dubai Skyline project was completed, which is the first palm tree-shaped super high-rise building in #Dubai. Upon completion, the building will further drive local tourism development.
翻译推文

图 2-10 中国铁建股份有限公司官方推特截图

（https://twitter.com/CRCCNews/status/1626243872262336513?cxt=HHwWgsDRxfCLypEtAAAA）

例28：选自中国铁建股份有限公司官方微博，2023-09-28

原文：

图 2-11　中国铁建股份有限公司官方微博截图

（https://weibo.com/5669279258/Nlp1kC5Eq）

译文：

图 2-12　中国铁建股份有限公司官方推特截图

（https://twitter.com/CRCCNews/status/1711189880456569193）

英语思维偏重理性，英语受众阅读信息型文本，喜欢突出重点、开门见山的表达。在例 27 中，英语受众感兴趣以及关心的内容包括迪拜 FAIRMONT 高档酒店公寓成功封顶，它具有独特的棕榈树造型，以及其对当地旅游业的促进作用。英文译文选择并整合了原文中的重点内容进行翻译，而不是完全按照原文的架构和内容进行对等转换，这使译语受众能够快速抓住话语中心，符合其信息需求和阅读习惯。例 28 目的在于宣传沪宁沿江高铁开通运营，原文详细列举了参建的各方，介绍了其途经路线、线路长度、高铁时速及建成意义。原文中罗列的参建各方和途经路线等并不是英语受众所关注和需要的信息，大篇幅文字介绍这些信息会让英语受众丧失阅读兴趣，英文译文对原文进行了删改和整合，将沪宁沿江高铁的路线长度、时速以及开通意义等重要内容融合为一句话，简明扼要地将该高铁顺利开通的消息传递给译语受众。

（二）增强互动，吸引关注增加趣味

为了实现劝说和召唤的话语效果，操作型国家话语翻译还需采用译语受众喜闻乐见或妙趣横生的语言形式。翻译操作型国家话语应设法保留原文语言的趣味性，比如保留或使用一些幽默语和流行语等，以此吸引译语受众的关注和兴趣，也可采用创译的方法，增强译文的趣味性。除此之外，新媒体时代，要提升劝说和召唤效果，还应设法保留或增强语言的互动性，比如采用第二人称称谓语与译语受众直接对话，以此增强译语受众的存在感和代入感，促使其产生心理认同并作出行为反应。

例 29：选自国家能源投资集团有限责任公司官方微博，2023-06-05
原文：

图 2-13　国家能源投资集团有限责任公司官方微博截图

（https://weibo.com/3012462187/N3RZD473a）

译文：

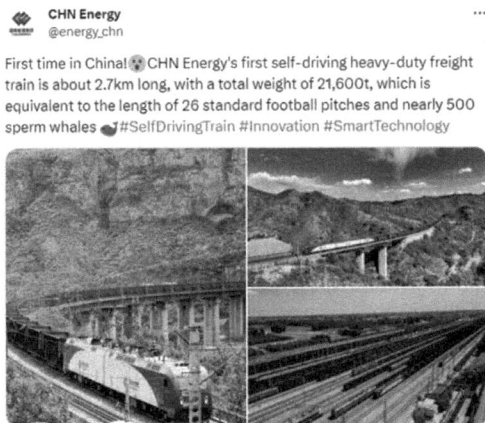

图 2-14　国家能源投资集团有限责任公司官方推特截图

（https://twitter.com/energy_chn/status/1719272572338991171）

例 30：选自中国核工业集团有限公司官方微博，2023-09-18

原文：

图 2-15　中国核工业集团有限公司官方微博截图

（https://weibo.com/2884530251/NjRNo5BLY）

译文：

图 2-16　中国核工业集团有限公司官方推特截图

（https://twitter.com/CN_Nuclear_Corp/status/1717814828230947298）

例 29 的话语文本宣传了我国的重载自动驾驶列车。为了增强话语的趣味性，译者在开头加入"First time in China！"一句话来引起受众的注意，接着又增加了列车长度、重量等数据，并将其与"足球场""抹香鲸"作比较，这些手段都使得译文更加生动有趣，有助于实现宣传、劝说的话语目的。例 30 的话语目的在于推介《生态核能·核美家园》这部宣传片。在翻译时，译者遵循增强互动和吸引关注的准则，对原文进行了较大的调整。首先，译者以第二人称疑问句开头，向受众抛出问题，与受众进行互动。其次，译者又使用"You can always find…"一句，将受众带入话语情境。最后，译者以"Watch this video to know more"一句向受众直接发出邀请。整段译文话语极具互动性，带有劝说和召唤的话语效果。

同时，在以上两例中，译者同样遵循了以受众为导向的准则，对原文进行了删改和整合，缩减了话语篇幅，仅保留了受众关注或感兴趣的内容。

四、国家视听话语的翻译准则

（一）贴合声画，灵活变通

为了使翻译后的视听话语保持多种模态之间的协调配合，保证受众的观看体验，在翻译文本模态时，需考虑画面或音频等的时长，以此来决定译文的长度和出现时间，保证画面、声音、文本三者的对应和匹配。

例 31：选自 CGTN 宣传片《世界减贫史上的中国奇迹——消除绝对贫困》，00:09～00:24

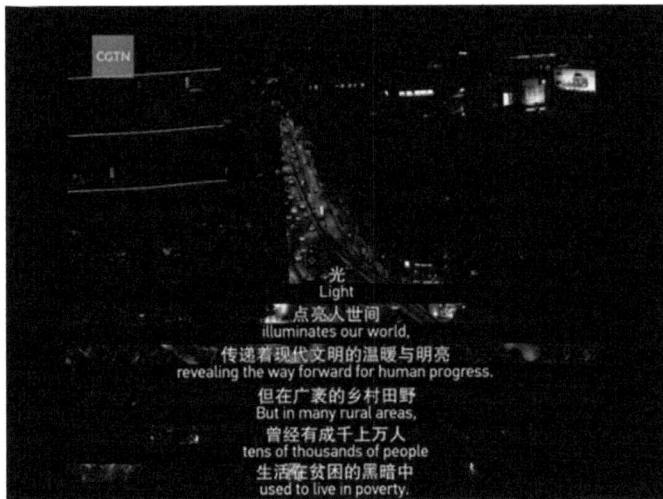

图 2-17　CGTN 宣传片《世界减贫史上的中国奇迹——消除绝对贫困》截图

原文：光

点亮人世间

传递着现代文明的温暖与明亮

但在广袤的乡村田野

曾经有成千上万人

生活在贫困的黑暗中

译文：Light

illuminates our world,

revealing the way forward for human progress.

But in many rural areas,

tens of thousands of people

used to live in poverty.

（https://www.bilibili.com/video/BV1LA411s77i/?vd_source=0642901 0849c045663a111edfa1cb6f9）

例 32：选自 CGTN 宣传片《中国拼经济》，02:25～02:31

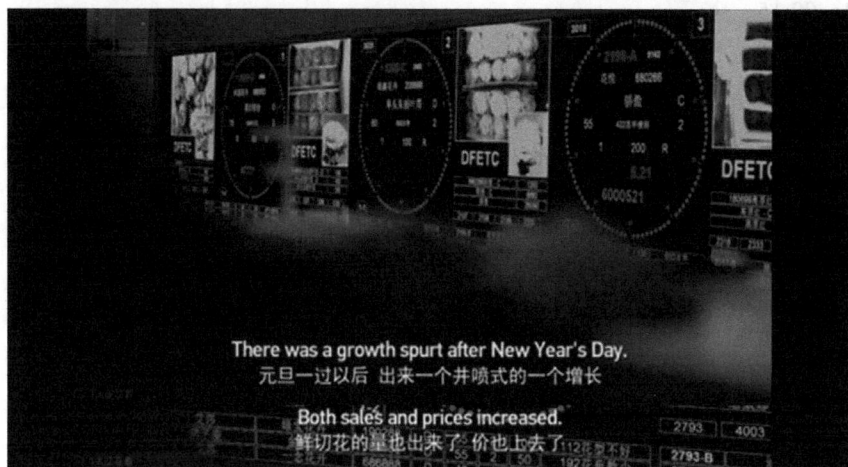

There was a growth spurt after New Year's Day.
元旦一过以后 出来一个井喷式的一个增长
Both sales and prices increased.
鲜切花的量也出来了 价也上去了

图 2-18　CGTN 宣传片《中国拼经济》截图

原文：元旦一过以后 出来一个井喷式的一个增长
　　　鲜切花的量也出来了 价也上去了
译文：There was a growth spurt after New Year's Day.

　　　Both sales and prices increased.
　　（ https://www.bilibili.com/video/BV1e24y1J757/?vd_source=0642901
0849c045663a111edfa1cb6f9 ）

以上两例中的视听话语译文与视频画面、声音协调匹配，观感舒适。为了实现这种协调，英文字幕根据视频版面空间和声画时长，进行了灵活的调整。例如，译文进行了一些精简处理，在例 31 中，将"田野""黑暗"等词省略，只保留更加切题的词语"乡村""贫困"；在例 32 中，译者将"量也出来了价也上去了"一句，整合译为 Both sales and prices increased。

（二）化繁为简，避免重复

由于视频版面和画面时长具有局限性，翻译国家视听话语时，要遵循化繁为简的准则，最大限度地保证译文的简洁性。为了实现译文的简洁性，可采取一些特定策略和方法，包括在同义词汇中选择更加短小精练的词汇；删减原文语言中的重复；结合画面，对于可从画面中解读出的信息，不再使用文字叙述。

例 33：选自中国日报宣传片《70 秒·看见中国》之《我的祖国，真的超靓！》，00:12～00:15

图 2-19　中国日报宣传片《70 秒·看见中国》之《我的祖国，真的超靓！》截图

原文：中国位于亚洲东部　太平洋西岸

　　　陆地面积约 960 万平方公里

　　　内海和边海的水域面积约 470 多万平方公里

译文：China, located in East Asia,

　　　covers a land area of 9.6 million km^2

　　　and a sea area of over 4.7 million km^2

（ https://www.bilibili.com/video/BV12E411X7YZ/?vd_source=064290 10849c045663a111edfa1cb6f9 ）

例 34：选自《四季中国》第 4 集　春分，16:00～16:05

图 2-20　《四季中国》第 4 集　春分截图

原文：这是吹的　这里是贯通的

　　　一般的木头吹不过去的

译文：Blow it. The air can go through.

Most woods are not like this.

（https://www.bilibili.com/bangumi/play/ep265459）

在例 33 中，由于英文单词所占空间比中文汉字大，为了保证译文不超出视频版面空间，译者在不影响原意的前提下对"太平洋西岸""内海和边海"等表达进行了整合和删减，这使译文表达更加简洁精练。例 34 中的原文介绍了一种神奇的中药材，由于受众可以从视频画面中看到药材，所以译者直接用 it、this 来指代该药材，用词简洁精练，也不会影响表意。

实 践 探 索

参 考 样 例

延 伸 阅 读

1. 张美芳. 文本类型理论及其对翻译研究的启示[J]. 中国翻译，2009, 30（5）: 53-60, 95.
2. 张美芳. 文本类型、翻译目的及翻译策略[J]. 上海翻译，2013（4）: 5-10.
3. 钟永军，王松林，黄金金. 文本类型理论视角下《政府工作报告》的英译研究[J]. 现代语文（语言研究版），2013（3）: 137-139.

第三章

国家修辞话语翻译

国家修辞话语是指国家话语主体通过具有象征意义的话语，来表达国家价值观和政治理念的修辞手法。在国家话语的构建与传播活动中，修辞话语广泛存在。国家修辞话语体现一个国家的文化特色，蕴含着一定的价值观念，可通过翻译传播来传达给国际社会，在维护国家形象、传播理念和文化、增强语言表现力和修辞效果等方面发挥着不容忽视的作用。在对外传播中，国家修辞话语的准确、规范、恰当的翻译在增强国家对外话语的吸引力、促进国家形象的塑造和价值观念传播等方面具有重要意义。

国家修辞话语翻译是国家话语对外传播中面临的一个重要挑战。当前，国家话语中的修辞在数量、种类和深度上都有所增加，这给国家话语翻译带来了新的挑战。由于国家修辞话语具有政治性、模糊性、多样性等特点，因此在翻译过程中需要充分考虑文化差异、语言特点等因素，以确保翻译文本的准确性和可理解性。要恰当地翻译国家修辞话语，充分发挥其在国际交流和国家形象塑造方面的积极作用，就必须深刻了解国家话语的修辞特征和翻译难点，掌握有效的翻译准则和翻译方法。如绪论和第一章所述，国家话语的修辞特征在表情型国家话语中表现得较为明显，因此本章选取的案例多来源于各类以表情型为主的国家话语文本，重点分析不同类别的表情型国家话语的修辞特征及其难点，并以实例阐释常见国家修辞话语的翻译准则和翻译方法。

第一节　国家修辞话语的主要特征

随着修辞学的发展和修辞研究的深入，如今"修辞"的内涵和外延已由演说辩论、文体风格、言辞修饰等扩展到人类交际、人类传播。修辞学的研究对象也从微观的修辞手段、修辞方法等扩展到话语构建、话语理解、人际关系、社会关系乃至国家软实力、国际关系等宏观视野[①]。修辞已不再仅仅被认为是演说或写作的附加物或添加剂，而是在话语构建和传播的过程中能够活跃和制约人的思想和行为，进而影响知识与现实的产生[②]。由于国家话语具有国家高度，其传播主体、传播内容、传播受众、传播媒介和传播效果都与一般话语有所差异，因此，国家话语中的修辞相较于一般文本中的修辞，既有独特之处，又有相同之处。国家修辞话语的特征主要表现在政治性、多样性、功能性、个性化和文化性等方面。

一、政治性强

国家话语中的修辞往往具有很强的政治性，用来传达政治立场、传播政治理念、促进政治认同等，因此在翻译时需要充分考虑话语蕴含的政治因素，以确保翻译文本的表意准确性和政治等效性。同时，在翻译时还需要考虑到目标受众的文化背景、政治立场、价值观等因素，以确保翻译中政治含义的准确性和恰当性。对于一些比较敏感的修辞表达，或者是相同政治词汇在不同政治语境下可能具有不同的含义，需要进行更加谨慎的翻译，避免产生歧义或误解。

例1：选自习近平：在庆祝中国共产党成立100周年大会上的讲话，2021-07-01

　　我们要继续弘扬光荣传统、赓续红色血脉，永远把伟大建党精神继承下去、发扬光大！

（http://www.china.org.cn/chinese/2021-07/02/content_77601773.htm）

例2：选自习近平：在庆祝中国共产党成立100周年大会上的讲话，2021-07-01

　　中华民族拥有在5000多年历史演进中形成的灿烂文明，中国共产党拥有百年奋斗实践和70多年执政兴国经验，我们积极学习借鉴人类文明的一切有益成果，欢迎一切有益的建议和善意的批评，但我们绝不接受"教师爷"般颐指气使的说教！

（http://www.china.org.cn/chinese/2021-07/02/content_77601773.htm）

例3：选自李克强2022年政府工作报告，2022-03-05

　　政府工作存在不足，形式主义、官僚主义仍然突出，脱离实际、违背群众意愿现象屡有发生，有的在政策执行中采取"一刀切"、运动式做法。

（http://www.china.org.cn/chinese/2022-03/14/content_78106770.htm）

例1中使用了"红色血脉"这一隐喻，将中国共产党人的红色革命传统、精

---

① 张倩. 浅谈中日友好叙事下的中国国家话语与修辞[J]. 传媒观察，2019（9）：63-69.
② 田海龙. 新修辞学的落地与批评话语分析的兴起[J]. 当代修辞学，2015（4）：32-40.

神谱系、政治品格喻为"红色血脉",体现出对共产主义和社会主义理念的忠诚和坚守。因此在翻译时,不能将其简单译为 red bloodline,而应翻译出其深层优秀的革命传统的传承之意。在例 2 中,"教师爷"是中文语境中特有的词,特指过去大户人家聘请来教私塾的人,包括教文化的先生和教武术的师傅,特征是古板、教条、自以为是,时常对他人指手画脚等。英文中并没有类似"教师爷"的表达,直译为 teacher 并不合适,也无法传达原文的含义,甚至可能会扭曲原文意思,因此可以使用解释法,使其意义外显,便于译语受众理解。例 3 中的"一刀切"和"运动式做法"在翻译时也要注意意义外显,用译语受众熟悉的表达,使其能产生相同的联想,充分理解该隐喻的内涵。

二、类型多样

出于不同的话语目的,国家话语主体会在不同的语境下使用不同的修辞手法。同时,各个话语主体在修辞偏好上也有所差异。因此,国家话语中的修辞常常种类丰富,具有多样性,涉及多种修辞手法的综合运用,其中常见的修辞类型包括比喻、引用、排比和对偶。

例 4:选自习近平在博鳌亚洲论坛 2021 年年会开幕式上的视频主旨演讲,2021-04-20

我多次说过,"一带一路"是大家携手前进的阳光大道,不是某一方的私家小路。

(http://www.china.org.cn/chinese/2021-04/28/content_77448779.htm)

例 5:选自习近平在第四届中国国际进口博览会开幕式上的主旨演讲,2021-11-04

"见出以知入,观往以知来。"一个国家、一个民族要振兴,就必须在历史前进的逻辑中前进、在时代发展的潮流中发展。

(http://www.china.org.cn/chinese/2021-11/05/content_77852725.htm)

例 6:选自《人类减贫的中国实践》白皮书,2021-04-06

在解决好贫困人口吃饭、穿衣、居住等温饱问题基础上,大力提升贫困地区教育、医疗、文化、社会保障等基本公共服务水平,实现贫困人口学有所教、病有所医、老有所养、弱有所扶,为贫困地区发展夯实基础、积蓄后劲。

(http://www.china.org.cn/chinese/2021-06/02/content_77513397.htm)

例 7：选自《和平、发展、自主、包容　坚定践行开放的区域主义——王毅国务委员兼外长在东盟秘书处的演讲》，2022-07-11

当前，<u>全球化潮流尽管遭遇一时的逆风，但奔腾向前仍是大势所趋。封闭和孤立只会导致僵化和落后，包容和开放将带来普惠和共赢</u>。我们有必要坚持和而不同、多元共生，反对党同伐异、<u>画地为牢</u>，坚持团结域内国家，包容域外国家的真区域合作，反对排斥特定国家、针对特定一方的伪区域合作。我们相信，亚太地区足够大，<u>容得下地区国家各自发展、共同发展，做得到各美其美、美美与共</u>。

（https://www.mfa.gov.cn/web/wjbz_673089/zyjh_673099/202207/t20220711_10718547.shtml）

例 4～例 7 的话语文本中分别运用了比喻、引用、排比和对偶的修辞手法。在例 4 中，习近平将"一带一路"比喻为"阳光大道"，而非"私家小路"。"阳光大道"强调了"一带一路"倡议是具有积极效益的、能够带来好处和繁荣的，且为的是多国的利益。"阳光大道"与"私家小路"的对比更加突出了"一带一路"倡议的积极效果。例 5 引用了《列子·说符》中的"见出以知入，观往以知来"，这句话本意为"看见外表就可以知道内里，看见过去就可以知道未来"，引申为"透过现象可以看到事物的本质，学习历史可以掌握发展的规律"。此处的引用一方面能够更好地佐证后句中国家和民族的发展要遵循历史逻辑这一观点，另一方面还宣传了中华文明优秀的思想理念。例 6 不仅运用了排比的修辞手法，更是将汉语中独特的"四字格"与排比句式结合，增强了原文的气势，强化了句意。例 7 运用了多种修辞手法，如隐喻、对偶、引用等。该句将全球化趋势比喻成"潮流"，将阻碍这一趋势的因素比作"逆风"，形象生动，易于让受众产生联想和共情。"封闭和孤立只会导致僵化和落后，包容和开放将带来普惠和共赢"，使用对偶结构，前后对仗。"画地为牢"和"各美其美、美美与共"分别出自西汉司马迁的《报任少卿书》和费孝通先生的十六字箴言，丰富了原文的表达与内涵。

三、多重功能

国家修辞话语常带有一定的目的，是国家话语主体为了实现特定目的而采用的话语手段。国家修辞实现话语目的性主要在于其三方面的功能：首先，有助于表达立场态度，强调观点；其次，可使国家话语的语言更加生动形象、便于理解，以此增强语言的感染力，提升话语的交际和传播效果；最后，有助于有效构建国家形象，使其更加具体化。

例 8：选自习近平在第四届中国国际进口博览会开幕式上的主旨演讲，2021-11-04

　　中国愿同各国一道，共建开放型世界经济，让开放的<u>春风</u>温暖世界！

　　（http://www.china.org.cn/chinese/2021-11/05/content_77852725.htm）

例 9：选自习近平在第四届中国国际进口博览会开幕式上的主旨演讲，2021-11-04

　　中国历来<u>言必信、行必果</u>。我在第三届进博会上宣布的扩大开放举措已经基本落实。

　　（http://www.china.org.cn/chinese/2021-11/05/content_77852725.htm）

例 10：选自习近平在博鳌亚洲论坛 2021 年年会开幕式上的视频主旨演讲，2021-04-20

　　同舟共济扬帆起，乘风破浪万里航。尽管有时会遭遇<u>惊涛骇浪</u>和<u>逆流险滩</u>，但只要我们齐心协力、把准航向，人类社会发展的<u>巨轮</u>必将行稳致远，驶向更加美好的未来！

　　（https://language.chinadaily.com.cn/a/202104/20/WS607e6657a31024ad0bab6bc8.html）

　　例 8 运用了比喻的修辞手法，将"开放"喻为"春风"，语言生动形象，强调了中国对"开放"的支持态度。例 9 运用了用典的修辞手法，通过引述《论语·子路》中的名句"言必信、行必果"，来生动展现中国言而有信的国家形象。例 10 同样运用了比喻的修辞手法，将"人类社会发展"比喻成"巨轮"，将发展过程中的坎坷比作"惊涛骇浪"和"逆流险滩"，强调全人类是命运共同体，休戚相关，只有齐心协力、乘风破浪，方可实现更好的发展。

四、个人偏好

　　如第一章和第二章所述，以国家领导人、外交部发言人等个人为主体而构建和传播的国家话语，常常带有个人特色，其表现之一就是具有不同的修辞偏好。因此，在不同话语主体构建的国家话语中，修辞常具有个性化特征，这在修辞表达的种类、内容、形式和使用频次上都有所体现。

例 11：选自习近平在第四届中国国际进口博览会开幕式上的主旨演讲，2021-11-04

　　"<u>孤举者难起，众行者易趋</u>。"……世界经济复苏前路坎坷，各国人民更需要同舟共济、共克时艰。

（http://www.china.org.cn/chinese/2021-11/05/content_77852725.htm）

例 12：选自习近平在第二届中国国际进口博览会开幕式上的主旨演讲，2019-11-05

中国老百姓有一句话，叫作"世界那么大，我想去看看"。在这里我要说，中国市场这么大，欢迎大家都来看看。

（http://www.china.org.cn/chinese/2019-11/06/content_75379091.htm）

例 13：选自习近平在上海合作组织成员国元首理事会第二十一次会议上的讲话，2021-09-17

我们要坚定制度自信，绝不接受"教师爷"般颐指气使的说教，坚定支持各国探索适合本国国情的发展道路和治理模式。

（https://language.chinadaily.com.cn/a/202109/17/WS61446083a310e0e3a682261d.html）

从例 11～例 13 可以看出，习近平在演讲中经常使用引用的修辞手法，善于在讲话中引述古诗、谚语、名言、典故和流行语等，来表达或论证自己的观点。以上三例分别是他在讲话中引用名言、流行语和俗语的例子。

五、文化蕴含

国家话语传播活动的目标和任务不仅仅在于表达国家意志、传递国家价值观和塑造国家形象，还在于传播和弘扬一国的文化。修辞作为一种语言现象，深深植根于一国的历史文化和社会生活之中，很多修辞表达都包含着丰富的文化元素，蕴含着深刻的文化内涵。出于传播国家文化的目的，国家话语主体在构建国家话语时更倾向于运用独具文化特色的修辞表达，因而国家修辞话语常常呈现出独特的文化性。

例 14：选自习近平在世界经济论坛 2017 年年会开幕式上的主旨演讲，2017-01-17

"积力之所举，则无不胜也；众智之所为，则无不成也。"只要我们牢固树立人类命运共同体意识，携手努力、共同担当，同舟共济、共渡难关，就一定能够让世界更美好、让人民更幸福。

（http://www.china.org.cn/chinese/2017-01/18/content_40125472.htm）

例 15：选自习近平：在二〇二三年春节团拜会上的讲话，2023-01-20

即将过去的壬寅虎年，是党和国家发展史上极为重要的一年。面对风高浪急的国际环境和艰巨繁重的国内改革发展稳定任务，全党全军全国各族人民迎难而上、团结奋斗，凭着<u>龙腾虎跃</u>的干劲、<u>敢入虎穴</u>的闯劲、坚忍不拔的韧劲，书写了社会主义现代化建设的新篇章。

（http://www.china.org.cn/chinese/2023-02/02/content_85085474.htm）

例16：选自习近平在2022年世界经济论坛视频会议的演讲，2022-01-17

再过两周，中国农历虎年新春就要到来。在中国文化中，虎是勇敢和力量的象征，中国人常说<u>生龙活虎</u>、<u>龙腾虎跃</u>。面对当前人类面临的严峻挑战，我们要如<u>虎添翼</u>、<u>虎虎生威</u>，勇敢战胜前进道路上各种险阻，全力扫除新冠肺炎疫情阴霾，全力促进经济社会恢复发展，让希望的阳光照亮人类！

（https://language.chinadaily.com.cn/a/202201/18/WS61e65993a310cdd39bc81d29.html）

例17：选自习近平在第三届"一带一路"国际合作高峰论坛开幕式上的主旨演讲，2023-10-18

"一带一路"合作从"<u>大写意</u>"进入"<u>工笔画</u>"阶段，把规划图转化为实景图，一大批标志性项目和惠民生的"小而美"项目落地生根。

（https://language.chinadaily.com.cn/a/202310/18/WS65321fc9a31090682a5e9c7a.html）

例14引用了汉代刘安《淮南子·主术训》中的名句，该引文为文言文，极具中国文化特色和语言特色。例15和例16都运用了大量有关"虎"这一生肖的成语。例15运用了"龙腾虎跃""敢入虎穴"两个隐喻来形容全党全军全国各族人民的干劲和闯劲，例16则使用了"如虎添翼""虎虎生威"两个成语来表达积极应对挑战之意。一方面，"龙"和"虎"这两个意象在中国文化中常具有独特的内涵和寓意；另一方面，这两种动物都在中国十二生肖之列，因此"龙腾虎跃""敢入虎穴""如虎添翼""虎虎生威""生龙活虎"这几个修辞表达带有浓厚的中国民族文化特色。例17中的"写意"和"工笔"都是中国传统绘画的艺术风格。写意强调意境和情感表达。画家在创作时注重形式的简练和笔墨的自由流动，追求意境的抒发，强调表达主观感受，注重情感的传达。工笔则注重细致描绘和精湛技艺。工笔画强调细节的准确刻画，追求形象的逼真和绘画技法的精湛。画家在工笔画中通常使用细密的笔触，精心描绘每个细节，注重绘画的精细和细腻度。色彩的运用也较为真实，力求还原物象的真实质感。例句分别用"大写意"和"工笔画"来喻指"一带一路"的规划和落实，蕴含着深厚的中国文化底蕴。

第二节　国家修辞话语的翻译难点

如上节所述，相较于普通文本中的修辞表达，国家修辞话语政治性强、种类多样、功能性强，具有鲜明的政治特色和文化特色，这些特点都给翻译工作带来了一系列挑战。

一、政治含义的把握

国家话语是国家领导人或政府机构发布的关于国家政策、立场、理念等的官方言论。国家话语通常体现国家的核心利益和战略目标，既反映国家在国际事务中的立场和态度，也传播国家价值观、核心思想、文化传统等，同时也是塑造国家形象、提升国际声誉、增加国际竞争力和话语权的关键。因此，国家话语翻译必须高度忠实原文，需要做到完整无误地传达原文中的政治含义，这既是国家话语翻译的重点，也是难点。

例 18：选自习近平在庆祝香港回归祖国 25 周年大会暨香港特别行政区第六届政府就职典礼上的讲话，2022-07-01

> 切实排解民生忧难。"享天下之利者，任天下之患；居天下之乐者，同天下之忧。"我说过，人民对美好生活的向往，就是我们的奋斗目标。当前，香港最大的民心，就是盼望生活变得更好，盼望房子住得更宽敞一些、创业的机会更多一些、孩子的教育更好一些、年纪大了得到的照顾更好一些。

（http://www.china.org.cn/chinese/2022-07/04/content_78303693.htm）

上述例句引用了北宋文学家苏轼为皇帝起草的诏书《赐新除中大夫守尚书右丞王存辞免恩命不允诏》中的"享天下之利者，任天下之患；居天下之乐者，同天下之忧。"这句话的意思是"享用天下利益的人，就要承担天下的忧患；拥有天下福乐的人，就要与天下共忧难"。此处的引用旨在强调国家发展应当以人为本，关注人民切身利益和幸福感，体现了当前国家对香港人民民心的重视。因此在翻译时，要深入理解引文的内在含义及其在当前语境中的意义和目的，从而更准确地译出其政治含义。

二、修辞功能的实现

准确转译国家修辞话语所蕴含的话语目的，是译者面临的困难之一。如上节所述，国家修辞话语是话语主体为实现特定的话语效果和话语功能而使用的，这些目的常常关乎国家形象和国际关系，具有深远的意义。在翻译过程中，如何用另一种语言将原话语的目的准确地呈现出来，而不使之发生偏移，是译者需要重点考虑的问题。

例 19：选自习近平在亚洲文明对话大会开幕式上的主旨演讲，2019-05-15
第二，坚持<u>美人之美、美美与共</u>。每一种文明都是美的结晶，都彰显着创造之美。

（http://www.china.org.cn/chinese/2019-05/16/content_74790346.htm）

例 20：选自习近平在美国友好团体联合欢迎宴会上的演讲，2023-11-15
我一直在思考，<u>如何让中美关系这艘巨轮避开暗礁浅滩、穿越狂风巨浪，不偏航、不失速、不碰撞</u>？首先要回答的是，中美到底是对手，还是伙伴。

（http://www.china.org.cn/chinese/2023-12/07/content_116863397.htm）

例 21：选自习近平：在北京冬奥会、冬残奥会总结表彰大会上的讲话，2022-04-08
我们坚持冬奥成果人民共享，<u>通过</u>推广普及冰雪运动带动全民健身走向纵深，<u>通过</u>产业发展助力脱贫攻坚，<u>通过</u>提升公共服务水平改善人民生活品质，让人民身心更健康、就业更充分、生活更美好，实现共同参与、共同尽力、共同享有。

（http://www.china.org.cn/chinese/2022-04/15/content_78167686.htm）

例 19 引用了著名社会学家费孝通先生的名言"美人之美、美美与共"。此处话语主体引用修辞的目的是论证、强调自己下文的观点，即"每一种文明都是美的结晶，都彰显着创造之美"。译者需要设法将这一目的在译文中准确地表现出来，在引用的语句和下文观点之间创造联系，用引用的语句为下文的观点做好铺垫，这是此例翻译的难点所在。例 20 的文本中运用了隐喻的修辞手法，用"巨轮"来喻指"中美关系"，这意味着中国与美国有着相同的航行方向和目标，航行过程中遇到的"暗礁浅滩"和"狂风巨浪"指阻碍中美关系发展的因素，"不偏航、不失速、不碰撞"则是中国对中美关系发展的期望。这里的隐喻其实暗含了中方的态度，也为后文对中美关系进一步的描述做了铺垫。如何在翻译中传达出中方的友好，为此句的翻译增加了难度。例 21 使用了三个"通过"来总结冬奥会的成果，"通过"的内容是从本次冬奥会的成果引出冬奥会在社会层面产生的更大的影响。三个"通过"层层递进，韵律感和重复结构让受众容易产生共鸣，在该例句的语境下，可增强受众的参与感和幸福感。译文中如何处理这种排比句以便让译语受众产生相同的情感共鸣是本句的难点所在。

三、文化蕴含的体现

恰当处理国家修辞话语中的文化元素，也是国家话语翻译的一大难点。一方面，修辞中涉及的一些元素是原语文化中特有的，在译语文化中可能找不到对应物和对应词。还有一些元素在原语文化和译语文化中内涵不同，若翻译不当，容易给受众造成理解障碍，甚至引发误解和文化冲突。另一方面，修辞会涉及一些特殊的文学形式，如古诗文、典故等，若处理不当，也会给受众造成理解困难，影响国家话语的传播效果。

例 22：选自 2021 年 11 月 4 日外交部发言人汪文斌主持例行记者会

但无论其如何伪装，台湾当局的谋"独"之心是<u>狐狸尾巴</u>——藏不住的，也丝毫改变不了台湾是中国一部分的<u>铁</u>的事实。

（https://mp.weixin.qq.com/s/htAie_qSNtXs6QAk5I3j5w）

例 23：选自习近平在《生物多样性公约》第十五次缔约方大会领导人峰会上的主旨讲话，2021-10-12

<u>"万物各得其和以生，各得其养以成。"</u>生物多样性使地球充满生机，也是人类生存和发展的基础。

（http://www.china.org.cn/chinese/2021-10/13/content_77805582.htm）

例 24：选自习近平在中国-中亚峰会上的主旨讲话，2023-05-19

横跨天山的中吉乌公路，征服帕米尔高原的中塔公路，穿越茫茫大漠的中哈原油管道、中国-中亚天然气管道，就是当代的"<u>丝路</u>"；日夜兼程的中欧班列，不绝于途的货运汽车，往来不歇的空中航班，就是当代的"<u>驼队</u>"。

（http://www.china.org.cn/chinese/2023-05/22/content_85480111.htm）

例 22 运用了两个隐喻修辞，但"狐狸尾巴"和"铁"这两个文化元素在译语文化中并不具有和原语文化相同的内涵和喻义，因此，译者需要考虑对其进行调整，以便受众理解和接受译文，这是本例翻译的难点所在。例 23 的话语文本中引用了《荀子·天论》中的名句，但原文为中文特有的文言文形式，无法在译文中对等保留，译者需要设法在语言形式上进行转化，这是本例翻译的难点之一。例 24 中的"丝路"和"驼队"分别指"中吉乌公路""中塔公路""中哈原油管道""中国-中亚天然气管道"和"中欧班列、货运汽车、空中航班"。"丝路"和"驼队"是古丝绸之路的经典意象："丝路"是古代贸易和文化交流的重要通道，是不同文明之间文化交流的纽带；"驼队"是"丝路"上的主要交通工具之一，它不仅是贸易的工具，更是文化与人员交流的媒介，是丝路的象征。而"中哈原油管道"等是当前"一带一路"倡议的内容，用古"丝路"的意象来指代新"丝路"的内容，不仅传达了中国与世界各地长期交往与合作的历史，同时也输出了优秀的中国文化。此处要正确处理这两个意象，传达出其内在的含义，是一个难点。

四、语言习惯的转换

不同语言具有不同的修辞偏好，例如，中文习惯运用排比修辞来强化观点，增强语言的美感和气势；而英文追求简洁，认为排比句是相同结构的重复，容易造成信息和语意的冗余。又如，国家话语中常常引用古诗句或古文，其结构和内容通常是对偶的，用词是有讲究的，这类文化内涵丰富的表达在翻译时既要考虑到内涵的准确传达，又应当尽量保留原文的结构美，同时还要确保语言表达符合英语的语法和修辞规范。因此，实现国家修辞话语在不同语言之间的地道转换，使之符合译语的语言习惯，也是译者面临的一大难题。

例 25：选自习近平在亚洲文明对话大会开幕式上的主旨演讲，2019-05-15

文明因多样而交流，因交流而互鉴，因互鉴而发展。

（http://www.china.org.cn/chinese/2019-05/16/content_74790346.htm）

例 26：选自《和平、发展、自主、包容　坚定践行开放的区域主义——王毅国务委员兼外长在东盟秘书处的演讲》，2022-07-11

各方目光转向"亚洲地区"，全球治理迎来"亚洲时刻"，国际社会需要倾听"亚洲声音"。

（https://www.mfa.gov.cn/web/wjbz_673089/zyjh_673099/202207/t20220711_10718547.shtml）

例 27：选自习近平在金砖国家领导人第十五次会晤上的讲话，2023-08-23

我们要拓展政治安全合作，维护和平安宁。"利莫大于治，害莫大于乱。"当前，冷战思维阴魂不散，地缘政治形势严峻。各国人民都期盼良好的安全环境。国际安全不可分割，牺牲别国利益、谋求自身绝对安全，最终会伤及自身。乌克兰危机走到今天这一步有错综复杂的成因，当务之急是劝和促谈，推动缓和止战、实现和平，决不能"拱火浇油"、让局势恶化下去。

（http://www.china.org.cn/chinese/2023-08/24/content_107016291.htm）

例 25 和例 26 的话语文本使用了排比的修辞手法，连用三个结构相同的短句，以增强语势和强调观点，这符合中文的语言习惯。但在翻译时，译者需要依照英语"忌讳重复"的语言习惯，考虑对重复结构进行处理，这是这两例翻译的难点所在。例 27 的难点之一在于如何处理"利莫大于治，害莫大于乱"这句古文的对偶结构，此处可以采用直译，将其解释出来，译文中重复的部分可以适当省略。难点之二在于"阴魂不散"和"拱火浇油"这两个具有隐喻意味的四字格的翻译。英文较少使用四字格，在翻译这两个词语时，可以不保留原本的格式，将其内涵译出即可。

五、多类修辞的翻译

国家修辞话语类型多样，译者不能对其一概而论，需要根据不同修辞的特点，采取相应的翻译准则和翻译方法对其进行恰当处理。下一节将举例说明具体的翻译准则及策略方法。

第三节 国家修辞话语的翻译准则及策略方法

国家话语中的修辞类型多样，主要包括比喻、引用、排比和对偶等。对于这些不同类型的国家话语，译者首先需要掌握翻译准则，在此基础上，灵活运用不同的翻译策略方法，对其进行恰当处理。

一、国家修辞话语的翻译准则

基于国家修辞话语的特征和翻译难点，译者首先需要从总体上掌握一些翻译准则，这些准则适用于所有类型国家修辞话语的翻译。

（一）重视修辞的交际效果

为了将话语主体想要通过修辞而实现的话语目的准确地传译到译文中，译者首先可以从语篇整体出发，联系上下文语境，分析并确定话语目的。在此基础上，将这种目的以译语受众能够理解和接受的方式准确地表达出来，从而实现国家修辞话语的交际效果。

例 28：选自《关于中美经贸摩擦的事实与中方立场》白皮书，2018-09-24

原文：<u>得道多助，失道寡助</u>。面对不确定不稳定不安全因素增多的国际形势，中国不忘初心，始终与世界同行，顺大势、担正义、行正道，坚定不移维护多边贸易体制，坚定不移推动全球治理体系变革，始终做世界和平的建设者、全球发展的贡献者、国际秩序的维护者，坚定不移推动构建人类命运共同体。

译文："A just cause enjoys abundant support while an unjust one finds little support." In a world of increasing uncertainty, instability and insecurity, China will remain true to its original aspiration, follow the trend of the times, shoulder its responsibility for justice, and pursue the greater good. It will unswervingly safeguard the multilateral trading system, press forward with the reform of global governance, promote world peace, contribute to global development, uphold international order, and build a community with a shared future for mankind.

（http://www.china.org.cn/chinese/2018-10/25/content_64005096.htm）

例 29： 选自习近平在中国-中亚峰会上的主旨讲话，2023-05-19

原文：千百年来，中国同中亚各族人民一道推动了丝绸之路的兴起和繁荣，为世界文明交流交融、丰富发展作出了历史性贡献。中国唐代诗人李白曾有过"长安复携手，再顾重千金"的诗句。今天我们在西安相聚，续写千年友谊，开辟崭新未来，具有十分重要的意义。

译文：With their joint endeavor of hundreds of years, Chinese and Central Asian peoples made the Silk Road expand and prosper, a historic contribution to the interaction, integration, enrichment and development of world civilizations. The Tang Dynasty poet Li Bai once wrote, "In Chang'an we meet again, worthy of more than a thousand pieces of gold." Our gathering in Xi'an today to renew our millennia-old friendship and open up new vistas for the future is of very important significance.

（http://www.catl.org.cn/2023-05/22/content_85481720.htm）

例 30： 选自习近平在金砖国家领导人第十四次会晤上的讲话，2022-06-23

原文：中国人讲"烈火见真金"。16 年来，面对惊涛骇浪、风吹雨打，金砖这艘大船乘风破浪、勇毅前行，走出了一条相互砥砺、合作共赢的人间正道。

译文：The Chinese people often say, "True gold can stand the test of fire." Over the past 16 years, the giant ship of BRICS has sailed forward tenaciously against raging torrents and storms. Riding the wind and cleaving the waves, it has embarked on a righteous course of mutual support and win-win cooperation.

（http://www.china.org.cn/chinese/2022-06/27/content_78291483.htm）

例 28 引用了《孟子・公孙丑下》中的名句"得道者多助，失道者寡助"，目的是论证下文的观点，强调中国做法的正义性、合理性。译文结合上下文内容，选用 just 和 unjust 两个词来分别形容"得道者"和"失道者"两方，实际上即中美两方，直接表明了中方的正义性，为下文观点做好了铺垫。例 29 引用了唐代诗人李白的《赠崔侍郎》（其二）中的"长安复携手，再顾重千金"。此处，诗句起到承上启下、衔接古今的作用，既强调了历史上中国与中亚之间的珍贵友谊，又暗示了当今中国-中亚关系的重要性和延续性，为当代合作提供了历史文化支撑。"长安"与"西安"地名的变迁，创造了"千年对话"的意境，意在唤起中国与中亚人民的文化记忆，强化文化认同感和情感联系。译文传递了此处典故的核心交际目的，again 一词意在表明中国-中亚关系的历史渊源，worthy of more than a thousand pieces of gold 则直接表达了中国对这段友谊一如既往的重视。例 30 引用了俗语"烈火见真金"，一方面指金砖国家之间的友谊经历风雨仍然坚固，另一方面指金砖国家在面对困难和挑战时所表现出的真实价值、实力和合作决心。译者选用直译的翻译方法将其处理为 True gold can stand the test of fire，其深刻含义留至后文具体阐述再填充。

（二）灵活处理文化元素

对于国家修辞话语中独具民族特色的文化元素，在不影响译文可读性和传播效果的前提下，译者可以尽量对其进行保留，以此展现民族文化特色，扩大国家文化影响力。但对于那些在原语和译语中内涵不同或在译语中缺失文化元素，译者可以考虑对其进行替换或删除，以免造成理解障碍或引发误解和文化冲突。

例 31：选自习近平在吉尔吉斯斯坦媒体发表的署名文章《愿中吉友谊之树枝繁叶茂、四季常青》，2019-06-11

原文：只要我们秉持世代友好，矢志不渝推进合作，中吉友好事业必将如巍巍天山上苍劲挺拔的雪岭云杉，枝繁叶茂、四季常青。

译文：I believe that as long as we stay committed to our longstanding amity and cooperation, the friendship between China and Kyrgyzstan will endure and thrive like the mighty, evergreen spruce trees on the majestic Tianshan Mountains.

（http://www.china.org.cn/chinese/2019-06/12/content_74879850.htm）

例 32：选自习近平在中非合作论坛第八届部长级会议开幕式上的主旨演讲，2021-11-29

原文：千里之行，始于足下。站在构建新时代中非命运共同体的历史起点上，我愿提出 4 点主张。

译文：A journey of a thousand <u>miles</u> begins with the first step. As we stand at the historic starting point of building a China-Africa community with a shared future in the new era, I wish to make the following four proposals:

（http://www.china.org.cn/chinese/2021-11/30/content_77902069.htm）

例 31 所用隐喻修辞中的喻体是"巍巍天山上苍劲挺拔的雪岭云杉"，具有中国文化特色和民族特色，译者对其进行了保留；例 32 引用语句中的"里"是中国古代特有的计量单位，在英文中没有对应词。译者用英文中的计量单位 mile，对"里"进行替换，方便受众理解和接受。

（三）顺应译语表达习惯

对于译语中不常用的修辞类型，如排比、对偶等，译者可以以传达语意为重，顺应译语的表达习惯，弱化修辞的语言形式，用简洁、清晰、平实的语言表达传递原文的内涵。

例 33：选自王毅国务委员兼外长 2020 年两会记者会，2020-05-24

原文：对受害者鼓噪所谓"追责索赔"，为滥诉者伪造各种所谓"证据"，是对国际法治的践踏，也是对人类良知的背弃，<u>于实不符、于理不通、于法不容</u>。

译文：Some people are clamoring for so-called "accountability and compensation" from a victim of COVID-19 and they are fabricating so-called "evidence" for frivolous lawsuits. These people are trampling on international rule of law and betraying human conscience. Their action <u>does not square with facts, stand up to reason or have any legal foundation</u>.

（ https://language.chinadaily.com.cn/a/202005/26/WS5ecc72b6a310a8b2411586c1_3.html）

例 34：选自国务委员兼外交部长王毅发表的题为"2021 年中国外交：秉持天下胸怀，践行为国为民"的演讲，2021-12-20

原文：不论国际形势如何变化，中俄<u>世代友好</u>的初心不会改变，合作共赢的目标不会改变，捍卫和平的决心不会改变。

（ https://www.mfa.gov.cn/web/wjbz_673089/zyjh_673099/202112/t202
11220_10471837.shtml ）

译文：No matter how the international situation may evolve, China and
Russia will <u>remain unchanged in their commitment to an ever-lasting</u>
<u>friendship, to joint pursuit of win-win cooperation, and to shared</u>
<u>resolve to upholding peace</u>.

（ https://www.fmprc.gov.cn/mfa_eng/wjdt_665385/zyjh_665391/20211
2/t20211220_10471930.html ）

例 33 原文中的"于实不符、于理不通、于法不容"为三个排比短句，具有相同的句式结构。译者翻译时没有保留原文的重复结构，仅用简洁清晰的语言将句意译了出来。例 34 原文中也运用了三个排比句，重复使用了"……的……不会改变"的句式。译者翻译时，将这一重复结构整合译为 remain unchanged in their commitment，然后用"to+名词"的形式将各句中不同的内容表达出来，使译文更具简洁性，符合英文的语言习惯。

二、国家修辞主要类型及翻译策略方法

在总体把握以上翻译准则的基础上，译者还需根据不同国家修辞话语类型的特点，进一步掌握具体的翻译策略和翻译方法，以便对症下药，精准处理。

（一）隐喻修辞及其翻译策略方法

隐喻作为一种修辞表达，是用本质不同但又有相似点的事物描绘事物或说明道理的修辞手法[①]。隐喻中，被比喻的事物叫"本体"，用来打比方的事物叫"喻体"，联系二者的词语叫"喻词"。隐喻修辞能够使抽象的事物具体化，帮助人们认知和理解抽象的事物和概念。因此，隐喻不仅是一种语言现象，更是一种认知手段和思维方式。隐喻"是思维与推理的基本工具，在人们的思维中占据非常重要的地位。人们的基本概念体系本质上具有隐喻性"[②]。根据概念隐喻理论[③]，概念隐喻指概念系统通过隐喻的方式构建，由两个域之间的映射所实现。隐喻的两个概念域分别称

---

① 黄伯荣，廖序东. 现代汉语（下册）（增订六版）[M]. 北京：高等教育出版社，2017.

② Lakoff, G. & Johnson, M. *Metaphors We Live By*[M]. Chicago: University of Chicago Press, 2003. (p.5)

③ 1980 年，乔治·莱考夫（ George Lakoff ）和马克·约翰逊（ Mark Johnson ）在《我们赖以生存的隐喻》（ *Metaphors We Live By* ）一书中首次提出了"概念隐喻"。

作源域（A）和目标域（B），其基本形式为"概念域（A）是概念域（B）"，概念隐喻跨域映射的基础在于经验现实认知体会到的相似性或创造的相似性。人们基于生活经验、文化背景、社会现实等，对于特定现象会在脑海中形成特有的概念框架。而在理解抽象概念时，如果本体（目标域）与喻体（源域）之间具备相似性，可通过将人类脑海中已形成的框架映射到抽象概念上，化抽象为形象，便于人类更好地理解某些抽象概念。例如"人生是旅行"这一隐喻中，"旅行"这一具体概念是源域，"人生"这一抽象概念是目标域，两者映射的基础在于人们在现实经验中体会到人生与旅行的相似性。由于认知遵循具体到抽象的规律，所以人们是通过源域概念去理解目标域概念，即通过"旅行"这一具体意象让人们更好地理解"人生"这一个抽象概念。"映射"是概念隐喻的构成机制，可以理解为将我们首先认知能够感知的、直观的、具体的事物，通过联想，把已知事物与一些新认识的，可能是抽象的也可能是具体的事物相联系，进而找到两者的相关点，相关点的对应关系就产生了源域和目标域两个认知域之间的映射，也由此产生了隐喻意义。

隐喻的翻译策略和方法需要根据具体情况进行选择，以保证翻译的准确性。而国家话语由于常常涉及政治、经济、社会等方面的敏感问题，在翻译其中的隐喻修辞话语时更需要注意避免翻译偏差或失准，避免引起不必要的争议或误解。同时，不同国家和地区的国家话语有着不同的文化背景和表达方式，翻译时需要充分考虑文化差异，避免因过于直译或过于意译而影响读者理解。国家话语中隐喻修辞的常见策略有保留隐喻映射、明晰隐喻含义、替代隐喻映射、省略隐喻意象，翻译方法有直译法、意译法、替换法和省略法。一般来说，如果同一修辞话语在原语受众和译语受众认知中有相同的概念框架，通过直译法保留隐喻映射，在保留原语修辞手法和话语特色的同时，可以准确传达文本含义。大部分情况下，由于概念框架的形成会受到人们的生活经验、文化背景、社会现实等不同因素的影响，原语受众和译语受众的概念框架可能存在差异。为了确保译语受众能够理解隐喻含义和交际意图，往往采取意译法、替换法或省译法等其他翻译方法，从而实现明晰隐喻含义、替代隐喻映射、省略隐喻意象等翻译策略。

国家话语中的新奇隐喻也可依据喻体概念框架在原语受众和译语受众认知中的可共通性，具体分为映射意象融通式隐喻、映射意象陌生式隐喻和映射意象冲突式隐喻①三类，并采取对应的翻译策略和方法。

1. 隐喻映射保留策略及译法

适用于映射意象融通式隐喻，以引发情感共鸣和文化认同。映射意象融通式

---

① 杨明星，赵玉倩. "政治等效+"框架下中国特色外交隐喻翻译策略研究[J]. 中国翻译，2020，41（1）：151-159，190.

隐喻以人类共通的认知体验为基础，是指原语中的喻体在译语中无认知障碍，容易激发不同文化中的受众产生相同或相似的"意象图式"或"语义联想"的隐喻，可采用隐喻映射保留策略，根据概念框架共同性的高低程度，可进行意象完全保留和意象部分保留。

意象完全保留即当原语的喻体在译语中意象相同或相通，能产生相同或相似的"意象图式"或"语义联想"时，可以采取直译的方法，在本体、喻体和喻义上都不做改变。

意象部分保留指的是在存在多个相似的喻体且它们在功能和性质上十分相似的情况下，如果保留所有喻体会显得冗长累赘，可以选择仅保留最贴近语境的喻体。此外，如果一则隐喻中的喻体涉及的文化背景较为复杂，也可以考虑删减其中的一些喻体[①]。

例 35：选自习近平在博鳌亚洲论坛 2021 年年会开幕式上的视频主旨演讲，2021-04-20

原文：同舟共济扬帆起，乘风破浪万里航。尽管有时会遭遇惊涛骇浪和逆流险滩，但只要我们齐心协力、把准航向，人类社会发展的巨轮必将行稳致远，驶向更加美好的未来！

译文："By setting sail together, we could ride the wind, break the waves, and brave the journey of ten thousand miles." We may at times encounter stormy waves and dangerous rapids, but as long as we pool our efforts and keep to the right direction, the giant vessel of human development will stay on an even keel and sail toward a brighter future.

（http://www.china.org.cn/chinese/2021-04/28/content_77448779.htm）

例 36：选自 2022 年 4 月 29 日外交部发言人赵立坚主持例行记者会

原文：正如伊朗外交部发言人赛义德所说，"没有人指望沉迷于撒谎的美国政府能说出真相，美国谈论人权是'鳄鱼的眼泪'"。

译文：As the spokesperson for Iran's Foreign Ministry Saeed Khatibzadeh said, "no one can expect the US government which is addicted to lying, to tell the truth." He added, the US sheds crocodile tears when talking about human rights.

（https://mp.weixin.qq.com/s/Y9zh7wnbU33GkUqnq-btNQ）

---

① 杨明星，赵玉倩. "政治等效+"框架下中国特色外交隐喻翻译策略研究[J]. 中国翻译，2020，41（1）：151-159，190.

例 37：选自习近平在世界经济论坛"达沃斯议程"对话会上的特别致辞，2021-01-25

原文：这一年，各国人民以巨大的决心和勇气，<u>同病魔展开殊死搏斗</u>，依靠科学理性的力量，弘扬人道主义精神，全球抗疫取得初步成效。现在，疫情还远未结束，近期又出现反弹，抗疫仍在继续，但我们坚信，寒冬阻挡不了春天的脚步，黑夜遮蔽不住黎明的曙光。人类一定能够<u>战胜疫情</u>，在同灾难的斗争中成长进步、浴火重生。

译文：The past year also bore witness to the enormous resolve and courage of people around the world in <u>battling the deadly coronavirus</u>. Guided by science, reason and a humanitarian spirit, the world has achieved initial progress in fighting COVID-19. That said, the pandemic is far from over. The recent resurgence in COVID cases reminds us that we must carry on the fight. Yet we remain convinced that winter cannot stop the arrival of spring and darkness can never shroud the light of dawn. There is no doubt that humanity will <u>prevail over the virus</u> and emerge even stronger from this disaster.

（ https://language.chinadaily.com.cn/a/202101/26/WS600f6927a31024 ad0baa5046.html）

在例 35 和例 36 中，译者对喻体"巨轮"和"鳄鱼的眼泪"进行了直译，因为这两个隐喻在原语受众和译语受众认知中有相同的概念框架，例如"鳄鱼的眼泪"在英汉语中均会引发"虚假、伪善"的联想，能够使国内外受众产生相同的情感共鸣。例 37 使用了战争隐喻，将人类应对疫情喻为战争，这在英汉语认知中有相同的概念框架，因此译者也进行了直译，将"殊死搏斗"译为 battling the deadly coronavirus，"战胜疫情"译为 prevail over the virus。

2. 映射意象转换策略及译法

对于映射意象陌生式隐喻，异质文化中的受喻者因缺乏对中国文化的了解而对某一喻体的感知程度偏低，难以达成理想的意象映射，可采用映射意象转换策略。尤其是翻译国家话语中具有高度政治敏感性和民族特色的隐喻意象，要力求便于译语受众理解和接受。由于不同国家和地区有不同的文化背景和表达方式，原语受众和译语受众的概念框架可能存在差异。当原语喻体在译语中没有相同内涵，可能还会引起误解或文化冲突时，可以用译语中具有相同内涵的喻体替换原语喻体，或者省略喻体，只译出喻义，确保译语受众能够理解隐喻含义和交际意图。

例38：选自 2021 年 10 月 11 日外交部发言人赵立坚主持例行记者会

原文：希望美方能够早日兑现疫苗援助承诺，而不是一味给发展中国家"画大饼"。

译文：It is hoped that the US could honor its vaccine aid promise at an early date, instead of offering <u>a Barmecide feast</u> to developing countries.
（https://mp.weixin.qq.com/s/Z5TsrEUeiixnmGYPGl3ngA）

例39：选自习近平：在庆祝中国共产主义青年团成立 100 周年大会上的讲话，2022-05-10

原文：历史充分证明，只有牢牢扭住为中华民族伟大复兴而奋斗这一主题，共青团才能团结起一切可以团结的青春力量，<u>唱响壮丽的青春之歌</u>。

译文：History has fully demonstrated that only by centering on endeavoring for the rejuvenation of the Chinese nation, can the Communist Youth League unite as many young people as possible to <u>write an epic chapter of youth</u>.
（http://www.china.org.cn/chinese/2022-06/08/content_78259023.htm）

例40：选自习近平在金砖国家工商论坛开幕式上发表的题为"把握时代潮流 缔造光明未来"的主旨演讲，2022-06-22

原文：包容普惠、互利共赢才是<u>人间正道</u>。我们要坚持开放包容，<u>拆除一切阻碍生产力发展的藩篱</u>，引导推动全球化健康发展，让资金和技术自由流动，让创新和智慧充分涌现，汇聚世界经济增长合力。

译文：Inclusiveness, shared benefits and win-win outcomes is <u>what we should pursue</u>. We should stay committed to openness and inclusiveness, <u>eliminate all barriers to the development of productivity</u>, and steer globalization in the right direction.
（ https://language.chinadaily.com.cn/a/202206/22/WS62b568e6a310fd 2b29e68692.html）

例 38 中的喻体"画大饼"源于中文网络流行语，意为做出不符合实际的承诺，再用花言巧语使人相信，最后不予兑现承诺。该喻体的内涵和喻义是中文特有的，直译到英文中无法引起译语受众的相同联想，因此，译者用英文中内涵相似的喻体 a Barmecide feast（源于《天方夜谭》）替换"画大饼"，方便译语受众理解。在例 39 中，话语主体使用了"唱响壮丽的青春之歌"这一隐喻表达，来喻指"青年人的拼搏奋斗"。而在英文中要表达相同的意思，常用的隐喻表达为"write a chapter of…"。译文选用了译语受众熟悉的修辞表达来替换原文的表达，有助于译语受众产生相同的联想，理解其中的内涵和交际意图。例 40 中的喻体"人间正道"和"藩篱"均是中华文化中特有的表达，前者出自毛泽东的《七律·人民解放军占领南京》中的"天若有情天亦老，人间正道是沧桑"，其中"人间正道"是指社会发展的正常规律；后者也是古文中的常用表达，例如《过秦论》中"乃使蒙恬北筑长城而守藩篱，却匈奴七百余里；胡人不敢南下而牧马，士不敢弯弓而报怨"，"藩篱"本意是用竹木编成的篱笆或栅栏，引申为边界、屏障。这两个表达为原语所特有，译语受众缺乏对应的认知框架，因此译者将"人间正道"解释为 what we should pursue，"藩篱"则选用译语受众所熟知的 barriers 进行替换，使译语受众能够形成相似的概念框架，进而理解其内涵意义。

3. 意象舍弃策略及译法

映射意象冲突式隐喻由于与生俱来的民族性及人类认知体验的文化差异性，喻体使用的语境不同，传递的情感意义迥然不同，这导致异质文化中的受喻者对相同的喻体产生不同、相反或错误的意象认知，原语喻体的文化负载性过高且在译语文化中无法找到对应的隐喻表达，可采用意象舍弃策略，或者意象增补策略，提升陌生式隐喻的可接受性。

当原语喻体在译语中没有相同的内涵，可能会给译语受众造成理解障碍或引发误解时，除了替换法外，还可以省略喻体，只译出喻义。

例 41：选自习近平在博鳌亚洲论坛 2021 年年会开幕式上的视频主旨演讲，2021-04-20

> 原文：100 年来，中国共产党筚路蓝缕、求索奋进，为中国人民谋幸福，为中华民族谋复兴，为世界谋大同，不仅使中华民族迎来了从站起来、富起来到强起来的伟大飞跃，也为人类文明和进步事业作出了卓越贡献。

> 译文：Over the last century, the CPC has striven forward against all odds in a relentless pursuit of happiness for the Chinese people, rejuvenation for the Chinese nation, and the common good for the world. As a result, the Chinese nation has achieved a great transformation from standing up to growing rich, and to becoming stronger, and has thus made a notable contribution to human civilization and progress.
>
> （http://www.china.org.cn/chinese/2021-04/28/content_77448779.htm）

例 42：选自李克强总理会见中外记者并答记者问，2018-03-20

原文：上届政府伊始，我们抓住转变政府职能这个"牛鼻子"去推动简

政放权、放管结合、优化服务的改革，就是要理顺政府和市场的
关系，激发市场的活力和社会创造力。

（ http://www.gov.cn/xinwen/2018-03/20/content_5275962.htm#1 ）

译文： The transformation of government functions <u>was high on the agenda</u>
during our first term. We saw the effort to streamline administration,
delegate powers, and improve compliance oversight and government
services as pivotal to getting the relationship between the government
and the market right, which will further stimulate market vitality and
public creativity.

（ http://www.chinadaily.com.cn/newsrepublic/2018-03/21/content_358
94161.htm ）

例 43：选自习近平：在庆祝中国共产主义青年团成立 100 周年大会上的讲话，
2022-05-10

原文：要做艰苦奋斗、无私奉献的模范，带头站稳人民立场，脚踏实地、
求真务实，吃苦在前、享受在后，甘于做一颗<u>永不生锈的螺丝钉</u>。

译文： They should be models of hard work and dedication, take the lead in
remaining committed to standing on the side of the people, be
realistic, pragmatic, and down-to-earth, be the first to suffer hardship
and the last to enjoy comfort, and<u> be willing to play a minor but
forever effective role in their posts</u>.

（ http://www.china.org.cn/chinese/2022-06/08/content_78259023.htm ）

例 41 中的"筚路蓝缕"出自《左传·昭公十二年》："昔我先王熊绎，辟在荆
山，筚路蓝缕，以处草莽，跋涉山林，以事天子。"该词语的意思是驾着简陋的柴
车，穿着破烂的衣服去开辟土地，形容创业的艰苦。该词语基于古代人们的生活经
验，形成了特有的概念框架，译语受众很难产生相同的映射。根据词语的含义，"筚
路"和"蓝缕"的意思相近，都是和恶劣环境相关的描述，为了避免译文冗杂累赘，
译文选择用一个词 odds 来表达这两个名词所涵盖的意思，更加简单明了。在例 42
和例 43 中，话语主体分别使用了"牛鼻子"和"永不生锈的螺丝钉"这两个喻体。
由于这两个喻体只有在中文语境中才具有独特的内涵和寓意，文化负载性过高，而
且在译语文化中无法找到对应的隐喻表达，译语受众缺乏相同的认知概念框架，因
此翻译时选择将这两个喻体省去，用简洁平实的语言直接表达出其喻义。

（二）引用修辞及其翻译策略方法

引用是一种引述前人或他人较有哲理或较为权威、较为经典的话来表情达意的修辞手法[①]。引用修辞的运用可以增强文本的说服力、表现力和感染力，使文本语言精练，意蕴丰富。从引用的内容来看，国家话语中的引用修辞主要包括引用典故、谚语和古诗文三种。首先，引用典故是一种引述传统故事或历史事件的修辞手法，其目的在于借助历史的权威性和深厚内涵，以在当前语境中增添文本的历史沉淀和文化底蕴。这种引用不仅为观点提供了历史支持，同时也为读者呈现了话语的深刻内涵。其次，引用谚语是一种利用智慧的短句或口头禅来强调观点的修辞手法。谚语通常蕴含着民间智慧和社会经验，通过引用谚语，国家话语能够与民众传统智慧相结合，从而更加贴近大众、具有启发性，并在表达观点时植根于文化共识。习近平总书记的演讲通常具有卓越的思想深度，然而并不流于高谈阔论，而是在言辞间散发着如沐春风、平易近人的氛围。这与他广泛运用习语、俚语、谚语和俗语的习惯密切相关[②]。最后，引用古诗文是一种运用经典文学作品中的文字来支持自身观点的修辞方式。通过引用古诗文，国家话语能够融入文学的艺术美感，达到情感共鸣的效果，并同时借助文学名篇的威望来加强其言辞的权威性。

综合而言，引用修辞是国家话语中一项重要的修辞手法，通过巧妙引入前人或经典文献的言辞，实现对观点的强化和深化，为文本注入更多的文化内涵和情感共鸣。以下为国家话语中引用修辞的常见翻译方法。

1. 直译

在原文引用的内容不会导致理解上的困难或文化冲突，并且受众能够广泛地接受时，我们可以采用直译的方法，保留原文引用的内容和形式，以突出原文的语言文化特色。直译的优点在于能够保持原文的原汁原味，准确地传递原文的观点和语言风格。通过保留原文的表达方式，我们可以更好地传达其中所蕴含的文化特色和情感色彩，使读者能够深入感受原文的独特魅力。

例 44：选自习近平在世界经济论坛 2017 年年会开幕式上的主旨演讲，2017-01-17

> 原文："甘瓜抱苦蒂，美枣生荆棘。"从哲学上说，世界上没有十全十美的事物，因为事物存在优点就把它看得完美无缺是不全面的，因为事物存在缺点就把它看得一无是处也是不全面的。

[①] 吴礼权. 现代汉语修辞学[M]. 上海：复旦大学出版社，2006.

[②] 祝朝伟.《习近平谈治国理政》中典故的英译方法及对外宣翻译的启示[J]. 外国语文，2020, 36（3）：83-90.

译文：As a line in an old Chinese poem goes, "<u>Honey melons hang on bitter vines; sweet dates grow on thistles and thorns.</u>" In a philosophical sense, nothing is perfect in the world. One would fail to see the full picture if he claims something is perfect because of its merits, or if he views something as useless just because of its defects.

（http://www.china.org.cn/chinese/2017-01/18/content_40125472.htm）

例 45：选自习近平在全球发展高层对话会上的讲话，2022-06-24

原文：中国古人说："<u>仓廪实而知礼节，衣食足而知荣辱。</u>"这些年，我走遍中国城镇乡村，也访问过不少国家。我深深感受到，只有不断发展，才能实现人民对生活安康、社会安宁的梦想。

译文：As an ancient Chinese saying goes, "<u>Only when the granary is full will people learn etiquette; only when people are well-fed and clothed will they know honor and shame.</u>" Throughout the years, I have been to cities, towns and villages across China and visited many countries in the world. One deep impression I get is that only through continuous development can the people's dream for a better life and social stability be realized.

（http://www.china.org.cn/chinese/2022-06/29/content_78296093.htm）

例 46：选自习近平在第四届中国国际进口博览会开幕式上的主旨演讲，2021-11-04

原文："<u>见出以知入，观往以知来。</u>"一个国家、一个民族要振兴，就必须在历史前进的逻辑中前进、在时代发展的潮流中发展。

译文：Ancient Chinese observed, "<u>One can tell the inside of a thing by observing its outside and see the future development by reviewing the past.</u>" For any country or nation to thrive, it must follow the logic of history and develop in line with the trend of the times.

（http://www.china.org.cn/chinese/2021-11/05/content_77852725.htm）

以上三个例子均以中国古代优秀思想作为引证，目的是阐述一些深层次的原理和道理。这些思想不仅为汉语受众所接受，同时也可为英语受众所理解。因此，译者采用了直译的策略，以简明易懂的语言保留了引用内容，确保信息准确地传达给译语受众，进而促进跨文化交流和理解。

2. 意译

在处理引用修辞时，特别是那些在直译中难以明确表达原文语境内涵的情况下，采取意译的方法显得尤为重要。意译不仅要保留修辞的核心思想，更需要结合上下文内容，用清晰明确的语言传达其深层次内涵。在进行意译时，需要注意保持修辞的情感色彩。有些引用修辞可能富有抒情性或象征性的语言，这种情感色彩对于传达作者的思想至关重要。通过巧妙的语言选择和修辞手法，译者应该致力于在英文译文中保持原文的情感韵味，以使读者更好地感受修辞的真切和深度。

例 47：选自习近平在世界经济论坛 2017 年年会开幕式上的主旨演讲，2017-01-17

原文："大道之行也，天下为公。"发展的目的是造福人民。

译文：As the Chinese saying goes, "A just cause should be pursued for common good." Development is ultimately for the people.

（http://www.china.org.cn/chinese/2017-01/18/content_40125472.htm）

例48：选自习近平在《生物多样性公约》第十五次缔约方大会领导人峰会上的主旨讲话，2021-10-12

原文："万物各得其和以生，各得其养以成。"生物多样性使地球充满生机，也是人类生存和发展的基础。

译文：As a Chinese saying goes, "All beings flourish when they live in harmony and receive nourishment from Nature." Biodiversity makes Earth full of vigor and vitality, and lays the foundation for human survival and development.

（http://www.china.org.cn/chinese/2021-10/13/content_77805582.htm）

例 47 中引用内容的内涵较为深刻，如果用直译的方法翻译"大道"等内容，将无法准确表达出其实质性内涵。因此，译者联系上下文语境，用明确清晰的语言对该引用内容进行了意译，方便译语受众理解和接受。例 48 中引用了战国思想家荀况所著《荀子·天论》中的"万物各得其和以生，各得其养以成"，本意是指"天下万物各自得到各自的和气而生成，各自得到各自的滋养以成长"，强调自然运行有其自身的规律，要尊重和了解自然规律。译者将两句合并，既传达了原文的含义，表达方式又流畅自然，便于译语受众理解。

3. 增译

当直译或意译无法充分传达源文本引用的内涵时，可以通过增加内容来弥补信息的缺失。增译这一方法旨在让受众更全面地理解引文的隐含意义或背景信息，提供更丰富的语境，确保翻译结果更加贴切和清晰。在增译过程中，译者可以考虑揭示引文的文化、历史、社会等方面的内涵，以便受众能够更深刻地理解原文的含义。此外，译者还可以通过增添解释性的文字，强调某些关键词或短语，使翻译更具解释性和表达力。

例 49：选自习近平在世界经济论坛 2017 年年会开幕式上的主旨演讲，2017-01-17

原文：经济全球化曾经被人们视为<u>阿里巴巴的山洞</u>，现在又被不少人看作潘多拉的盒子。

译文： Economic globalization was once viewed as <u>the treasure cave found by Ali Baba in *The Arabian Nights*</u>, but it has now become the Pandora's box in the eyes of many.

（http://www.china.org.cn/chinese/2017-01/18/content_40125472.htm）

例 49 引用了阿拉伯文学杰作《天方夜谭》中的著名故事《阿里巴巴和四十大盗》。译文增译了 treasure 和 in *The Arabian Nights*，点明了引用语的内涵和出处，便于受众理解。

（三）排比修辞及其翻译策略方法

排比修辞指的是将结构相同或相似、语气一致、意思密切关联的句子（三句或三句以上）排列起来，以强调内容、增强语势、提高表达效果[①]。根据语言层次，可以将国家话语中使用的排比结构分为句子层面的排比和段落层面的排比。排比在句子层面主要有两种形式，一种是由词或短语构成的短语排比，另一种是由小句构成的句子排比。词或短语构成的短语排比通常出现在特定的语法单元中，比如整个排比短语可以作为主语、谓语、宾语、定语、状语等。由小句构成的句子排比一般由三个或三个以上结构相同的小句构成一个完整的句子。段落层面的排比也可以分为两类，一类是段内排比，另一类是段际排比。段内排比是指在一个段落内，小句或句子被用来构成排比结构；段际排比是指以句子为单位在不同段落之间形成的排比结构。由于原语与译语在语言、修辞和思维方式上存在明显的差异，译者需要根据具体语境灵活地替换、调整或舍弃原文中的排比结构。甚至在原文没有使用排比的情况下，译者可能需要在译文中添加译语特有的排比结构[②]。以下为国家话语中排比修辞的常见翻译方法。

1. 省译

排比修辞涉及相同词语或结构的反复出现，中文喜欢通过这种重复来强化语意，展现语言的形式美和音韵美。而英文追求简洁，通常避免过多重复。基于以

[①] 黄伯荣，廖序东. 现代汉语（下册）（增订六版）[M]. 北京：高等教育出版社，2017.

[②] 卢卫中. 政治话语排比修辞翻译探析[J]. 外语电化教学，2022（3）：33-38，107.

上特点，译者可以采用省译法，省去重复出现的词语和结构，仅译出每一句中不同的信息。

例50：选自习近平：在庆祝中国共产主义青年团成立100周年大会上的讲话，2022-05-10

> 原文：（共青团）团结带领广大团员青年<u>在脱贫攻坚战场摸爬滚打</u>，在科技攻关岗位奋力攀登，在抢险救灾前线冲锋陷阵，在疫情防控一线披甲出征，在奥运竞技赛场奋勇争先，在保卫祖国哨位威武守护，在党和人民最需要的时刻冲得出来、顶得上去，展现出自信自强、刚健有为的精神风貌。

> 译文：Under the League's leadership, its members and young people <u>did their best in the fight against poverty, in cutting-edge scientific researches, in disaster rescue and relief missions, on the epidemic response frontline, in the Olympic arena, and at posts of defending the motherland</u>, stepping up and responding to the calls of the Party and the people when they were most needed. They have manifested a spirit of self-confidence, self-reliance, vigor, and action.

> （http://www.china.org.cn/chinese/2022-06/08/content_78259023.htm）

例51：选自习近平：在庆祝中国共产主义青年团成立100周年大会上的讲话，2022-05-10

> 原文：共青团从诞生之日起，就<u>以党的旗帜为旗帜、以党的意志为意志、以党的使命为使命</u>，把坚持党的领导深深融入血脉之中，形成了区别于其他青年组织的根本特质和鲜明优势。

> 译文：Since the very first day it was founded, the League <u>has shared the same banner, will, and mission with the Party</u>, integrated upholding the leadership of the Party into its lifeblood, and developed its particular character and distinct advantage which differentiate it from other youth organizations.

> （http://www.china.org.cn/chinese/2022-06/08/content_78259023.htm）

例50中连续使用了六个结构相同的排比句，且"摸爬滚打""奋力攀登""冲锋陷阵""披甲出征""奋勇争先""威武守护"这六个表达在该语境中的内涵和实质是相同的，表达的都是"奋力拼搏"的意思。为了避免重复，保证译文的简洁性，译者将这六个表达整合译为did their best，然后将每句中不同的部分以"介词+名词"的形式分别译出。例51的排比句中反复使用了"以党的……为……"的句式结构，译者在翻译时将重复部分整合译为"has shared the same…with the

Party"，然后再将不同的部分添加在其中，使译文简洁清晰。

2. 直译

在不影响语意传达的前提下，如果确有需要保留原文的排比句式，以实现其修辞功能，可以采用直译法，保留原文的内容和形式。

例 52：选自 2021 年 12 月 31 日外交部发言人赵立坚主持例行记者会

原文：在习近平主席和普京总统擘画引领下，中俄双方秉持"世代友好、合作共赢"的《条约》精神，"背靠背"深化战略协作，"手牵手"开展全方位务实合作，"肩并肩"维护国际公平正义，两国关系向更高层次、更高质量、更高水平迈进，不仅造福两国和两国人民，也为维护世界和平稳定作出了重要贡献。

译文：Under the leadership and guidance of President Xi Jinping and President Putin, China and Russia have followed the spirit of enduring friendship and win-win cooperation encapsulated in the Treaty, deepened strategic coordination back to back, carried out all-dimensional practical cooperation hand in hand, and upheld international justice and fairness shoulder to shoulder. The bilateral relations have been moving forward at a higher level with higher quality and standards, which not only benefits the two countries and peoples, but also makes important contributions to upholding world peace and stability. China highly appreciates that.

（https://mp.weixin.qq.com/s/T5-XRDURQiFcvle4AIsx9A）

例 53：选自习近平：在庆祝中国共产主义青年团成立 100 周年大会上的讲话，2022-05-10

原文：我们党用"共产主义"为团命名，就是希望党的青年组织永远站在理想信念的高地上，用党的科学理论武装青年，用党的初心使命感召青年，用党的光辉旗帜指引青年，用党的优良作风塑造青年。

译文：By including the word "communist" into the League's name, the Party hopes that this youth organization would always stand on the high ground of ideals and convictions, equip the youth with the Party's theories, inspire them with the Party's original aspiration and founding mission, guide them with the Party's glorious banner, and shape them with the Party's fine conduct.

（http://www.china.org.cn/chinese/2022-06/08/content_78259023.htm）

例 54：选自习近平在第四届中国国际进口博览会开幕式上的主旨演讲，2021-11-04

原文：第一，中国将坚定不移维护真正的多边主义。……

第二，中国将坚定不移同世界共享市场机遇。……

第三，中国将坚定不移推动高水平开放。……

第四，中国将坚定不移维护世界共同利益。……

译文：First, China will firmly safeguard true multilateralism....

Second, China will firmly share market opportunities with the rest of the world....

Third, China will firmly promote high-standard opening up....

Fourth, China will firmly uphold the common interests of the world....

（http://www.china.org.cn/chinese/2021-11/05/content_77852725.htm）

在以上三个例子中，例 52 和例 53 都是句子层面的排比，而例 54 是段落层面的排比中的段际排比，译者均保留了原文的排比形式。其中，例 54 的译文保持了原文的句式和结构一致性，每个句子都以 China will firmly 开头，这有助于保留原文的逻辑和语气，用简练而准确的语言传达了中国的承诺和立场。

（四）对偶修辞及其翻译策略方法

对偶修辞指的是将结构相同或基本相同、字数大致相等、意义上密切相连的两个短语或句子对称地排列[1]。对偶修辞音韵整齐匀称，内容集中凝练，语言表现力强。汉语的对偶句通常被译为 antithesis，但两者并不完全对应；而英语中的 parallelism 虽常译作汉语中的排比，却与对偶有部分对应关系。antithesis 是将意义相反的两个句子排列在一起，形成对照；parallelism 是由两个或更多结构完全相同或非常相似的句子构成的，同时句子之间的联系因语义上的一致和句法关系的相关而得到强化。从形式上看，汉语的对偶句和以上两种英文的修辞手法有明显的区别。对偶要求两个对句字数相等且用字不重复，而 antithesis 和 parallelism 没有这一要求；对偶句以整齐的结构为美，不能进行省略，而 antithesis 和 parallelism 可以在符合句法规定的前提下，进行省略，且省略后仍能保持句子的美感；汉语的对偶句通常情况下不倒装，而英语的两个修辞手法允许倒装；汉语的对偶句习惯于使用紧缩形式，将复杂的内容用简短凝练的对句表达出来，英语中则相对松散，对紧缩没有要求[2]。在此认识的基础上，对偶修辞需要尽量按照英文修辞的形式要求译出。以下为国家话语中对偶修辞的常见翻译方法。

---

① 黄伯荣，廖序东. 现代汉语（下册）（增订六版）[M]. 北京：高等教育出版社，2017.

② 叶定国. 谈谈汉语对偶句的英译[J]. 外语教学，1998（4）：58-62.

1. 重组

中文对偶句结构对称，字数大致相等，在英文中较难保留。译者可以采用重组法，跳出源文本对偶句的形式，仅将其内容有逻辑地翻译出来。

例 55：选自李克强在澜沧江—湄公河合作第三次领导人会议上的讲话，2020-08-24

原文：澜湄六国共饮一江水，亲如一家人，是事实上的命运共同体。

译文：Drinking water from the same river, we, the LMC countries, are close as one family living in a community with a shared future.

（http://www.china.org.cn/chinese/2020-08/25/content_76634827.htm）

在例 55 中，译者采用非谓语的形式，将原文对偶句上下句中的主次关系和逻辑关系显化出来，而没有保留原文对偶的形式。

2. 直译

在不影响语意传达的前提下，如果能在译语中保留源文本对偶句的结构形式，则可以选择直译法。

例 56：选自习近平在世界经济论坛"达沃斯议程"对话会上的特别致辞，2021-01-25

原文：但我们坚信，寒冬阻挡不了春天的脚步，黑夜遮蔽不住黎明的曙光。

译文：Yet we remain convinced that winter cannot stop the arrival of spring and darkness can never shroud the light of dawn.

（http://www.china.org.cn/chinese/2021-01/26/content_77155148.htm）

例 57：选自习近平在《生物多样性公约》第十五次缔约方大会领导人峰会上的主旨讲话，2021-10-12

原文：人不负青山，青山定不负人。生态文明是人类文明发展的历史趋势。让我们携起手来，秉持生态文明理念，站在为子孙后代负责的高度，共同构建地球生命共同体，共同建设清洁美丽的世界！

译文：If we humanity do not fail Nature, Nature will not fail us. Ecological civilization represents the development trend of human civilization. Let us join hands, follow the philosophy of ecological civilization and shoulder our responsibility for future generations. Let us make joint efforts to build a community of all life on Earth, and a clean and beautiful world for us all.

（http://www.china.org.cn/chinese/2021-10/13/content_77805582.htm）

例 58：选自习近平在博鳌亚洲论坛 2022 年年会开幕式上的主旨演讲，2022-04-21

原文：中国古人说，日日行，不怕千万里；常常做，不怕千万事。只要我们携手同心、行而不辍，就一定能汇聚起合作共赢的伟力，战胜前进道路上的各种挑战，迎来人类更加光明美好的未来。

译文：Let me conclude with an old Chinese saying, "Keep walking and one will not be daunted by a thousand miles; make constant efforts and one will not be intimidated by a thousand tasks." As long as we join hands and never slacken in efforts, we will build great synergy through win-win cooperation, overcome the various challenges along the way, and usher in a brighter and better future for humanity.

（http://www.china.org.cn/chinese/2022-04/21/content_78178321.htm）

在例 56 中，译者对原文的对偶句进行了直译，通过对称结构强调了其中的反义概念。在翻译中，对偶修辞得以保留，同时语言流畅、自然，成功地传达了原文的情感和意境，既忠实于原文的意思，又适应了英语语境。例 57 中"人不负青山，青山定不负人"凸显的是人与自然的关系，强调人对生态文明的责任，这一理念是国内外共识，因此直译即可。例 58 引用了中国古代俗语，以对偶句形式出现，该俗语说明渐进的步伐和持续的行动能够克服困难和挑战，英语文化中有相同的认知，因此采用直译。形式上，译文使用了"祈使句+将来时"的形式，尽可能符合英文简洁的特点。

实 践 探 索

参 考 样 例

延 伸 阅 读

1. 胡曙中. 英汉修辞比较研究[M]. 上海：上海外语教育出版社，1993.
2. 陈望道. 修辞学发凡[M]. 上海：复旦大学出版社，2008.
3. 叶定国. 谈谈汉语对偶句的英译[J]. 外语教学，1998（4）：58-62.
4. 卢卫中. 政治话语排比修辞翻译探析[J]. 外语电化教学，2022（3）：33-38，107.
5. 杨明星，赵玉倩. "政治等效+"框架下中国特色外交隐喻翻译策略研究[J]. 中国翻译，2020，41（1）：151-159，190.
6. 祝朝伟.《习近平谈治国理政》中典故的英译方法及对外宣翻译的启示[J]. 外国语文，2020，36（3）：83-90.
7. 程镇球. 政治文章的翻译要讲政治[J]. 中国翻译，2003（3）：18-22.
8. 陈大亮，陈婉玉. 习近平用典翻译的互文性视角[J]. 天津外国语大学学报，2019，26（2）：2-11，158.

第四章

国家领导人话语翻译

　　国家领导人话语主要指国家领导人在国内外公开场合的口头或书面话语，主要表现为领导人发表的讲话、演讲、文章等。国家领导人话语及其翻译与传播不仅塑造了领导人的个人形象，也在一定程度上构建了国家形象①。根据第一章归纳的国家话语主要文本类型，国家领导人话语以表情型文本为主，侧重语言的表情功能和审美效果，体现话语主体鲜明的语言风格。表情型文本中常见俗语、谚语、隐喻等修辞手段，以实现文本的修辞功能和美学效果②。如第一章所述，表情型国家话语翻译遵循"修辞等效"原则。同时，国家领导人话语的不同体裁可兼具表情型文本与信息型文本或操作型文本的话语特征，具有传递信息或感染受众的功能。因此，国家领导人话语翻译应在确保信息准确传递的前提下，表现领导人的话语风格。

　　国家领导人的修辞话语，如讲故事、谚语、典故、隐喻等，在一定程度上都能凸显领导人个性鲜明的话语风格。例如，习近平的话语具有亲民化、大众化的特征③。本章聚焦国家修辞话语的翻译，选取 2017～2022 年习近平话语的汉英翻译文本作为例子，具体包括习近平在国内外重大会议上的讲话、在国际会议或国事访问等外交活动中的演讲、在海外媒体发表的署名文章，以及元旦前夕发表的新年贺词等。这些话语实践往往紧跟时事动态，反映当下社会语境，其翻译发布注重时效性，中文原文与官方英译公开发布的时间间隔短，译文质量要求高。国家领导人话语风格可分为寓理于事、民间谚语、引经据典、隐喻四个方面。本章将从上述四个方面说明话语特征，分析翻译实例，总结翻译方法，所选译例均出自中国网、新华网、CGTN 等官方英文网站。

---

① 许峰，朱雯. 肯尼斯·伯克话语修辞观视角下的国家形象塑造：以习近平主席的外交演讲为例[J]. 理论月刊，2014（8）：63-67.

② Reiss, K. *Translation Criticism—The Potentials and Limitations: Categories and Criteria for Translation Quality Assessment*[M]. London: Routledge, 2000.

③ 窦卫霖，温建平. 习近平国际演讲亲民话语特征及其英译特色研究[J]. 外语教学理论与实践，2015（4）：15-20，92.

第一节　寓理于事的话语特征与翻译方法

一、事理话语的主要特征

国家领导人话语多以事明理、寓理于事的方式来引起共鸣、拉近与民众的距离。这种事理话语平实生动，有助于向世界展示中国的友好形象及中国领导人亲民、友善的形象。习近平尤以通俗直白的语言、平实亲切的叙述风格著称，其演讲和文章的特点之一是善于用口语化表达讲故事，习惯用排比举事例，包括讲述个人经历、讲述中国与其他国家的友好往来、列举国家发展事例和中外交流交往事实，从而达到以事明理、寓理于事的交际目的。

（一）口语化表达

国家领导人在演讲等口头发言中常讲述个人经历，采用第一人称和较为口语化的表达，这种通俗易懂的大白话富有感染力，易于使受众听懂并产生认同。例如，习近平在每年元旦前夕通过中央广播电视总台和互联网平台发表新年贺词时，常回顾其过去一年在各地考察调研中与群众相处的经历。这些故事充分体现出领导人富有亲和力的亲民话语风格，如以下两例。

例1：选自国家主席习近平发表的二〇二二年新年贺词，2021-12-31

大国之大，也有大国之重。千头万绪的事，说到底是千家万户的事。我调研了一些地方，看了听了不少情况，很有启发和收获。每到群众家中，常会问一问，还有什么困难，父老乡亲的话我都记在心里。

（https://language.chinadaily.com.cn/a/202201/01/WS61cfeb99a310cdd39bc7eacd.html）

例2：选自国家主席习近平发表的二〇一九年新年贺词，2018-12-31

我始终惦记着困难群众。在四川凉山三河村，我看望了彝族村民吉好也求、节列俄阿木两家人。在山东济南三涧溪村，我和赵顺利一家围坐一起拉家常。在辽宁抚顺东华园社区，我到陈玉芳家里了解避险搬迁安置情况。在广东清远连樟村，我和贫困户陆奕和交谈脱贫之计。他们真诚朴实的面容至今浮现在我的脑海。新年之际，祝乡亲们的生活蒸蒸日上，越过越红火。

（https://m.gmw.cn/baijia/2019-01/01/32276161.html）

例 1 选自习近平 2022 年新年贺词,其中"我调研了一些地方,看了听了不少情况,很有启发和收获""每到群众家中,常会问一问,还有什么困难,父老乡亲的话我都记在心里"等表达都偏向口语化,简单直白,如同在与听众进行日常对话或拉家常。在例 2 中,习近平在 2019 年新年贺词里讲述了自己过去一年考察贫困地区、探访困难群众的经历,具体到去过的地点和见过的居民。中间四句均采用"在……村/社区,我……"的结构,讲述领导人考察不同省份地区的农村和社区时,到当地居民家中与大家交流,了解情况。

(二)多用排比

国家领导人在发言中通过列举事例,以事明理,常用排比手法,即将三个或三个以上内容相关、结构相近的短语、句子等成串排列。排比结构能够突出内容、强调主题、增强语势,并加深受众的印象。例如,国家领导人在纪念活动上回顾历史事件,在国家重大活动总结大会上列举代表性事物,在海外媒体署名文章等外交话语中讲述中国与他国友好往来的故事,或在新年贺词中总结一年来国家取得的重大成果。

例 3: 选自习近平:在二〇二三年春节团拜会上的讲话,2023-01-20
即将过去的壬寅虎年,是党和国家发展史上极为重要的一年。面对风高浪急的国际环境和艰巨繁重的国内改革发展稳定任务,全党全军全国各族人民迎难而上、团结奋斗,凭着龙腾虎跃的干劲、敢入虎穴的闯劲、坚忍不拔的韧劲,书写了社会主义现代化建设的新篇章。
(https://language.chinadaily.com.cn/a/202301/20/WS63da0509a31057c47ebac51f.html)

例 4: 选自国家主席习近平发表的二〇一八年新年贺词,2017-12-31
科技创新、重大工程建设捷报频传。"慧眼"卫星遨游太空,C919大型客机飞上蓝天,量子计算机研制成功,海水稻进行测产,首艘国产航母下水,"海翼"号深海滑翔机完成深海观测,首次海域可燃冰试采成功,洋山四期自动化码头正式开港,港珠澳大桥主体工程全线贯通,复兴号奔驰在祖国广袤的大地上……我为中国人民迸发出来的创造伟力喝彩!
(http://www.china.org.cn/chinese/2018-01/05/content_50195196.htm)

例 3 选自习近平在 2023 年春节团拜会上的讲话,"龙腾虎跃的干劲、敢入虎穴的闯劲、坚忍不拔的韧劲"三个结构相同的词组并排,加强语势,富有感染力。例 4 选自习近平 2018 年新年贺词,列举了中国 2017 年取得的科技创新和重大工程建设成果,包括"慧眼"卫星、C919 大型客机、量子计算机、海水稻等。

二、事理话语的翻译方法

讲故事或举事例通常所涉信息面较广、信息密度较高，且往往采用多种修辞手法。翻译应以信息传递为核心，在确保信息完整性与准确性的前提下，提炼和凸显关键内容。常见的三种译法为增补信息、缩减信息、变通信息。

（一）增补信息

翻译中信息的增补主要涉及两类信息：一是在中国社会语境中承载着文化特色的专门表达，二是中国及其话语受众国相关历史文化信息的表达。对于这两类信息，有必要适当补充解释、交代背景信息，以帮助译文受众理解表达精简的术语的概念内涵，或提供相关历史事件的时空背景信息。以下两例中，例5主要涉及中国语境下的特殊表达，例6则是涉及中国与缅甸友好往来的历史信息。

例5：选自国家主席习近平发表的二〇二二年新年贺词，2021-12-31

原文：黄河安澜是中华儿女的千年期盼。近年来，我走遍了黄河上中下游9省区。无论是黄河长江"母亲河"，还是碧波荡漾的青海湖、逶迤磅礴的雅鲁藏布江；无论是南水北调的世纪工程，还是塞罕坝林场的"绿色地图"；无论是云南大象北上南归，还是藏羚羊繁衍迁徙……这些都昭示着，人不负青山，青山定不负人。

译文：A Yellow River well harnessed is a millennia-long aspiration of the Chinese people. Over the past few years, I have visited all nine provinces or autonomous regions on the upper, middle and lower streams of the Yellow River. From the Yellow River and the Yangtze River, two "mother rivers" of the Chinese nation, to the limpid Qinghai Lake and the mighty Yarlung Zangbo River; from the South-North Water Diversion, known as a project of the century, to the Saihanba forest, shown as a patch of green on the map; from the northward trek and homecoming of elephants in Yunnan province, to the migration and return of Tibetan antelopes—all these remind us that "If we do not fail Nature, Nature shall never fail us".

（https://language.chinadaily.com.cn/a/202201/01/WS61cfeb99a310cdd39bc7eacd.html）

例5中讲述了江河湖泊、水利工程、人工林场、动物迁徙等中国生态环境保护特征。文中"黄河上中下游9省区""黄河长江'母亲河'""南水北调的世纪工程""塞罕坝林场的'绿色地图'"四处都涉及中国语境下的特殊表达，其译文都适当增补了信息，以更好地传递原文表达的实际内涵。译文中，"省区"的"区"译为

autonomous regions，补充"9 省区"中的区为自治区这一信息；"母亲河"译为 two "mother rivers" of the Chinese nation，增加 of the Chinese nation 这一有关母亲河所属地的信息；"世纪工程"译为 known as a project of the century，凸显南水北调工程的开创性和重要性；"绿色地图"译为 shown as a patch of green on the map，解释了"绿色"的内涵，增补了塞罕坝林场在地图上的位置是一片绿色的信息。

例 6：选自习近平在缅甸媒体发表的署名文章，2020-01-16

原文：早在公元前 4 世纪，我们的祖先就打通了贯穿川滇缅印的"金银大道"往来通商。中国盛唐时期，缅甸骠国王子率领舞乐队不远千里访问长安，著名诗人白居易挥毫写下千古绝唱《骠国乐》。缅甸在不同社会制度国家中第一个承认新中国。

译文：As early as the 4th century B.C., our ancestors began to trade with each other through the "Gold and Silver Road" linking China's Sichuan and Yunnan provinces with Myanmar and India. In the heyday of China's Tang Dynasty in the early 9th century, the Prince of Pyu led a troupe of dancers and musicians on a visit to Chang'an (the capital of Tang Dynasty known today as Xi'an). Their enchanting performance was celebrated by Bai Juyi, the foremost Chinese poet of his time, in an ode to music from the kingdom of Pyu. Soon after the founding of the People's Republic of China in 1949, Myanmar was the first of countries with a different social system to recognize New China.

（https://language.chinadaily.com.cn/a/202001/16/WS5e1ffbdfa310128 21727174f.html）

例 6 选自习近平在出访缅甸前夕发表在缅甸媒体上的署名文章，文中讲述了中缅两国相互往来的历史故事，该文表现出两国自古以来建立的深厚情谊。对于原文中的几处重要的历史节点和事件，如"中国盛唐时期""长安""千古绝唱《骠国乐》"等，译文补充了相关历史信息。例如，"中国盛唐时期"的译文 In the heyday of China's Tang Dynasty in the early 9th century 补充了年代信息，让受众对盛唐所处的时代有更加清晰的认知；"长安"的译文"Chang'an (the capital of Tang Dynasty known today as Xi'an)"在括号内补充了长安为唐朝首都的信息；"缅甸在不同社会制度国家中第一个承认新中国"的译文增加了新中国成立的时间信息。这里需要注意的是，黄友义指出，在政治文献翻译中，"新中国"第一次出现时，都须译为 The People's Republic of China founded in 1949，先将历史节点交代清楚，避免出现误读[①]。译文中的增补

---

① 黄友义. 译好鸿篇巨著 讲好中国故事：通过翻译《习近平谈治国理政》英文版体会中国国际话语体系构建[J]. 中国政协，2018（14）：61-64.

信息为受众提供理解文中所涉历史事件的时间、地点等背景信息。

（二）缩减信息

英译中缩减的信息主要有两类：一是中文常见的修饰性表达，其主要作用是渲染氛围、侧面烘托，如例 7；二是内含于上下文语境中的信息，即上下文中意思相同的表达，如例 8。翻译时，若不对上述信息进行适当缩减，译文可能变得繁复冗余，不符合英文的使用习惯，从而不利于受众获取关键信息。此处译文适当缩减了这两类信息，达到简练直白、意思明了的行文效果。

例 7：选自习近平：在北京冬奥会、冬残奥会总结表彰大会上的讲话，2022-04-08

原文：饱含圆融和合等中国理念的开闭幕式，<u>构思独到，匠心独运</u>，二十四节气、黄河之水、中国结、迎客松、折柳寄情、雪花主题歌……，听障演员的圆舞曲、手语版国歌、盲童合唱团的歌声、视障运动员的点火……，<u>这些意蕴隽永的场面在人们心中留下了美轮美奂、直击人心的深刻印象</u>，激发了海内外中华儿女万众一心、接续奋斗的昂扬激情！

译文：Chinese ideas such as integration and harmony were fully exhibited at the opening and closing ceremonies <u>in a creative and delicate way</u>. To name only a few: the 24 solar terms, the water of the Yellow River, the Chinese knot, the guest-greeting pines, the willow twigs and the theme song titled The Snowflake...

<u>Audience were deeply impressed by scenes with meaningful implications</u>, such as the waltz performance participated by hearing-impaired performers, the sign-language national anthem, the singing by a choir of vision-impaired children and the cauldron lighting by a vision-impaired athlete. Such scenes also motivated the passion of the Chinese people both at home and abroad to get united and move forward.

（http://www.china.org.cn/chinese/2022-04/15/content_78167686.htm）

例 7 列举了北京冬奥会、冬残奥会开闭幕式上令人印象深刻的出彩元素，译文有两处对修饰性信息的缩减处理。第一处是开头"构思独到，匠心独运"两个四字词语，形容开闭幕式表演的精心设计，译文将其缩合为状语 in a creative and delicate way，用 creative 和 delicate 表达两个四字词语。第二处是末尾"这些意蕴隽永的场面在人们心中留下了美轮美奂、直击人心的深刻印象"中的两个四字词语"美轮美奂、直击人心",修饰开闭幕式场景给观众留下的印象,译文选择删减这两个修饰性表达,处理为 Audience were deeply impressed by。

例 8: 选自习近平在塞内加尔媒体发表的署名文章《中国和塞内加尔团结一致》,2018-07-20

原文:当年,桑戈尔总统看到<u>中国援助塞内加尔的农业专家</u>同当地人民一样劳动、一样满手泥巴,非常感动。今天,中国专家仍在田间地头,同塞内加尔兄弟姐妹一起切磋水稻和蔬菜种植技术。友谊在两国人民心中扎下了根。

译文:Decades ago, President Senghor was deeply touched when he saw <u>Chinese agricultural experts</u> toiling in the field side by side with local Senegalese, mud on their hands. Today, Chinese experts are still out there, working with their Senegalese brothers and sisters on rice and vegetable farming technologies. That's how friendship has taken deep roots in the hearts of our two peoples.

(http://www.china.org.cn/chinese/2018-07/23/content_57814887.htm)

例 8 出自习近平出访塞内加尔前夕在当地媒体发表的署名文章,讲述了中国援助塞内加尔的农业专家与当地人民一同劳动、研究种植技术的故事。译文将"中国援助塞内加尔的农业专家"处理为 Chinese agricultural experts,缩减了"援助塞内加尔"这一信息。由于这段话本身在讲述中国援塞专家与当地人民相处的故事,塞内加尔媒体的读者可从上下文获取中国农业专家的角色信息。

(三)变通信息

变通信息主要涉及两种情况。一是对于涉及他国人名地名、节日风俗等文化信息,名称的翻译需遵循"名从主人"的原则,其他文化信息的翻译需明晰所指,即需使用他国语境中常用的英文表达,以避免混淆或误解,如例 9。二是对于中文里的一些惯用表达或具有重复和对称特征的口语化表达,需根据上下文变通整合信息,提炼并明晰其内涵,如例 10。

例 9: 选自习近平在中国同中亚五国建交 30 周年视频峰会上的讲话,2022-01-25

原文:<u>在陕西支援抗击疫情的哈萨克斯坦小伙马文轩</u>的一句"我是外国人,但不是外人",感动了无数中国人。

译文："I am a foreigner, but I am not an outsider." These words of <u>Ismail Daurov, a young Kazakh helping with the local COVID-19 response in Shaanxi province,</u> have touched the hearts of many in China.

（ https://language.chinadaily.com.cn/a/202201/25/WS61f0b1b8a310cd d39bc83575.html ）

例 9 出自习近平在中国同中亚五国建交 30 周年视频峰会上的讲话，讲述了哈萨克斯坦在华留学生马文轩积极投身陕西疫情防控的故事。"马文轩"是这位哈萨克斯坦留学生给自己起的中文名字，遵循"名从主人"的原则，译文用回其原名 Ismail Daurov。

例 10： 选自国家主席习近平发表的二〇二二年新年贺词，2021-12-31

原文：<u>我也是从农村出来的</u>，对贫困有着切身感受。经过一代代接续努力，以前贫困的人们，现在也能吃饱肚子、穿暖衣裳；有学上、有房住、有医保。

译文：<u>Having worked in the countryside myself</u>, I know precisely what poverty feels like. Thanks to the sustained efforts of the Chinese people from generation to generation, those who once lived in poverty no longer have to worry about food or clothing, or access to education, housing and medical insurance.

（ https://language.chinadaily.com.cn/a/202201/01/WS61cfeb99a310cdd 39bc7eacd.html ）

例 10 讲述了习近平的个人经历，原文接地气的口语化表达"我也是从农村出来的"在中文语境中可以解读出多层意义，译文将其处理为更加明确的表述 Having worked in the countryside myself，即习近平在农村的工作经历。此外，原文最后一句"吃饱肚子、穿暖衣裳""有学上、有房住、有医保"是两组结构相同的并列短语，译文舍弃原文对仗工整的语言形式，将其主要意思提炼出来，整合为满足衣食需求，享受教育、住房、医保服务。

第二节 民间谚语的话语特征与翻译方法

一、谚语的话语特征

使用谚语是国家领导人的国际演讲及海外署名文章的突出话语特征。谚语是

"流行于民间的简练通俗而寓意丰富深刻的语句,大多反映人民生活和生产劳动的经验"①。谚语用简单的语句表达深刻的道理,凝聚了民间智慧。谚语多为单句或成对偶的双句,一般短小精练、形式工整、口语性强、通俗易懂。有的谚语有押韵,具有节奏感和韵律感。

在外交等正式场合的规约化语言中融入民众耳熟能详的谚语,有助于不同语言文化背景的受众更容易理解话语内容,从而产生认同感②。习近平在外交场合话语中常引用本国或其他国家或地区的谚语,话语生动亲切、质朴有趣。通过创造性地运用蕴含历史文化底蕴的民间俗语,一方面有助于拉近与各国民众的距离,另一方面体现了对不同文化的尊重和认同,有利于文化交流传播。

（一）借用本国谚语,传递文化价值

谚语蕴藏着一个民族的思想与文化。国家领导人在国际演讲中引用本国谚语,既通过通俗直白、生动形象的语言说明观点,同时也将谚语背后的文化价值观传递给国际受众。以下两例分别出自习近平在区域性会议、全球性会议中的发言。文中都借用了中国民众耳熟能详的谚语来引出或说明其观点,同时也能让更多来自不同文化的受众接触到中国的民间智慧。

例 11：选自习近平在中国—东盟建立对话关系 30 周年纪念峰会上的讲话,2021-11-22

"路遥知马力,日久见人心。"中国过去是、现在是、将来也永远是东盟的好邻居、好朋友、好伙伴。

（http://www.china.org.cn/chinese/2021-11/22/content_77885991.htm）

例 12：选自习近平在第二届联合国全球可持续交通大会开幕式上的主旨讲话,2021-10-14

小河有水大河满,大河无水小河干。各国只有开放包容、互联互通,才能相互助力、互利共赢。

（http://www.china.org.cn/chinese/2021-10/15/content_77811570.htm）

（二）类比两国或多国谚语,传递文化共性与认同

除了引用本国谚语,习近平在国际场合的话语中也善于类比两国或多国的民

---

① 《辞海》（第七版）网络版. 谚语[EB/OL]. [2022-08-01]. https://www.cihai.com.cn/detail?q=%E8%B0%9A%E8%AF%AD&docId=5609202&docLibId=72.

② 尤泽顺. 领导人平民化话语与国家形象构建：习近平主席外访演讲分析[J]. 天津外国语大学学报,2016,23（5）：1-6,80.

间谚语，挖掘出多种文化在思想或价值观念上的共性和相同之处，表达各国携手合作、互帮互助、共同维护世界稳定和平的观点，有助于在受众当中获得认同感，如以下两例。

例 13：选自习近平在吉尔吉斯斯坦媒体发表的署名文章《愿中吉友谊之树枝繁叶茂、四季常青》，2019-06-11

吉尔吉斯斯坦有句谚语，<u>"兄弟情谊胜过一切财富。"</u>中国人也常说，<u>"兄弟同心，其利断金。"</u>当今世界正面临百年未有之大变局，中吉携手合作，共迎挑战，确保两国关系持续稳定健康发展，是历史赋予我们的责任。

（http://www.china.org.cn/chinese/2019-06/12/content_74879850.htm）

例 14：选自习近平在中国—东盟建立对话关系 30 周年纪念峰会上的讲话，2021-11-22

中国和东盟比邻而居，互帮互助是我们的共同传统。中国和文莱谚语都讲<u>"有福同享，有难同当"</u>。

（http://www.china.org.cn/chinese/2021-11-22/content_77885991.htm）

例 13 选自习近平在出访吉尔吉斯斯坦前夕发表在当地媒体的署名文章，先后引用了吉尔吉斯斯坦与中国的谚语，突出了两国的兄弟情谊。例 14 引用了在中国和文莱都有流传的谚语，阐述了中国和东盟各国互帮互助的邻里友好关系。这些谚语可带给受众一种熟悉感与归属感，增进中国与各国的相互理解与认同。

二、谚语的翻译方法

习近平话语中所引用的谚语通常具有形象直白、通俗易懂的特征。常见的两种译法为直译和替换。其中，替换包括套译和回译两种情况。

（一）直译

直译指将中文中带有形象的谚语译为英文中的对应表达，保留原文谚语中的形象。这些形象表达通常在不同语言和文化群体中具有较高的认知共性，如以下两例。

例 15：选自习近平在塔吉克斯坦媒体发表的署名文章《携手共铸中塔友好新辉煌》，2019-06-12

原文：中国的先哲曰："事虽小，不为不成"。塔吉克斯坦谚语讲：<u>"有志气的蚂蚁也能把大山搬走"</u>。中方愿同塔方携手努力，以持之以恒的勤勉精神，共铸中塔友好新辉煌。

译文：As an ancient Chinese philosopher observed, "Even for small matters, success will not come without hard work." Likewise, a proverb in Tajikistan goes, "With perseverance, ants will be able to move mountains." My visit will send the message that China is ever ready to work unremittingly with Tajikistan to create a brighter future of our friendship.

（http://www.china.org.cn/chinese/2019-06/13/content_74884204.htm）

例 16：选自习近平在博鳌亚洲论坛 2022 年年会开幕式上的主旨演讲，2022-04-21

原文：亚洲国家谚语说，"遇山一起爬，遇沟一起跨"、"甘蔗同穴生，香茅成丛长"。共赢合作是亚洲发展的必由之路。

译文：Many Asian proverbs describe the value of solidarity and cooperation, such as "climb the hill together and go down the ravine together" and "sugarcane and lemongrass grow in dense clumps". Win-win cooperation is a sure path to Asian development.

（http://www.china.org.cn/chinese/2022-04/21/content_78178321.htm）

例 15 中的"有志气的蚂蚁也能把大山搬走"和例 16 中的"遇山一起爬，遇沟一起跨""甘蔗同穴生，香茅成丛长"都是富有画面感的生动表达，其中蕴含的道理也是通俗易懂的，译文都用了直译的方法，传达出原文谚语中的形象表达。

（二）替换

替换包括套译和回译。套译是指套用英文中已有的且与原文谚语意思相似的惯用表达。有的谚语是特定语言文化流传下来的，具有显著的文化特点。受语言或文化差异的影响，直译可能无法传达原文谚语的内涵，可能产生理解障碍，从而导致误解。通过使用英文中的类似表达可以避免误解。回译是指原文引用他国谚语时用的是翻译版本，英译时需找回谚语在其所属语言的表达，特别是对于面向特定国家受众的外交话语中引用的他国谚语。

例 17：选自习主席的 2017 新年贺词中英双语全文，大家撸起袖子加油干！，2016-12-31

原文：天上不会掉馅饼，努力奋斗才能梦想成真。

译文：There is no such thing as a free lunch, and only hard work will make dreams come true.

（https://language.chinadaily.com.cn/a/201701/03/WS5b20cfd9a31001
b825721410.html）

例 17 中的"天上不会掉馅饼"出自中文谚语，译文将其替换为英文中意思相
近的谚语 there is no such thing as a free lunch，意为 you never get something for
nothing 或者是 any benefit received has eventually to be paid for[①]，二者都有否定不劳
而获的意思。

例 18：选自习近平在塞内加尔媒体发表的署名文章《中国和塞内加尔团结一
致》，2018-07-20

原文：有句沃洛夫谚语说，"每个人都是他人的慰藉"。这同中国人常说
的"我为人人，人人为我"是同样的意思。中国同包括塞内加尔
在内的广大非洲国家从来都是休戚与共的命运共同体，有着相同
的历史遭遇，面临共同的发展任务，怀揣对美好生活的共同追求。

译文："Nit, nit ay garabam (Man is the remedy of man)", says a Wolof proverb.
Similarly, there is a Chinese saying to the effect of "one for all, all for
one". Having gone through thick and thin together, China, Senegal and
the vast African countries are bound by similar historical experience,
same development tasks and shared aspiration for a better life.

（http://www.china.org.cn/chinese/2018-07/23/content_57814887.htm）

例 18 出自习近平出访非洲国家塞内加尔前发表在当地媒体的署名文章。原文
引用了沃洛夫谚语"每个人都是他人的慰藉"，沃洛夫语是塞内加尔使用最为广泛
的语言。译文先将其回译为"Nit, nit ay garabam"，再在括号中补充其英译文。

第三节 引经据典的话语特征与翻译方法

一、用典的话语特征

国家领导人话语中善于引经据典，以论述和解释观点，具有说服或认同的修
辞功能。这些典故言简意赅，富有历史文化底蕴，可增强话语的表现力和感染力。
同时，领导人在演讲、发言、文章中引用典故，可理解为对中国传统文化的创造

---

① *Farlex Partner Idioms Dictionary*. There's no such thing as a free lunch[EB/OL]. [2023-02-02]. https://idioms.
thefreedictionary.com/there%27s+no+such+thing+as+a+free+lunch.

性传承和展现。黄友义指出，领导人话语中引用典故，不仅体现出文化自信，而且典故因其形象特征让人印象深刻①。许多出自古代典籍的话语常以文言文的形式呈现，并且随着时代发展和语境改变，意义可能有所变化，翻译中需正确理解和把握其内涵。

用典主要指引用有来历出处的古代故事或诗词典籍，典故可分为事典和语典两种类型。事典提炼于历史故事、神话传说、寓言等②，语典来源于典籍和已有诗文。其中，事典具有叙事性的特征，语典具有描述性或说理性的特征③。

领导人话语中的用典以语典为主，领导人多使用有来历出处的古代诗词典籍。本节主要围绕领导人话语中语典的话语特征及其翻译方法。我们将领导人话语中典故的表现形式分为两种，一是显性引用或明引，即不改动原典语句，在文中直接引用，如例19；二是隐性引用或化用，即将原典灵活地融入叙述中，如例20。

例19： 选自习近平在塔吉克斯坦媒体发表的署名文章《携手共铸中塔友好新辉煌》，2019-06-12

中国古人说，"与朋友交，言而有信"。互信是中塔全面战略伙伴关系的基石。

（http://www.china.org.cn/chinese/2019-06/13/content_74884204.htm）

例20： 选自国家主席习近平发表的二〇二一年新年贺词，2020-12-31

我们还要咬定青山不放松，脚踏实地加油干，努力绘就乡村振兴的壮美画卷，朝着共同富裕的目标稳步前行。

（https://www.12371.cn/2020/12/31/ARTI1609413305029488.shtml）

（一）用典的形与义

用典的语言形式和结构丰富多样，有的以简洁的形式表达深刻的思想，有的以复杂的结构串联丰富的意象。国家领导人在讲话或撰文中善于引用中国古代诗词典籍，这些典故用词简练、内涵深厚，多用排比、对偶等形式，且蕴含汉语的音韵美，如例21和例22。相对于现代汉语，典籍中的古汉语在用词上更为凝练概括，存在较多句子成分省略和词类活用的现象④。中国古代诗词典籍复杂而灵活

① 黄友义. 译好鸿篇巨著 讲好中国故事：通过翻译《习近平谈治国理政》英文版体会中国国际话语体系构建[J]. 中国政协，2018（14）：61-64.

② 管锡华. 论典故词语及其使用特点和释义方法[J]. 安徽大学学报，1995（1）：37-42.

③ 吴瑾宜，汪少华. 习近平外交话语用典的认知语用机制解读[J]. 江海学刊，2020（6）：5-11.

④ 姜雅明. 习近平用典中的价值观及翻译探究：以《习近平谈治国理政》用典俄译研究为基础[J]. 天津外国语大学学报，2019，26（2）：12-20，158-159.

的语言特征是用典翻译的难点，需要译者准确把握原典内涵。

例 21：选自国家主席习近平发表的二○二二年新年贺词，2021-12-31

民之所忧，我必念之；民之所盼，我必行之。我也是从农村出来的，对贫困有着切身感受。经过一代代接续努力，以前贫困的人们，现在也能吃饱肚子、穿暖衣裳，有学上、有房住、有医保。全面小康、摆脱贫困是我们党给人民的交代，也是对世界的贡献。让大家过上更好生活，我们不能满足于眼前的成绩，还有很长的路要走。

（https://language.chinadaily.com.cn/a/202201/01/WS61cfeb99a310cdd39bc7eacd.html）

例 22：选自习近平在中华人民共和国恢复联合国合法席位 50 周年纪念会议上的讲话，2021-10-25

世界潮流，浩浩荡荡，顺之则昌，逆之则亡。过去 50 年，尽管国际形势跌宕起伏，但在世界各国人民共同努力下，世界总体保持稳定，世界经济快速发展，科技创新日新月异，一大批发展中国家成长壮大，十几亿人口摆脱贫困，几十亿人口不断走向现代化。

（http://www.china.org.cn/chinese/2021-10/25/content_77830980.htm）

（二）用典的互文性

用典的核心在于"用"，即对中国传统文化的转化与发展，用典具有时空转换和创造性转换的互文性特点[①]。典故产生于其所属的时代背景，承载着历史经验和文化内涵。用典将过去的经典话语置于当前的领导人话语语境中，将历史上的话语与当代的中国和国际环境进行创造性结合，古为今用，如例 23 和例 24。在领导人话语用典中，随着时空环境的改变，中国古代诗词典籍在国家话语语境中获得了新的意义。由此，我们可将国家领导人话语中的用典理解为对古代经典的现代阐释，使其在当前政治话语语境下实现意义的延伸。

例 23：选自习近平在中国同中亚五国建交 30 周年视频峰会上的讲话，2022-01-25

中国人说，三十而立。中国同中亚国家 30 年的交往合作，立在真诚互信，立在平等互利。

（https://language.chinadaily.com.cn/a/202201/25/WS61f0b1b8a310cdd39bc83575.html）

---

① 陈大亮，陈婉玉. 习近平用典翻译的互文性视角[J]. 天津外国语大学学报，2019，26（2）：2-11，158.

例 24：选自国家主席习近平发表的二〇一九年新年贺词，2018-12-31

　　大家好！"岁月不居，时节如流。"2019 年马上就要到了，我在北京向大家致以新年的美好祝福！

（ https://m.gmw.cn/baijia/2019-01/01/32276161.html ）

（三）用典的文化价值

国家领导人话语中的用典常蕴含浓厚的民族色彩，浓缩了传统文化的思想精华，其不仅是一种政治话语修辞方式，而且具有特殊的文化传播价值，是中国传统文化的传承。典故带有不同国家民族独特的历史文化印记，受众在接收国家领导人话语时也在感受不同的文化，如例 25。因此，在国家领导人话语翻译中，用典翻译在一定程度上具有一种文化交流的意义。

例 25：选自习近平在北京 2022 年冬奥会欢迎宴会上的致辞，2022-02-05

　　"爆竹声中一岁除，春风送暖入屠苏。"中国刚刚迎来农历虎年。虎象征着力量、勇敢、无畏，祝愿奥运健儿像虎一样充满力量、创造佳绩。

（ http://china.cnr.cn/gdgg/20220205/t20220205_525733879.shtml ）

二、用典的翻译方法

用典具有互文性，而用典翻译的实质是对中国古代诗词典籍进行语境重构。黄友义指出，"典故翻译要结合上下文灵活处理"，可采用"保留古文特色、变通成当代文字、寻找对方文字里类似典故等多种方式，力求让外国受众体会到中国文化的博大精深和一脉相承"①。政治话语中用典翻译的重点在于文化价值观的阐释，语义上准确把握原文词义及文化内涵，结构上精准理解用典的句式表征和修辞特征，将典故中的文化内涵融入译文中，从而达到思想和文化交流的目的②。

领导人话语中的用典翻译需在准确理解原典内涵的前提下，综合考虑领导人的真实意图、话语场合和受众的表达习惯，在体现典籍原意的同时，传达典故在当前语境中被赋予的新意③。需要注意，领导人可能在不同的话语场合引用同一典故。因而，翻译时不宜直接照搬已有译法，而应根据具体语篇语境，重新解读典故意义。例 26 和例 27 都引用了出自唐朝诗人张九龄《送韦城李少府》的诗句"相

---

① 黄友义. 译好鸿篇巨著 讲好中国故事：通过翻译《习近平谈治国理政》英文版体会中国国际话语体系构建[J]. 中国政协，2018（14）：61-64.（p.64）

② 姜雅明. 习近平用典中的价值观及翻译探究：以《习近平谈治国理政》用典俄译研究为基础[J]. 天津外国语大学学报，2019，26（2）：12-20，158-159.

③ 李晶. 典籍名言英译的"再语境化"：以《习近平用典》为例[J]. 上海翻译，2017（4）：62-67，95.

知无远近，万里尚为邻"，英译则根据各自上下文的主题信息，选用了不同的主语，以更准确地突出句意重点。

例 26：选自习近平在卢旺达媒体发表的署名文章《中卢友谊情比山高》，2018-07-21

原文："相知无远近，万里尚为邻。"中卢两国虽然相距遥远，国家大小、制度、文化不尽相同，但两国人民有着深厚传统友谊。

译文：As a Chinese poem reads, "Good friends feel close to each other even when they are thousands of miles away." Despite the vast geographic distance and differences in size, system and culture between China and Rwanda, our peoples enjoy a deep traditional friendship.

（http://www.china.org.cn/chinese/2018-07/25/content_57821794.htm）

例 27：选自习近平在巴布亚新几内亚媒体发表的署名文章《让中国同太平洋岛国关系扬帆再启航》，2018-11-14

原文："相知无远近，万里尚为邻。"事实证明，浩瀚的太平洋是中国同岛国关系发展的纽带。

译文：The Chinese often say, "Distance cannot separate true friends who remain close even when thousands of miles apart." The vast Pacific Ocean is indeed a bond between China and Pacific island countries.

（http://www.china.org.cn/chinese/2018-11/14/content_72431413.htm）

已有的用典翻译研究总结出以下几种典故译法。从典故翻译中的欠额补偿角度来看，考虑到典故相较于其他语言现象的独特性，典故翻译可能引起民族色彩、形象性、联想意义三方面的缺损，翻译可采取的补偿手段有三种：直译或音译、直译加注释、释义。其中，直译加注释的方法可分成两种情况：一是直译结合增译，二是直译、释义加注释[①]。甄春亮指出，理想的典故译文应既能传达语义内容，又能传达用典的特殊表现力，可采用直译、直译加注、替代、再创造四种翻译方法[②]。此外，已有研究通过自建英汉平行语料库的方法考察了《习近平谈治国理政》中的典故翻译，归纳总结出六种翻译方法，包括直译、直译加注（补充信息）、意译、增译、省译、文化替代[③]。基于已有研究归纳的用典译法，综合考虑国家领导人话语的文本特征及翻译发布的时效性，本节将国家领导人话语用典的主要翻译方法分为直译、释义、增译三种。

---

① 褚雅芸. 也谈典故翻译中的欠额补偿：兼与乐金声先生商榷[J]. 中国翻译，2000（4）：64-67.
② 甄春亮. 用典的翻译[J]. 天津外国语学院学报，2004（4）：9-11，31.
③ 祝朝伟.《习近平谈治国理政》中典故的英译方法及对外宣翻译的启示[J]. 外国语文，2020，36（3）：83-90.

（一）直译

直译指将文言文转化为白话文理解后，译文直接传达典故内涵，且形式上较为贴合原文，保持相对工整，如以下两例。通常这类典故在中文与英文读者之间的文化理解障碍较小。

例 28：选自习近平在中国同中亚五国建交 30 周年视频峰会上的讲话，2022-01-25

原文：中国古人云："道虽迩，不行不至；事虽小，不为不成。"

译文：As an ancient Chinese saying goes, "Even the shortest journey can't be finished without taking the first step. Even the most trivial task can't be completed without taking actions."

（https://language.chinadaily.com.cn/a/202201/25/WS61f0b1b8a310cdd39bc83575.html）

例 29：选自习近平在中国—东盟建立对话关系 30 周年纪念峰会上的讲话，2021-11-22

原文：中国古人说："谋度于义者必得，事因于民者必成。"让我们把人民对美好生活的向往放在心头，把维护和平、促进发展的时代使命扛在肩上，携手前行，接续奋斗，构建更为紧密的中国—东盟命运共同体，共创更加繁荣美好的地区和世界！

译文：As an ancient Chinese statesman observed, "Designs for justice prevail, and acts for people's benefit succeed." Let us keep close to our hearts people's aspiration for a better life, and put on our shoulders the mission of our times to safeguard peace and promote development. Let us work hand in hand to build on what has been achieved and work toward a closer China-ASEAN community with a shared future, and make our region and the world even more prosperous and beautiful.

（http://www.china.org.cn/chinese/2021-11/22/content_77885991.htm）

例 28 和例 29 中所引的古文呈对偶形式，前后两句为并列关系。例 28 中，"道虽迩，不行不至；事虽小，不为不成"的译文处理为两个结构相同的句子"Even...can't be...without.... Even...can't be...without"，呈现原文的逻辑联系，意思清晰且结构工整，一定程度上保持了原典的形式特征。同样，例 29 中，"谋度于义者必得，事因于民者必成"出自《晏子春秋》，强调人民在国家治理中的重要作用，译文处理为由 and 连接的并列句，前后两句用词精简、结构工整，同时传达了诗词内涵。

（二）释义

释义常用于结构复杂、含有意象的诗词古文，尤其是当用典在新语篇中的功能有所变化时，典故的内涵会受到领导人话语具体语境的影响，如以下两例。在翻译时，传达典故的内涵和确保译文的可读性优先于保持原文的形式，以使译文顺畅、表意清晰。

例 30：选自习近平在博鳌亚洲论坛 2021 年年会开幕式上的视频主旨演讲，2021-04-20

> 原文："与君远相知，不道云海深。"很高兴出席博鳌亚洲论坛 2021 年年会，同大家在"云端"相聚。

> 译文："True friendship brings people close however far apart they may be."
> It gives me great pleasure to attend the Boao Forum for Asia Annual Conference 2021 and meet you all in this cloud meeting.
> （http://www.china.org.cn/chinese/2021-04/28/content_77448779.htm）

例 31：选自习近平在 2022 年世界经济论坛视频会议的演讲，2022-01-17

> 原文：中国言必信、行必果，已向 120 多个国家和国际组织提供超过 20 亿剂疫苗。

> 译文：China is a country that delivers on its promises. China has already sent over two billion doses of vaccines to more than 120 countries and international organizations.
> （ https://language.chinadaily.com.cn/a/202201/18/WS61e65993a310cd d39bc81d29.html ）

例 30 所引诗句出自唐朝王昌龄的《寄驩州》，出现在演讲开头，旨在引出对线上参会者的问候。译文选择传递诗句内涵，省去原诗"云海深"的意象。例 31 中的典故"言必信、行必果"出自《论语·子路》，此处用典旨在说明后文中国信守承诺、说到做到，为世界各地提供疫苗。原典中包含"言"和"行"两层意思，译文突出"行"的层面，强调中国用行动履行承诺。

（三）增译

国家领导人话语中的用典有时会直接给出原典而未说明其来源。如果用典采用释义翻译，受众可能无法从典故译文中感知其与国家领导人话语中其他表达的区别特征，由此可能削弱用典在国家领导人话语中的功能。因而，翻译时需适当增加互文标记，可视具体情况在典故前后补充来源或创作背景，这样有助于受众将译文认知为中国典籍诗文，同时可减轻受众的理解障碍。

例32： 选自习近平在博鳌亚洲论坛 2022 年年会开幕式上的主旨演讲，2022-04-21

原文："安危不贰其志，险易不革其心。"人类历史告诉我们，越是困难时刻，越要坚定信心。

译文：<u>As an ancient Chinese adage goes</u>, "One must not change his commitment or give up his pursuit even in the face of danger and risk." A review of human history teaches us that the more difficult things get, the greater the need grows to stay confident.

（http://www.china.org.cn/chinese/2022-04/21/content_78178321.htm）

例33： 选自习近平在塔吉克斯坦媒体发表的署名文章《携手共铸中塔友好新辉煌》，2019-06-12

原文："到处野芳红胜锦，满川新涨碧于银。"在这个生机盎然的仲夏时节，应拉赫蒙总统邀请，我即将对友好的塔吉克斯坦进行国事访问。

译文："The landscape is dotted with red flowers like brocade and glittering rivers like silver," <u>a Chinese envoy wrote this line when traveling in Central Asia in the early 15th century</u>. In this lovely season of mid-summer, I am delighted to pay a state visit to the Republic of Tajikistan at the invitation of President Emomali Rahmon.

（http://www.china.org.cn/chinese/2019-06/13/content_74884204.htm）

例 32 原文只出现了所引诗句，其译文在典故译文前面增加了 as an ancient Chinese adage goes，明确其源自中国古代经典。例 33 的译文在所引诗句的后面增加了诗句的创作背景，是一位中国使者在 15 世纪初游历中亚时写的诗句，这在一定程度上反映了演讲者在塔吉克斯坦媒体署名文章中使用这句诗的意图。

第四节　隐喻的话语特征与翻译方法

一、隐喻的话语特征

国家领导人在演讲和撰文中善用生动形象的隐喻来表达观点、解释概念，赋予话语亲和力和感染力，有助于受众理解和接受，如例 34。隐喻通过具体、熟悉的源域意象表达抽象、陌生的目标域概念，在源域和目标域两个概念域之间建立跨域映射关系。换言之，隐喻把源域意象的突显特征投射到目标域概念。通过跨域映射，隐喻建立起认知并解释目标域所涉议题、理念、观点的框架，从而引导受众理解隐喻所涉及的概念[①]。例如，"绿水青山就是金山银山"将源域意象"金山银山"投射到目标域"绿水青山"，阐释我国生态环境保护的理念，揭示经济发展与环境保护的协同关系，如例 35。

例 34：选自习近平在世界经济论坛"达沃斯议程"对话会上的特别致辞，2021-01-25

要坚持通过制度和规则来协调规范各国关系，反对恃强凌弱，不能谁胳膊粗、拳头大谁说了算，也不能以多边主义之名、行单边主义之实。

（http://www.china.org.cn/chinese/2021-01/26/content_77155148.htm）

例 35：选自习近平在 2022 年世界经济论坛视频会议的演讲，2022-01-17

中国坚持绿水青山就是金山银山的理念，推动山水林田湖草沙一体化保护和系统治理，全力以赴推进生态文明建设，全力以赴加强污染防治，全力以赴改善人民生产生活环境。

（ https://language.chinadaily.com.cn/a/202201/18/WS61e65993a310cd d39bc81d29.html）

隐喻是人类的一种思维方式和行为方式。不同语言和文化群体对同一隐喻概念的认知结构不尽相同，对隐喻映射关系的认知理解可能存在语言和文化差异[②]，从而影响隐喻翻译的语言表征，如例 36。隐喻意象的语言表达体现着领导人独特的话语风格。在隐喻翻译中，对隐喻意象的处理既要考虑彰显领导人的话语风格，也要考虑语境因素及受众理解，如例 37。对于领导人话语中的隐喻，翻译时要侧重隐喻意象的处理。

例 36：选自习近平在 2022 年世界经济论坛视频会议的演讲，2022-01-17

原文：坚定信心、同舟共济，是战胜疫情的唯一正确道路。任何相互掣肘，任何无端"甩锅"，都会贻误战机、干扰大局。

译文：Strong confidence and cooperation represent the only right way to defeat the pandemic. Holding each other back or shifting blame

---

① 文旭. 政治话语与政治隐喻[J]. 当代外语研究，2014（9）：11-16，76.

② Lakoff, G. & Johnson, M. *Metaphors We Live By*[M]. Chicago: The University of Chicago Press, 1980.

would only cause needless delay in response and distract us from the overall objective.

（ https://language.chinadaily.com.cn/a/202201/18/WS61e65993a310cd d39bc81d29.html）

例 37：选自习近平：在北京冬奥会、冬残奥会总结表彰大会上的讲话，2022-04-08

原文：广大赛会服务保障人员热情周到服务, <u>工作时间表是迎着星星来、顶着星星走</u>，为参赛各方带去<u>春天般的温暖</u>。

译文：The supporting staff have provided warm and attentive services, <u>working long hours</u> to ensure that all contestants <u>feel at home</u>.

（http://www.china.org.cn/chinese/2022-04/15/content_78167686.htm）

二、隐喻的翻译方法

本小节从隐喻源域意象出发，考察国家领导人话语中的隐喻译法。国家话语翻译实践中，隐喻目标域所指涉的议题、观点、理念通常是稳定的。隐喻的多义性和创造性主要在于其意象性，即国家领导人话语中选用特定的隐喻意象，将源域意象的凸显特征附加于目标域概念。在翻译中，隐喻意象的语言表征和取舍影响着受众对目标域概念的认知和理解。据此，我们把隐喻的翻译方法分为四类：保留意象、解释意象、转换意象、省略意象。

（一）保留意象

保留意象指在译文中再现隐喻意象。这类隐喻的意义生产通常基于人类共有的体验和概念体系，因此，原文的隐喻映射关系可直接再现于译文。原语与译语受众对隐喻意象的概念意义具有较高的认知重叠度，这使得译语受众能够直接将原文隐喻意象的特征投射到目标域，进而减少了认知理解的障碍，如以下两例。

例 38：选自习近平在中国同中亚五国建交 30 周年视频峰会上的讲话，2022-01-25

原文：无论国际风云如何变幻，无论未来中国发展到什么程度，中国都始终是中亚国家值得信任和倚重的<u>好邻居、好伙伴、好朋友、好兄弟</u>。

译文：No matter how the international landscape may evolve or how developed China may grow, China will always remain <u>a good</u>

neighbor, a good partner, a good friend, and a good brother that Central Asian countries can trust and count on.

（https://language.chinadaily.com.cn/a/202201/25/WS61f0b1b8a310cd d39bc83575.html）

例 39：选自习近平在博鳌亚洲论坛 2022 年年会开幕式上的主旨演讲，2022-04-21

原文：任何艰难曲折都不能阻挡<u>历史前进的车轮</u>。

译文：No difficulties could ever stop the <u>wheel of history</u>.

（http://www.china.org.cn/chinese/2022-04/21/content_78178321.htm）

例 38 中的"好邻居、好伙伴、好朋友、好兄弟"和例 39 中的"历史前进的车轮"这两例隐喻可以说是在不同语言和文化群体中较为普遍的概念域，在原语和译语中具有较高的认知重叠度。译文直译隐喻，保留意象，再现原文中的隐喻映射关系，表现领导人的话语风格和话语意图。

（二）解释意象

解释意象通常用于那些与上下文语境联系紧密的隐喻表达，指在保留隐喻意象的同时对意象加以解释，为受众提供理解隐喻意义的额外信息。这种方法可分为三种情况：第一，将隐喻转化为明喻，如在隐喻意象前增加 like 以明晰意象投射的意义，如例 40；第二，根据原文中隐喻的上下文对隐喻意象的内涵加以明晰，达成语意连贯，如例 41；第三，对于具有隐喻特征的概念术语，尤其是在我国语境中生成的精练表述，英译时需对其意象特征加以解释，如例 42。

例 40：选自习近平在金砖国家工商论坛开幕式上的主旨演讲，2022-06-22

原文：<u>历史长河</u>时而风平浪静，时而波涛汹涌，但总会奔涌向前。

译文：<u>Human history, like a river</u>, keeps surging forward, with moments of both calm waters and huge waves.

（http://www.china.org.cn/chinese/2022-06/23/content_78285878.htm）

例 40 中的隐喻"历史长河"，译文"Human history, like a river"中添加 like，将原文隐喻转为明喻，与后文"风平浪静""波涛汹涌""奔涌向前"形成连贯。

例 41：选自习近平在阿根廷媒体发表的署名文章《开创中阿关系新时代》，2018-11-28

原文：阿根廷人有引以为豪的<u>两双脚</u>，一双用来踢足球，另一双用来跳探戈。

译文: There are <u>two passions</u> for Argentinians, both centering on movements of the feet. One is football, and the other is tango.

（http://www.china.org.cn/chinese/2018-11/30/content_74226875.htm）

例 41 中的隐喻意象 "两双脚" 分别映射下文的 "踢足球" 和 "跳探戈" 两个爱好, 理解 "两双脚" 的概念内涵离不开下文的 "踢足球" 和 "跳探戈"。"脚" 这一概念属于人类共有的体验, 为避免受众误解, 译文中添加了 passions, 以解释源域意象 "脚" 与其目标域概念的映射关系。

例 42: 选自国家主席习近平发表的二〇一九年新年贺词, 2018-12-31
原文: 蓝天、碧水、净土<u>保卫战</u>顺利推进
（https://m.gmw.cn/baijia/2019-01/01/32276161.html）

译文: We made headway in our efforts to <u>protect our blue skies, and to defend our rivers and soil from pollution</u>.
（ https://language.chinadaily.com.cn/a/201901/01/WS5c2ad70aa310d9 1214051e48.html）

例 42 中的 "蓝天、碧水、净土保卫战" 是我国污染防治工作领域的专门用语, "保卫战" 意象的译文添加了防治水污染和土壤污染这一解释信息 "protect our blue skies, and to defend our rivers and soil from pollution", 帮助译文受众理解其具体所指。

（三）转换意象

转换意象指的是将隐喻意象替换成译语中已有的意义相似的表达, 包含两种情况。一是原文隐喻为原语特有的表达, 蕴含着特定的文化内涵, 如成语、俗语等, 若保留意象可能使译文表达变得生硬晦涩, 故翻译时可替换为译语中具有相似意义的习语, 如例 43。二是根据译语表达习惯, 在译语中选择合适的意象表达原文的意象内涵, 以更好地传递目标域概念意义, 明确隐喻的使用意图, 如例 44。

例 43: 选自国家主席习近平发表的二〇二二年新年贺词, 2021-12-31
原文: 中华民族伟大复兴绝不是轻轻松松、<u>敲锣打鼓</u>就能实现的, 也绝不是<u>一马平川</u>、朝夕之间就能到达的。
译文: To realize the great rejuvenation of the Chinese nation will be no easy task <u>like a walk in the park</u>; it will not happen overnight, or <u>through sheer fanfare</u>.
（https://language.chinadaily.com.cn/a/202201/01/WS61cfeb99a310cdd 39bc7eacd.html）

例 43 通过成语 "敲锣打鼓" "一马平川" 来表达隐喻意义，这两个成语都有其中文典故出处，但若保留原文意象，受众可能无法理解隐喻的使用意图，故 "一马平川" 的译文选用了意思相近的英文习语 a walk in the park，而 "敲锣打鼓" 的译文则使用 through sheer fanfare 来隐去原文的形象特征。

例 44： 选自习近平在世界经济论坛 "达沃斯议程" 对话会上的特别致辞，2021-01-25

原文：要提倡公平公正基础上的竞争，开展你追我赶、共同提高的田径赛，而不是搞相互攻击、你死我活的角斗赛。

译文：We should advocate fair competition, like competing with each other for excellence in a racing field, not beating each other on a wrestling arena.
（http://www.china.org.cn/chinese/2021-01/26/content_77155148.htm）

例 44 用 "田径赛" 和 "角斗赛" 两个意义相对的意象形成对照，强调公平公正基础上的竞争，译文 in a racing field 和 on a wrestling arena 将两个意象分别转换为田径场和拳击场两个具体场景，更易于引起受众联想隐喻意义。

（四）省略意象

省略意象可理解为意译，即译文用非形象性表达突出隐喻意义，译文中不出现隐喻意象，因而受众可能无法从译文中感知隐喻的特征。

例 45： 选自习近平在中国同中亚五国建交 30 周年视频峰会上的讲话，2022-01-25

原文：中国同中亚五国 30 年合作的成功密码，在于我们始终相互尊重、睦邻友好、同舟共济、互利共赢。

译文：The key to the successful cooperation between China and the five Central Asian countries over the past three decades lies in our abiding commitment to mutual respect, good-neighborly friendship, solidarity in trying times, and mutual benefit.
（ https://language.chinadaily.com.cn/a/202201/25/WS61f0b1b8a310cd d39bc83575.html ）

例 45 中的 "密码" 意象译为 key，表关键、要诀之意。英文中 "密码" 一词 password 有口令或通行证的意思，一般针对加密信息，译文再现意象可能会引起误解。

例 46： 选自习近平在 "领导人气候峰会" 上的讲话，2021-04-22

原文：保护生态环境，不能头痛医头、脚痛医脚。

译文：Protecting the ecosystem requires more than <u>a simplistic, palliative approach</u>.

（http://www.china.org.cn/chinese/2021-04/27/content_77445771.htm）

例46的隐喻意象"头痛医头、脚痛医脚"是一典故，出自古代典籍《朱子语类·朱子十一》，指治病只治疼痛的部位，不追究病根，意指解决问题只看部分而不考虑全局和问题根源。该隐喻在此处用于论述保护生态环境的不当方法，译文"a simplistic, palliative approach"省略意象，凸显隐喻意义。

实 践 探 索

参 考 样 例

延 伸 阅 读

1. 黄友义. 译好鸿篇巨著 讲好中国故事：通过翻译《习近平谈治国理政》英文版体会中国国际话语体系构建[J]. 中国政协，2018（14）：61-64.

2. 窦卫霖，温建平. 习近平国际演讲亲民话语特征及其英译特色研究[J]. 外语教学理论与实践，2015（4）：15-20, 92.

3. 尤泽顺. 领导人平民化话语与国家形象构建：习近平主席外访演讲分析[J]. 天津外国语大学学报，2016，23（5）：1-6, 80.

4. 陈大亮，陈婉玉. 习近平用典翻译的互文性视角[J]. 天津外国语大学学报，2019，26（2）：2-11, 158.

5. 祝朝伟. 《习近平谈治国理政》中典故的英译方法及对外宣翻译的启示[J]. 外国语文，2020，36（3）：83-90.

6. 胡壮麟. 隐喻翻译的方法与理论[J]. 当代修辞学，2019（4）：1-9.

7. 文旭. 政治话语与政治隐喻[J]. 当代外语研究，2014（9）：11-16, 76.

第五章

党政文献话语翻译

作为国家话语的重要组成部分，党政文献的翻译与国际传播意义重大。党的十八大以来，党和国家领导人指出，要加强国际传播能力建设，助力对外话语体系的构建。提高党政文献翻译的质量、数量、效率，推动党政文献在海外的有效传播，是减少外界对中国的误解、提升中国的国际认同的关键。

本章将聚焦我国重要党政文献的翻译，涉及的党政文献类型主要有政府工作报告、党代会报告、领导人著作、白皮书等。第一节对党政文献的定义以及其主要文献类型进行介绍，并结合实例对不同类型党政文献的话语特征进行具体说明。第二节从词汇和句子层面分析党政文献话语的翻译难点。第三节从文本类型理论出发，以国家利益和受众接受度为大方向，阐述党政文献话语的翻译策略及方法。

第一节　党政文献话语的主要特征

一、党政文献的定义及分类

党政文献是指我党和政府发布的具有历史价值或参考价值的文本资料。按照传播受众的不同，党政文献可分为对内、对外两类党政文献。对内的党政文献以中国政党干部、中国群众为目标受众，此类文献主要包括中国重大党政会议文件、中国领导人的政论著述[1]。根据《党政机关公文处理工作条例》，重大党政会议文件通常指党政会议期间或结束后发布的"公报""决定""决议""报告""意见""通知""命令"等文件。其中，政府工作报告和党代会报告的重要性最为

---

① 黄友义，黄长奇，丁洁. 重视党政文献对外翻译，加强对外话语体系建设[J]. 中国翻译，2014，35（3）：5-7.

突出。中国领导人的政论著述主要包括领导人话语和领导人著作，由于本书第四章已对领导人话语及其翻译进行了介绍，故本章只涉及领导人著作的内容。对外的党政文献以国际社会为目标受众，此类文献主要指党政机关为了回应国际关切对外发布的文件，其中白皮书最具代表性。

由于党政文献中政府工作报告、党代会报告、领导人著作、白皮书的重要性最为显著，故本章主要介绍这四类党政文献及其翻译。

（一）政府工作报告

政府工作报告是中华人民共和国政府的一种公文形式。各级政府每年必须在当地人民代表大会会议和政治协商会议上向大会主席团、与会人大代表和政协委员发布这一报告，主要内容包括前一年的政府工作回顾、当年工作任务、政府自身建设及外交和国际形势。

（二）党代会报告

党代表会议是指在中央和地方各级委员会任期内，根据工作需要召集的，由代表参加讨论和决定重大问题的会议。在会议上，党的各级委员会向同级党的代表大会负责并报告工作，报告内容会后由各级机关公开发布。

（三）领导人著作

领导人著作不同于领导人话语。国家领导人著作专指中国共产党和中华人民共和国历任重要领导人已出版的重要政论著述，包括其著作、选集以及文集等，例如毛泽东、周恩来、邓小平、江泽民、习近平等中央领导人的著作，如《毛泽东选集》《邓小平文选》等。

（四）白皮书

各国不同类型文件的封面常用颜色不同，一般来说，白皮书是政府或议会正式发布的以白色封面装帧的重要文件或报告书。在我国，白皮书具体指我国政府部门针对国家政策、立场和重要议题的报告，是政府正式发布的以白色封面装帧的重要文件或报告书。我国政府白皮书统一由国务院新闻办组织相关部门编写和发布，由中国外文局下属的外文出版社翻译成外文进行海外传播。

二、各类党政文献的话语特征

党政文献是政治语篇的一种，政治语篇一般具有传播政治观念、构建舆论导向、型塑公众心理等重要作用。中国长期以来形成的政治语篇体系独具特色，具有高度归纳概括性、时代鲜明性、涵盖全面性及语言大众性的特点①。但是，具体而言，不同类型党政文献的话语特征之间也存在一定差别。

（一）重大党政会议文件的话语特征

政府工作报告与党代会报告在话语特征上存在一定区别，比如政府工作报告属于信息性文本，以传递信息为重点，语言平实，较少采用修辞手法；而党代会报告在传递主要信息之余，还会通过带有文学色彩的语言表明意识形态立场，激发受众的爱国情感。但是，由于政府工作报告和党代会报告都属于重大党政会议文件，并且在形式上都属于公文，因此它们在话语特征上的相同点多于它们之间的区别。此处以政府工作报告及党代会报告为例，对重大党政会议文件的话语特征进行概括说明。

总的来说，重大党政会议文件的话语特征可以概括为用语准确、表述平实、文字简约、风格庄重四大方面②。

1. 用语准确

会议文件的用语必须准确，其含义只能有一种解释，不能产生歧义。用语的准确性体现在以下三方面：词句的内涵与要表达的意图必须完全一致；词的外延应有适当且明确的限制；时间、方位的表述要有严密的限定。比如，报告中出现的体例、名称、数字、引文、符号、计量单位都要求准确无误。

例1：选自习近平：高举中国特色社会主义伟大旗帜　为全面建设社会主义现代化国家而团结奋斗——在中国共产党第二十次全国代表大会上的报告，2022-10-16

　　我们坚持精准扶贫、尽锐出战，打赢了人类历史上规模最大的脱贫攻坚战，全国八百三十二个贫困县全部摘帽，近一亿农村贫困人口实现脱贫，九百六十多万贫困人口实现易地搬迁，历史性地解决了绝对贫困问题，为全球减贫事业作出了重大贡献。

　　（http://www.gov.cn/xinwen/2022-10/25/content_5721685.htm）

例2：选自李克强2022年政府工作报告，2022-03-05

　　坚决守住18亿亩耕地红线，划足划实永久基本农田，切实遏制耕地"非农化"、防止"非粮化"。

　　（http://www.china.org.cn/chinese/2022-03/14/content_78106770.htm）

---

① 谢莉，王银泉. 中国国际形象建构视域下的政治话语翻译研究[J]. 外语教学，2018，39（5）：7-11.

② 王群. 品味公文：公文写作大手笔练就之道[M]. 北京：北京联合出版公司，2016.

2. 表述平实

表述平实是指用质朴的语言进行如实叙述，反映事物本来的面目。会议文件的表述基本不会涉及修辞手法的使用，摒弃了艺术夸张的浮华和渲染烘托的浮躁，只留下最平白朴实的语言。不过，党代会报告偶尔会出现富有文学色彩的语句，以促进内容的表达，并激发受众的情感。

例 3：选自李克强 2021 年政府工作报告，2021-03-05

加快发展乡村产业，壮大县域经济，加强对返乡创业的支持，拓宽农民就业渠道。

（http://www.gov.cn/guowuyuan/2021zfgzbg.htm）

例 4：选自李克强 2022 年政府工作报告，2022-03-05

推动金融机构降低实际贷款利率、减少收费，让广大市场主体切身感受到融资便利度提升、综合融资成本实实在在下降。

（http://www.china.org.cn/chinese/2022-03/14/content_78106770.htm）

3. 文字简约

为了提高工作效率，避免文字累赘，会议文件的语言通常简明扼要，以简洁明快为主，简短的分句较多，以逗号为间隔，组合成长短不一的句子进行表达，从而达到言简意赅的效果，逻辑通常隐含在句子内部。

例 5：选自习近平：决胜全面建成小康社会 夺取新时代中国特色社会主义伟大胜利——在中国共产党第十九次全国代表大会上的报告，2017-10-18

深入贯彻以人民为中心的发展思想，一大批惠民举措落地实施，人民获得感显著增强。

（http://www.gov.cn/zhuanti/2017-10/27/content_5234876.htm）

例 6：选自习近平：决胜全面建成小康社会 夺取新时代中国特色社会主义伟大胜利——在中国共产党第十九次全国代表大会上的报告，2017-10-18

加强练兵备战，有效遂行海上维权、反恐维稳、抢险救灾、国际维和、亚丁湾护航、人道主义救援等重大任务，武器装备加快发展，军事斗争准备取得重大进展。

（http://www.gov.cn/zhuanti/2017-10/27/content_5234876.htm）

4. 风格庄重

会议文件的内容正式严肃，书面化程度高。同时，四字词语、成语使用频繁，整体内容的工整性强，朗读起来富有节奏感。而且，会议文件基本摒弃了官话、套话和原则性语句的使用，以便群众理解。

例7：选自李克强 2021 年政府工作报告，2021-03-05
　　　各级政府都要节用为民、坚持过紧日子，确保基本民生支出只增不减，助力市场主体青山常在、生机盎然。
　　（http://www.gov.cn/guowuyuan/2021zfgzbg.htm）

例8：选自李克强 2021 年政府工作报告，2021-03-05
　　　千方百计使亿万农民多增收、有奔头。
　　（http://www.gov.cn/guowuyuan/2021zfgzbg.htm）

（二）领导人著作的话语特征

　　领导人著作的话语特征具有一定的共通性，同时也包含一定的差异性。共通性具体体现在，大多数著作是政论著述，其内容涉及古今中外，领导人常旁征博引，将博大精深的道理写进著作中，故其著作富有哲理，逻辑严谨。差异性具体表现在，不同领导人的重要著作在遣词造句、语言风格上各具特点。比如，毛泽东著作富有气势磅礴、用典丰富、俗雅结合的特点；邓小平著作言简意赅、观点鲜明、充满哲理；习近平著作用摆事实凝聚共识，用大实话解惑释疑，用谈心式语言触及心灵，用现象作靶开诚布公，抒发大情怀展现真性情①。

例9：选自毛泽东《星星之火，可以燎原》
　　　它是站在海岸遥望海中已经看得见桅杆尖头了的一只航船，它是立于高山之巅远看东方已见光芒四射喷薄欲出的一轮朝日，它是躁动于母腹中的快要成熟了的一个婴儿。
　　（http://www.qstheory.cn/books/2019-07/31/c_1119448591_6.htm）

例10：选自《邓小平理论辞典》
　　　革命是解放生产力，改革也是解放生产力。
　　（https://xuewen.cnki.net/R2007010270000886.html）

例11：选自习近平总书记《新时代中国共产党的历史使命》，2022-09-30
　　　实现中华民族伟大复兴是近代以来中华民族最伟大的梦想。中国共产党一经成立，就把实现共产主义作为党的最高理想和最终目标，义无

---

① 关仕京. 党和国家重要文献汉壮翻译及其积极效用：以中国民族语文翻译局壮文室为例[J]. 民族翻译，2018（1）：40-50.

反顾肩负起实现中华民族伟大复兴的历史使命，团结带领人民进行了艰
苦卓绝的斗争，谱写了气吞山河的壮丽史诗。

（http://www.qstheory.cn/dukan/qs/2022-09/30/c_1129040825.htm）

（三）白皮书的话语特征

白皮书作为一种官方文件，代表政府立场，讲究事实清楚、立场明确、行文
规范、文字简练，文学色彩相对较弱。白皮书的话语特征主要包括以下三方面：
针对性强，时效性高；内容全面，领域广泛；受众面广，影响力大。首先，白皮
书是我国政府部门针对某个专门问题的特定报告，回应的是国际社会对中国某个
特定问题的热心关切，因此白皮书的撰写与发布需要具有针对性和时效性。其次，
白皮书的内容通常涉及法治、人权、国防、宗教、人口、能源、环境、知识产权、
互联网、核安全、粮食安全等众多领域，覆盖面十分广泛。最后，白皮书能让国
际社会各界人士了解中国政府的政策动向①，其影响力不容忽视。

例12：选自《中国的核安全》白皮书，2019-09-03
中国在确保安全基础上开展核能和平利用，既满足当代人的需要，
又不对子孙后代遗留隐患、构成危害，以保障人类文明永续发展。中国
核安全工作的基本原则是：安全第一、依法治核，预防为主、纵深防御，
责任明确、独立监管，严格管理、全面保障。

（http://www.china.org.cn/chinese/2019-09/04/content_75170779.htm）

例13：选自《为人民谋幸福：新中国人权事业发展70年》白皮书，2019-09-22
人民幸福生活是最大的人权。中国共产党从诞生那一天起，就把为
人民谋幸福、为民族谋复兴、为人类谋发展作为奋斗目标。

（http://www.china.org.cn/chinese/2019-09/26/content_75248676.htm）

第二节　党政文献话语的翻译难点

由于党政文献话语的重要性、内容的广泛性，以及语言风格带有鲜明的中国
特色，翻译工作在理解层面、词汇层面、句子层面、语篇层面上都对译者提出了
更高的翻译要求。在理解层面，译者需要广泛涉猎不同领域的内容以拓展自己的

---

① 李洋. 白皮书的翻译与出版[J]. 中国翻译，2020，41（1）：49-53.

知识面，学习相关的政策信息，熟悉政治话语。对于陌生难懂的内容，译者要及时查缺补漏，从而保证准确理解文本内容，避免出现任何误读。理解是翻译过程的第一步，译者只有对原文信息理解到位，才有可能用译语将原文信息忠实地表达出来，从而顺利传播中国声音。表达是翻译过程的第二步。在词汇层面，党政文献话语的重要性要求译者须提高选词的准确性，尽可能还原原文的所有内容，同时避免词汇重复，并对中国特色词汇进行注解；在句子层面，译者要尽可能缩短句子长度，减少重复性句子结构的使用，以减轻读者的理解负担；在语篇层面，译者要适当增加逻辑衔接词，加强语篇连贯性，并控制好段落的长度，对过长的段落进行适当的切分，让读者更好地理解译文[①]。

一、中国特色词汇与专业术语的翻译

词汇可被认为是党政文献的最小组成单位，其中以中国特色词汇与专业术语最为常见。党政文献翻译对准确性的要求极高，要注意避免因信息传达错误而导致读者产生误解，损害中国形象，因此需要通过合适的翻译方法、技巧，将词汇中蕴含的具体意思翻译出来。

（一）中国特色词汇

中国特色词汇指具有中国特色、蕴含中华文化的词汇，涉及领域广泛，产生于中国特有的社会文化背景，往往体现一定时期的社会特征。党政文献中的中国特色词汇可以分为专有名词和一般词汇两大类，而一般词汇又可细分为缩略词、成语、典故词和比喻词四类，所以中国特色词汇主要包含五类词汇[②]。译者在翻译这五类特色词汇时，侧重点各不相同。

1. 专有名词

专有名词是表示特定的人、物、地方、机构、组织、制度等的名词，一般与中国的政策信息有关。译者在翻译专有名词之前，有必要对与其相关的政策信息进行全面了解，在正确把握专有名词意思的基础上，运用相应的方法对其进行翻译。通常而言，译者主要通过直译和意译翻译专有名词，当专有名词的所指与内涵在汉语和英语中基本对应时，则可以采用直译；而在部分对应或完全不对应的情况下，则可以采用意译。

---

① 武光军，赵文婧. 中文政治文献英译的读者接受调查研究：以 2011 年《政府工作报告》英译本为例[J]. 外语研究，2013（2）：84-88.

② 汪东萍. 《政府工作报告》中国特色词汇的文化对应与英译策略研究[J]. 学术研究，2020（12）：34-40.

例 14：选自《抗击新冠肺炎疫情的中国行动》白皮书，2020-06-07

原文：中国效率

译文：The efficiency of China's system

（http://www.china.org.cn/chinese/2020-08/06/content_76173252.htm）

"中国效率"是指在中国特有的制度模式下，中国政府和中国人民在抗击新冠疫情时展现出的极高行动效率。所以在这个专有名词中，"中国"具体指代"中国的制度模式"，要翻译成 China's system；"效率"是"高效"的意思，翻译成efficiency 更为恰当，而不能简单地依照其字面意思字对字地翻译成 China's efficiency，否则容易引起英语受众对这个词的误解。

例 15：选自李克强 2022 年政府工作报告，2022-03-05

原文：高质量共建"一带一路"稳步推进。

译文：The Belt and Road Initiative saw steady high-quality development.

（http://www.china.org.cn/chinese/2022-03/14/content_78106770.htm）

"一带一路"是具有政策信息背景的词语，具有中国特色政治话语特色。翻译以直译为主，省译两个"一"，避免重复。此外，增译的initiative有利于让英语受众了解"一带一路"作为合作倡议的性质，有利于对外构建中国特色话语体系。

2. 缩略词

缩略词指对原有词汇进行节缩或省略后能够自由运用的语言单位，主要分为文字缩略词（如共商共建共享、援企稳岗等）和数字缩略词（如"六稳""四早"等）两类。对于前者，译者通常将其缩略的主要含义翻译出来，必要时省略重复意思的表达；对于后者，译者通常先将缩略词的字面意义直译出来，再通过文内加注的方式进一步补充解释其实际内涵。

例 16：选自习近平：高举中国特色社会主义伟大旗帜 为全面建设社会主义现代化国家而团结奋斗——在中国共产党第二十次全国代表大会上的报告，2022-10-16

原文：加强边疆地区建设，推进兴边富民、稳边固边。

译文：We will promote development in border areas to boost local economies, raise local living standards, and ensure local stability.

（ https://language.chinadaily.com.cn/a/202210/25/WS635a3223a310fd 2b29e7edc8.html）

原文中的"兴边富民"表达"振兴边疆"和"让人民富足"两个意思，"稳边固边"主要表达"稳定边疆局势"的意思。译文没有完全按照原文的字面意思进行翻译，而是根据原文所要表达的思想进行措辞，有效避免了"稳边固边"翻译的语意重复。

例 17：选自习近平：高举中国特色社会主义伟大旗帜 为全面建设社会主义现代化国家而团结奋斗——在中国共产党第二十次全国代表大会上的报告，2022-10-16

> 原文：……全党增强"四个意识"……
>
> 译文：All Party members have become more conscious of <u>the need to maintain political integrity, think in big-picture terms, follow the leadership core, and keep in alignment with the central Party leadership</u>.
>
> （https://language.chinadaily.com.cn/a/202210/25/WS635a3223a310fd 2b29e7edc8.html）

例 18：选自习近平：高举中国特色社会主义伟大旗帜 为全面建设社会主义现代化国家而团结奋斗——在中国共产党第二十次全国代表大会上的报告，2022-10-16

> 原文：……明确<u>"五位一体"</u>总体布局和<u>"四个全面"</u>战略布局，确定稳中求进工作总基调，统筹发展和安全，……
>
> 译文：We have adopted <u>the Five-Sphere Integrated Plan</u> and <u>the Four-Pronged Comprehensive Strategy</u> as well as the general principle of pursuing progress while ensuring stability, and we have worked to both pursue development and safeguard security.
>
> *The Five-Sphere Integrated Plan is to promote coordinated economic, political, cultural, social, and ecological advancement. The Four-Pronged Comprehensive Strategy is to make comprehensive moves to build a modern socialist country, deepen reform, advance law-based governance, and strengthen Party self-governance.
>
> （https://language.chinadaily.com.cn/a/202210/25/WS635a3223a310fd 2b29e7edc8.html）

在例 17 中，译者直接把"四个意识"的主要内涵翻译出来，become more conscious of 的使用让"四个意识"的内涵完美融合进语境里，增加了译文的可读性。在例 18 中，译者在把"五位一体"和"四个全面"按照字义翻译后，在译文下一段落补充了对这两个缩略词概念的解释性翻译，这样做有利于加深英语受众对我国政策概念的理解。

3. 成语

成语是指汉语词汇中定型的词，大多采用四字结构，一般来源于古代经典著作、历史故事或者口头传说，语言凝练，体现出中国传统文化独特的美感。由于成语是汉语特有的表达方式，是中国特有的文化意象，译者通常会直接用简明扼要的英语，将成语的意思意译出来，或者选取适当的英语文化专有项来代替成语。

例 19：选自毛泽东《实践论》

原文：中国人有一句老话："<u>不入虎穴，焉得虎子</u>。"这句话对于人们的实践是真理，对于认识论也是真理。

译文：There is an old Chinese saying, "<u>How can you catch tiger cubs without entering the tiger's lair?</u>" This saying holds true for man's practice and it also holds true for the theory of knowledge.[①]

例 20：选自《邓小平文选（第二卷）》

原文：因此，我们的思想理论工作者必须下定决心，急起直追，一定要深入专业，深入实际，调查研究，<u>知彼知己</u>，力戒空谈。

译文：So our ideological and theoretical workers must make up their minds to catch up. They must concentrate on specialized fields, carry on investigations and studies of actual situations, <u>familiarize themselves thoroughly with their subjects</u> and guard against empty talk.[②]

"不入虎穴，焉得虎子"是出自《后汉书·班超传》的成语，其字面意思形象地表现出"不亲临险境就不可能取得成功"的思想，直译不仅能够让英语受众了解该成语的意思，而且可以在一定程度上传播中国文化。"知彼知己"出自《孙子兵法·谋攻》中"知己知彼，百战不殆"，译文将其意思与语境进行融合，把"彼"翻译为 their subjects，"己"翻译为 themselves，明晰化的翻译有利于英语受众深刻理解原文含义。

4. 典故词

典故词是指包含中国文化特有典故的词语，典故是指引用古代诗词、历史故事等有来历的词语，与我国传统文化和历史背景息息相关。成语一般都由典故凝练而成，但是成语与典故词并不完全相等，它们最主要的区别在于是否定型化，成语的结构形式具有极大稳固性，而典故词的组成形式并不固定[③]。典故

---

① 赵祥云. 国家领导人著作英译规范的嬗变研究[D]. 上海：华东师范大学博士学位论文，2018.（p.334）
② 赵祥云. 国家领导人著作英译规范的嬗变研究[D]. 上海：华东师范大学博士学位论文，2018.（p.365）
③ 王小莘. 成语和典故的区别[J]. 广西大学学报（哲学社会科学版），1991（1）：100-103.

词的翻译要求译者探究清楚典故的出处，理解其比喻的意思，再结合具体语境，将其意思翻译出来。

例 21：选自李克强 2020 年政府工作报告，2020-05-22

原文：要坚决把减税降费政策落到企业，留得青山，赢得未来。

译文：All tax and fee reduction policies must be fully implemented for our businesses, so that they can <u>sustain themselves</u> and assure success for the future.

（https://language.chinadaily.com.cn/a/202006/01/WS5ed46379a310a8 b241159ce5_2.html）

"留得青山"这一典故出自明朝凌濛初的《初刻拍案惊奇》卷二十二中的"留得青山在，不怕没柴烧"，比喻只要生命尚存就有未来和希望。中国政府借此强调，要努力协助企业渡过新冠疫情的困境，坚信只要维持企业发展，未来就有希望。因此，在此句中，"青山"指代的是企业，译者需要在译文中舍去"青山"的意象，而把"企业"的含义引入进来，从而点明中国政府真正想要表达的意思。

例 22：选自 1943 年 11 月 29 日毛泽东在中共中央招待陕甘宁边区劳动英雄大会上的讲话，收录于《毛泽东选集》第三卷

原文：中国人民中间，实在有成千成万的"诸葛亮"，每个乡村，每个市镇，都有那里的"诸葛亮"。

译文：In fact there are thousands upon thousands of <u>Chukeh Liangs</u> among the Chinese people; every village, every town has its own.[①]

"诸葛亮"是三国时期杰出的政治家、军事家，是中国传统文化中智者的代表人物。原文的意思是中国人民中有许许多多智慧的人，译者把"诸葛亮"直译为 Chukeh Liangs，同时为符合英语表达规范增译了代表复数的后缀"s"，这有利于对外传播中国文化。

5. 比喻词

比喻词是指蕴含比喻修辞的汉语词汇，带有一定的口语化色彩，表达生动形象，让读者倍感亲切。比喻词通常出现在领导人重要著作中，如邓小平曾提出的"黄猫、黑猫，只要捉住老鼠就是好猫"的著名论断，另外会议文件中也不乏比喻词的出现。

例 23：选自李克强 2020 年政府工作报告，2020-05-22

原文：14 亿中国人的饭碗，我们有能力也务必牢牢端在自己手中。

---

① 赵祥云. 国家领导人著作英译规范的嬗变研究[D]. 上海：华东师范大学博士学位论文，2018.（p.323）

译文：It is imperative, and it is well within our ability, to ensure the food supply for 1.4 billion Chinese people through our own efforts.
（http://language.chinadaily.com.cn/a/202006/01/WS5ed46379a310a8b 241159ce5_4.html）

原文用"饭碗"这一具体事物指代宏观层面的粮食供应，生动形象，更容易让读者接受。但是，在中译英时，译者有必要舍去具体的"饭碗"，直接说明"饭碗"指代的具体内容，这样有利于英语受众对原文意思的理解。

例 24：选自李克强 2019 年政府工作报告，2019-03-05
原文：对摘帽县和脱贫人口的扶持政策要保持一段时间，巩固脱贫成果。
译文：Support policies that apply to counties and populations that have recently been lifted out of poverty will be maintained for a period to consolidate progress in poverty alleviation.
（ http://language.chinadaily.com.cn/a/201903/18/WS5c8efa3da3106c6 5c34ef20c_3.html）

"摘帽县"是指成功脱贫的县，该词将"贫困县"这一称谓比喻成一顶帽子，"摘帽"意为贫困县实现脱贫后就将"贫困县"这顶帽子摘除。译者省译"摘帽"的意象，把"摘帽县"与"脱贫人口"合译为 counties and populations that have recently been lifted out of poverty，既突出了"脱贫"的意思，也避免了"脱贫"语意重复。

（二）专业术语

除了带有中国特色的词汇外，党政文献中还会出现不同领域的专业术语。由于许多术语已有固定译文，译者不可对它们进行乱译，而是应该通过各大搜索引擎、语料库对术语进行检索，找到与之相对应的权威译文。

例 25：选自《中国的核安全》白皮书，2019-09-03
原文：持续推动核电装备国产化，不断提升核电装备制造能力，稳步提高百万千瓦级核电机组关键设备自主化、国产化水平，压力容器、蒸汽发生器、主管道、先进核燃料、核级焊材等核安全关键设备和材料的自主研发和国产化取得重大成果，实现自主安全发展。
译文：It has made steady progress to independently produce key equipment of GW-class nuclear power units, achieving key successes in the independent R&D and manufacturing of pressure vessels, steam generators, main pipelines, advanced nuclear fuels, nuclear-grade

welding materials, and other key nuclear safety equipment and materials.

（http://www.china.org.cn/chinese/2019-09/04/content_75170779.htm）

例 26：选自《人类减贫的中国实践》白皮书，2021-04-06

原文：大幅提升贫困地区用电条件，实施无电地区电力建设、农村电网改造升级、骨干电网和输电通道建设等电网专项工程，把电网延伸到更多偏远地区，农村地区基本实现稳定可靠的供电服务全覆盖，供电能力和服务水平明显提升。

译文：Electricity access in poor areas has been improved through power grid construction projects such as power supply to areas without electricity, upgrading of rural power grids, and construction of trunk power grids and power transmission channels. Now, more remote areas are connected to power grids, and almost all rural areas enjoy a steady power supply.

（http://www.china.org.cn/chinese/2021-06/02/content_77513397.htm）

以上两个例子中分别出现核领域、电力领域等方面的专业术语。翻译这些专业术语时，首先可在国内外各大搜索引擎上检索术语，如果检索不到对应译文，可查找相关的术语库或询问业界人士，从而确定业界公认的译文。检索到相应的翻译后，译者还有必要对该译文表达进行进一步检验，可通过术语在线及其他资源，确定术语的双语表达是否指代一致，进而确保译文正确无误。

二、党政文献典型句式的翻译

党政文献中句与句之间频繁出现排比结构、长难句、无主句等典型句式，翻译时需特别留意不同句式结构的特点，针对具体句式对症下药，在不影响句子主要内容的表达且不违背译语表达习惯的情况下，应争取将句子的修辞效果也翻译到位。

（一）排比结构

党政文献中常常出现大量排比结构的表达方式，既有四字词语，也有分布在连续段落里的排比句，以达到气势磅礴、铿锵有力的效果[1]。译者在翻译这些排比结构时，需要考虑英语表达忌重复的倾向以及英语受众的思维习惯，根据不同语境，对排比结构进行保留或删除处理。

---

① 刘坪. 浅谈政治文献的用词特点及翻译策略[J]. 文教资料，2015（5）：23-26.

例 27：选自习近平：高举中国特色社会主义伟大旗帜 为全面建设社会主义现代化国家而团结奋斗——在中国共产党第二十次全国代表大会上的报告，2022-10-16

原文：全过程人民民主<u>制度化、规范化、程序化</u>水平进一步提高……

译文：Further enhance the <u>institutions, standards, and procedures</u> of whole-process people's democracy…

（ https://language.chinadaily.com.cn/a/202210/25/WS635a3223a310fd2b29e7edc8.html）

译文中的三个名词"institutions, standards, and procedures"对应原文中的三个名词"制度化、规范化、程序化"，原文的排比结构在译文中得到保留，并且符合英语的表达习惯。可以说译文达到了形合、意合的翻译标准。

例 28：选自《人类减贫的中国实践》白皮书，2021-04-06

原文：脱贫攻坚伟大实践锻造形成<u>"上下同心、尽锐出战、精准务实、开拓创新、攻坚克难、不负人民"</u>的脱贫攻坚精神……

译文：A will to <u>unite as one, do our best, set targets, adopt a pragmatic approach, be pioneers, innovate, tackle tough issues head-on, and live up to our people's trust</u>, has formed in the great endeavors of poverty alleviation.

（http://www.china.org.cn/chinese/2021-06/02/content_77513397.htm）

原文中的六个四字词语成排比结构，译文分别按照这六个词语的意思把它们翻译出来，没有刻意限制翻译每个词语所用的单词字数，这样虽然摒弃了原文的排比结构，但是呈现出原文所要表达的意思，有利于帮助英语受众理解原文内容。

（二）长难句

长难句一般是指一逗到底的典型流水句式。这种句子逻辑关系不明显，如果译者不经加工直接将原句翻译出来，译文内容容易显得晦涩难懂，译语受众也难以领悟原文所表达的意思。因此，需要适当切分原文句子，缩短句子长度，增加必要的衔接词，加强句与句之间的连贯性和逻辑性。

例 29：选自《为人民谋幸福：新中国人权事业发展 70 年》白皮书，2019-09-22

原文：作为国际社会重要一员，新中国高举和平、发展、合作、共赢的旗帜，坚持维护世界和平、促进共同发展，坚持以合作促发展，以发展促人权，全面参与全球人权治理，努力推动世界人权事业发展进步。

译文：As a key member of the international community, China raises high the banner of peace, development, cooperation, and mutual benefits, stanchly safeguarding world peace, promoting common development, and advancing development through cooperation while promoting human rights through development. It fully participates in global human rights governance, and works strenuously to advance the international cause of human rights.

（http://www.china.org.cn/chinese/2019-09/26/content_75248676.htm）

原文可以分为两个意群。第一个意群从句子开始到"以发展促人权"，首先介绍"新中国坚持和平、发展、合作、共赢"，然后说明其中的细节。第二个意群是"全面参与全球人权治理，努力推动世界人权事业发展进步"，介绍"新中国坚持和平、发展、合作、共赢"的具体行动。译文通过切割意群，同时将"新中国坚持和平、发展、合作、共赢"的具体细节处理为同位语，让隐含在原文里的行文逻辑得到显化，有利于英语受众对原文内容的理解。

例30：选自《人类减贫的中国实践》白皮书，2021-04-06

原文：中国减贫立足本国国情，深刻把握中国贫困特点和贫困治理规律，坚持中国共产党的领导，坚持以人民为中心的发展思想，坚持发挥中国社会主义制度集中力量办大事的政治优势，坚持精准扶贫方略，坚持调动广大贫困群众积极性、主动性、创造性，坚持弘扬和衷共济、团结互助美德，坚持求真务实、较真碰硬，走出了一条中国特色减贫道路，形成了中国特色反贫困理论。

译文：Bearing in mind its prevailing reality and understanding the nature of poverty and the status of poverty alleviation, China has embarked on a path of poverty alleviation and designed an approach with Chinese characteristics. In this battle, the nation has upheld the CPC leadership and the people-centered philosophy. It has taken advantage of one of the strengths of its socialist system—the ability to pool resources on major endeavors. It has adopted targeted measures and stimulated the enthusiasm, initiative, and creativity of the people in poverty. It has carried forward the great tradition of working together and offering mutual support, and it has adopted a down-to-earth and pragmatic style of work.

（http://www.china.org.cn/chinese/2021-06/02/content_77513397.htm）

原文的行文逻辑是"理念+措施+结果",译者将理念和结果合并翻译,把措施单独列出进行翻译,这样做有利于避免译文单句篇幅过长,符合英语表达简明的语言习惯。

(三)无主句

汉语中存在大量无主句,但是英语强调句子成分的完整性。党政文献为了凸显语气的庄重感、文体的严谨性,通常采用大量无主句来达到整齐统一的结构效果。译者在翻译党政文献时,要注意把这些无主句翻译成成分完整的英语句子,以贴合英语受众的阅读习惯。

例 31:选自李克强 2020 年政府工作报告,2020-05-22
原文:千方百计稳定和扩大就业。
译文:<u>We will</u> make every effort to stabilize and expand employment.
  (http://language.chinadaily.com.cn/a/202006/01/WS5ed46379a310a8b
241159ce5_2.html)

例 32:选自李克强 2020 年政府工作报告,2020-05-22
原文:为保市场主体,一定要让中小微企业贷款可获得性明显提高,一定要让综合融资成本明显下降。
译文:To support market entities, <u>we</u> must ensure that MSMEs have significantly better access to loans and that overall financing costs drop markedly.
  (http://language.chinadaily.com.cn/a/202006/01/WS5ed46379a310a8b
241159ce5_2.html)

以上两个例子通过增译主语 we,不仅使译文符合英语语法规则,而且让译文意思表达得更为诚恳动人,更有利于英语受众感受到中国政府要把工作做好的决心,从而提高他们对中国政府勤恳工作的认同感。

第三节 党政文献话语的翻译策略及方法

作为我国对外宣传工作的重要组成部分,党政文献的翻译是一项高度组织化的集体工作[①],通常是在中央统一领导和部署下,由专门机构牵头,集中多方面的

---

① 卿学民. 作为一项系统工程的党政文献对外翻译:以党的十九大文件外译工作为例[J]. 中国翻译,2020,41(1):42-44.

优秀人才，按照统一的指导思想、工作机制和流程，明确分工、协作配合完成。本节将结合实例具体分析党政文献话语的翻译策略及方法，这些策略及方法具有较强的针对性，有利于指导相关翻译实践，传播中国声音。

如前文所述，根据语言功能三分法，莱斯把文本分为三大主要类型：信息型文本、表情型文本和感染型文本①。白皮书、党政文件、政府工作报告等党政文献以信息型文本为主，以内容为重，侧重语言的逻辑性，翻译时需要准确传达文本的内容和信息。而领导人著作以表情型文本为主，往往体现出领导人的个人语言风格和政治理念，翻译时需注意契合原文的政治思想。

一、党政文献话语的翻译策略

党政文献传递我国的政治信息，表达中国独特的政治哲学思想，具有极强的政治性。翻译党政文献既要重视"我"的表达，要使译文忠实于原文的目的和思想，贴合我国发展实际；翻译党政文献也要重视受众的接受度，要使译文语内连贯，符合受众的认知习惯。

（一）契合原文表达思想

不同类型党政文献的话语特征不同，传达的目的和思想也不尽相同，译者应根据不同的思想态度处理译文。白皮书属于我国为回应国际关切对外发布的官方文件，翻译时需注意捍卫代表我国政府的态度立场；领导人著作富有哲理，语言生动，翻译时需注意表现译文的哲理性，最好能用合适的修辞方式体现原文的语言风格特点；重大党政会议文件重在传达信息，公文性特点明显，翻译时需注意明晰化处理原文含义，让译语受众更容易理解原文内容。

例 33：选自李克强 2020 年政府工作报告，2020-05-22

原文：丰富群众<u>精神文化生活</u>。

译文：We will organize rich <u>intellectual and cultural activities</u> for our people.

（http://language.chinadaily.com.cn/a/202006/01/WS5ed46379a310a8b241159ce5_5.html）

原文强调结果，是指要尽可能通过开展各种知识文化活动让群众在精神层面得到满足，但是"精神文化生活"是我国特有的政治词语，英语受众大多对此并不熟悉，直接翻译成 spiritual and cultural life 的话，很有可能会让他们摸不着头

---

① Reiss, K. *Translation Criticism—The Potentials & Limitations: Categories and Criteria for Translation Quality Assessment*[M]. London: Routledge, 2000.

脑。因此，译文改为强调措施，明确"我国政府将为群众提供丰富多彩的精神文化活动"，使"丰富群众精神文化生活"这一逻辑结果隐含在译文逻辑之内，符合原文所要传达的内容。

例 34：选自《平等 发展 共享：新中国 70 年妇女事业的发展与进步》白皮书，2019-09-19

　　原文：<u>中国</u>把<u>保障妇女权益</u>纳入法律法规，上升为国家意志，内化为社会行为规范。

　　译文：<u>In China, the protection of women's rights</u> has been included in laws and regulations, manifesting itself as a state will and a norm of intrinsic social behaviors.

　　（http://www.china.org.cn/chinese/2019-09/25/content_75227664.htm）

原文主语"中国"被译成状语，宾语"保障妇女权益"被译成主语，同时主动语态被译成被动语态。如此一来，译文突出了中国的实际措施，而不是强调中国本身，这有利于让英语受众认识到中国的实干精神。

（二）贴合国家发展实际

党政文献的翻译目的是让世界较为全面地了解中国的发展思想与理念，助力中国在国际社会中树立良好的国家形象。因此，在翻译过程中，译者需要确保译文贴近中国实际发展状况，避免其他国家对中国各方面政策信息或过往历史产生误解。

例 35：选自习近平：高举中国特色社会主义伟大旗帜 为全面建设社会主义现代化国家而团结奋斗——在中国共产党第二十次全国代表大会上的报告，2022-10-16

　　原文：深化金融体制改革，<u>建设现代中央银行制度</u>，加强和完善现代金融监管……

　　译文：We will deepen structural reform in the financial sector, <u>modernize the central bank system</u>, and strengthen and refine modern financial regulation.

　　（ https://language.chinadaily.com.cn/a/202210/25/WS635a3223a310fd2b29e7edc8.html）

例 36：选自习近平：高举中国特色社会主义伟大旗帜 为全面建设社会主义现代化国家而团结奋斗——在中国共产党第二十次全国代表大会上的报告，2022-10-16

原文：面对这些<u>影响</u>党长期执政、国家长治久安、人民幸福安康的突出矛盾和问题，党中央审时度势，果敢抉择，锐意进取，攻坚克难……

译文：In the face of these acute problems and challenges, which <u>undermined</u> the Party's long-term governance, the security and stability of the country, and the wellbeing of the people, the Party Central Committee fully assessed the situation, made resolute decisions, and took firm steps.

（ https://language.chinadaily.com.cn/a/202210/25/WS635a3223a310fd2b29e7edc8.html ）

例 35 中的"建设现代中央银行制度"是指，由于中央银行制度还没有完全适应高水平的社会主义市场经济体制，该制度需要变得更加现代化。译者将其译为 modernize the central bank system，符合中国实际发展状况，并且能让英语受众感受到中国对于推进国家治理体系和治理能力现代化所做的努力。"影响"本身是个中性词，但根据例 36 原文的语境，这里的"影响"是指负面的影响。译者把它译为 undermine，将影响的负面性外显，更加突出党要解决问题的合理性与必要性。

（三）确保译文语内连贯

汉语属于汉藏语系，英语属于印欧语系，两种语言在语言特征和结构方面具有很大不同；同时，由于汉语是意合语言，英语是形合语言，两种语言对于信息语序的安排也存在差异。译者在翻译过程中需要注意不同语言的表达差异，可通过重新安排内容的表达顺序，使译文符合英语的表达习惯，避免语意重复和啰唆，或者通过增译逻辑连接词，显化隐含在汉语原文中的逻辑关系，使译文更容易被译语受众所接受。

例 37：选自习近平：高举中国特色社会主义伟大旗帜 为全面建设社会主义现代化国家而团结奋斗——在中国共产党第二十次全国代表大会上的报告，2022-10-16

原文：加强宪法实施和监督，健全保证宪法全面实施的制度体系，更好发挥宪法在治国理政中的重要作用，维护宪法权威。

译文：<u>We will</u> better implement the Constitution and conduct constitutional oversight, and <u>we will</u> improve the systems for ensuring full compliance with the Constitution, <u>so as to</u> give better play to the Constitution's important role in China's governance and uphold its authority.

（ https://language.chinadaily.com.cn/a/202210/25/WS635a3223a310fd 2b29e7edc8.html）

首先，原文是汉语中常见的无主句式，为使译文符合译语的表达习惯，译者增译了 we will；其次，并列短句也是原文的句式特征之一，短句之间仅凭逗号连接。但在翻译时，译者显然先分析了短句之间的逻辑关系，明确了加强宪法实施的目的是更好地发挥其在治国理政等方面的作用，再增译目的状语引导词 so as to，来显化前后短句之间的逻辑关系，从而使得译文的表达十分连贯。

例 38：选自李克强 2021 年政府工作报告，2021-03-05

原文：一年来，我们贯彻党中央决策部署，统筹推进疫情防控和经济社会发展，<u>主要做了以下工作</u>。

译文：Last year, we <u>carried out the following work</u> in <u>implementing the decisions and plans of the Party Central Committee</u>, and <u>to</u> respond to Covid-19 and advance economic and social development:

（ http://language.chinadaily.com.cn/a/202103/15/WS604ed1cfa31024a d0baaf337.html）

虽然译文的语序与原文不一致，但是译文更加凸显出原文的核心逻辑，即"以下工作"是"贯彻党中央决策部署"的工作，目的是"统筹推进疫情防控和经济社会发展"。通过调整语序，同时增译 in 和 to 两个介词，译文更加契合原文内涵，并且符合英语语法中的句法规则，语意表达流畅自然。

（四）观照受众认知习惯

由于党政文献的汉语受众和英语受众的语言文化背景大不相同，译者应该充分考虑不同语言受众之间的认知差和信息差，根据英语受众的阅读习惯和思维习惯组织译文，还要注意对英语受众难以理解的表达和内容进行补充解释，从而促进他们对原文内容的理解。

例 39：选自习近平：高举中国特色社会主义伟大旗帜 为全面建设社会主义现代化国家而团结奋斗——在中国共产党第二十次全国代表大会上的报告，2022-10-16

原文：加强污染物协同控制，基本消除<u>重污染天气</u>。

译文：Pollutants will be controlled in a better-coordinated way, and we will basically eliminate <u>serious air pollution</u>.

（ https://language.chinadaily.com.cn/a/202210/25/WS635a3223a310fd 2b29e7edc8.html ）

"重污染天气"是指空气质量指数大于 200，即环境空气质量达到重度及以上污染程度的空气污染现象，其实质是空气污染，译文没有拘泥于该术语的表面表达，而是根据其实际意思，将其翻译为 serious air pollution，这样做有利于让英语受众通过译文了解到中国在消除空气污染方面的成就。

例 40：选自李克强 2022 年政府工作报告，2022-03-05

原文：加强中低产田改造，新建 <u>1 亿亩</u>高标准农田，新建改造一批大中型灌区。

译文：We will step up efforts to upgrade low- and medium-yield cropland, increase the area of high-standard cropland by <u>6.67 million hectares</u>, and construct or upgrade a number of medium and large irrigated areas.

（http://www.china.org.cn/chinese/2022-03/14/content_78106770.htm ）

"亩"是中国农业方面的面积计量单位，而在英语文化中不存在相同的计量单位。因此，译者将原文中的"亩"换算为英语的"公顷"，把"1 亿亩"译为 6.67 million hectares，这样符合英语受众的阅读习惯。

二、党政文献话语的翻译方法

党政文献的翻译通常需要根据具体语境采取不同的翻译方法，有时一个句子甚至需要用到多种翻译方法，以便英语受众获得与汉语受众相似的阅读体验，从而加深他们对中国的认识。下列翻译方法常用于党政文献翻译，具体包括（但并不限于）调整搭配、分割意群、适当合译、明晰措辞。

（一）调整搭配

由于汉英双语在语言表达上的差异，一些汉语可用的词汇搭配和语序结构如果被照搬进英语里，可能会"水土不服"，导致译文生硬、可读性低。译者需要根据原文意思，按照英语表达习惯对词汇、句法层面的搭配结构进行调整，使译文读起来更加地道自然。

例 41：选自习近平：高举中国特色社会主义伟大旗帜 为全面建设社会主义现代化国家而团结奋斗——在中国共产党第二十次全国代表大会上的报告，2022-10-16

原文：<u>坚持</u>以经济建设为中心，<u>坚持</u>四项基本原则，<u>坚持</u>改革开放，<u>坚持</u>独立自主、自力更生……

译文：We must <u>continue to pursue</u> economic development as our central task, <u>uphold</u> the Four Cardinal Principles, <u>remain committed to</u> reform and opening up, and <u>stay</u> independent and self-reliant.

（ https://language.chinadaily.com.cn/a/202210/25/WS635a3223a310fd2b29e7edc8.html ）

例 42：选自李克强 2022 年政府工作报告，2022-03-05

原文：……<u>产业链韧性得到提升</u>。

译文：…and industrial chains became <u>more resilient</u>.

（ http://www.china.org.cn/chinese/2022-03/14/content_78106770.htm ）

例 41 中，原文都是以"坚持"引导的短句或分句，译文没有将这些"坚持"都翻译成同一种表达，而是根据不同的词语搭配将各个"坚持"翻译成不同的动词"continue to pursue""uphold""remain committed to""stay"。例 42 中，译文没有按照原文字面意思进行翻译，而是把"韧性得到提升"通过词类转换意译为more resilient。这两个例子的译文都准确地传达了原文的主要含义，同时，地道的搭配和表达进一步提升了译文的可读性。

（二）分割意群

汉语重意合，英语重形合。党政文献中经常出现一逗到底的长难句，行文逻辑隐含在字里行间，翻译时需把隐含在原文中的逻辑显化在英语的表达层面，帮助英语受众把握原文的思想内容。具体而言，译者需要在准确理解原文内容逻辑的基础上，把原文分割成不同意群（案例中用//符号区分），然后进行翻译，这样处理能够避免译文句子篇幅过长，也能让译文更具逻辑性。

例 43：选自《关于中美经贸摩擦的事实与中方立场》白皮书，2018-09-24

原文：中美两国经济发展阶段、经济制度不同，//存在经贸摩擦是正常的，//关键是如何增进互信、促进合作、管控分歧。

译文：China and the US are at different stages of development. They have different economic systems. //<u>Therefore</u> some level of trade friction is only natural. //The key <u>however</u> lies in how to enhance mutual trust, promote cooperation, and manage differences.

（http://www.china.org.cn/chinese/2018-10/25/content_64005096.htm）

原文的行文逻辑是"原因+现象+措施"，译文把原因"中美两国经济发展阶段、经济制度不同"翻译为两个独立句子；翻译现象时增译了逻辑衔接词 therefore，让因果关系显露于表面；however 的使用又标志着话锋转变为介绍改善现象的措施。译者根据逻辑切割意群，同时增译逻辑衔接词，让译文意思表达得自然顺畅，有利于英语受众了解中方对中美经贸摩擦的态度。

例 44：选自《平等 发展 共享：新中国 70 年妇女事业的发展与进步》白皮书，2019-09-19

原文：党的十八大以来，妇联组织通过改革创新，进一步增强政治性先进性群众性，充分发挥党开展妇女工作最可靠、最有力的助手作用，//坚持用中国特色社会主义共同理想凝聚妇女，建立直接联系服务妇女群众长效机制，有效开展引领、服务、联系妇女群众工作。

译文：Starting from the 18th CPC National Congress, women's federations have been engaged in reforms and innovations. These endeavors make them more active in the political arena and bring them closer to the masses. They are now among the most dependable and helpful assistants to the CPC in its women's work. //The women's federations are strengthening cohesive affinity among women with the common ideal of socialism with Chinese characteristics. By creating a direct and long-term women communication and service mechanism, they are able to guide, serve, and contact women masses.

（http://www.china.org.cn/chinese/2019-09/25/content_75227664.htm）

原文主要分为两个意群：意群一是从原文开头到"最有力的助手作用"，行文逻辑是"措施+结果"；意群二是原文的剩余部分，行文逻辑是"理念+措施+结果"。译文把意群一的结果翻译为两个独立句子，避免单句篇幅过长；同时把意群二的措施和结果通过介词 by 的衔接进行翻译，有利于突出因果关系。

（三）适当合译

汉语喜用对仗、重复、排比等修辞手段；英语喜用简明表达，一般用词具体，重在提供信息。英语受众容易将重复表达视为作者逻辑性不强。因此，有必要在仔细考查原文用词的基础上，对原文具有重复含义的字词进行合并翻译，避免译文出现语意重叠的表达。

例 45：选自《人类减贫的中国实践》白皮书，2021-04-06

原文：……极大增强了中国人民的<u>道路自信、理论自信、制度自信、文化自信</u>……

译文：It has strengthened the people's <u>confidence in the path, theory, system, and culture of socialism</u> with Chinese characteristics…

（http://www.china.org.cn/chinese/2021-06/02/content_77513397.htm）

例 46：选自《人类减贫的中国实践》白皮书，2021-04-06

原文：中国是拥有 14 亿人口、世界上最大的发展中国家，<u>基础差、底子薄</u>，发展不平衡，长期饱受贫困问题困扰。

译文：China is the world's largest developing country, with a population of 1.4 billion. In addition to its <u>weak foundations</u> and uneven development, the nation had long been plagued by poverty at a scale and a level of severity that has rarely been seen anywhere else in the world.

（http://www.china.org.cn/chinese/2021-06/02/content_77513397.htm）

例 45 译文把四个自信处理为"confidence in+四个具体方面"，以干净利落的方式准确传达了原文的信息。例 46 原文中的"基础差、底子薄"都是表达"基础薄弱"的意思，将其合译为 weak foundations 符合英语简明表达的特点。

（四）明晰措辞

由于汉语受众和英语受众在认知习惯和信息储备方面存在差异，在翻译党政文献时要注意明晰化组织、处理英语表达。一方面，译文要清晰、自然地传递原文意思，避免拐弯抹角；另一方面，要注意增译一些英语受众可能并不知道的细节，让他们更容易理解原文内容。

例 47：选自习近平：高举中国特色社会主义伟大旗帜 为全面建设社会主义现代化国家而团结奋斗——在中国共产党第二十次全国代表大会上的报告，2022-10-16

原文：……<u>"打虎"、"拍蝇"、"猎狐"</u>多管齐下……

译文：We have used a combination of measures to "take out tigers," "swat flies," and "hunt down foxes," punishing corrupt officials of all types.

（https://language.chinadaily.com.cn/a/202210/25/WS635a3223a310fd2b29e7edc8.html）

例 48：选自习近平：高举中国特色社会主义伟大旗帜 为全面建设社会主义现代化国家而团结奋斗——在中国共产党第二十次全国代表大会上的报告，2022-10-16

原文：……高举和平、发展、合作、共赢旗帜，在坚定维护世界和平与发展中谋求自身发展，又以自身发展更好维护世界和平与发展。

译文：Dedicated to peace, development, cooperation, and mutual benefit, we will strive to safeguard world peace and development as we pursue our own development, and we will make greater contributions to world peace and development through our own development.

（https://language.chinadaily.com.cn/a/202210/25/WS635a3223a310fd2b29e7edc8.html）

例 47 原文中的"打虎""拍蝇""猎狐"是具有中国特色的反腐隐喻，指的是不同级别、类型的腐败人员。译文先按照字面意义直译，再补充细节信息 corrupt officials of all types，既展现了原文隐喻表达的特色，又将信息真实且准确地传达给英语受众。在例 48 中，译者把原文带有隐喻色彩的表达"高举……旗帜"意译为 dedicated to，舍弃了隐喻的表达形式。这种明晰化的处理既清楚地传达了原文的意思，也使译文衔接自然。

实 践 探 索

参 考 样 例

延 伸 阅 读

1. Reiss, K. *Translation Criticism—The Potentials & Limitations: Categories and Criteria for Translation Quality Assessment*[M]. London: Routledge, 2000.
2. 黄友义,黄长奇,丁洁. 重视党政文献对外翻译,加强对外话语体系建设[J]. 中国翻译,2014,35（3）: 5-7.
3. 李洋. 白皮书的翻译与出版[J]. 中国翻译，2020，41（1）: 49-53.
4. 卿学民. 作为一项系统工程的党政文献对外翻译：以党的十九大文件外译工作为例[J]. 中国翻译，2020，41（1）: 42-44.
5. 谢莉，王银泉. 中国国际形象建构视域下的政治话语翻译研究[J]. 外语教学，2018，39（5）: 7-11.

第六章

国家外交机构话语翻译

外交是指一个国家在国际关系方面的活动，通常是指由国家元首、政府首脑、外交部、外交代表机关等进行的对外交往活动。外交语言就是在外交活动中传达外交理念和外交政策所使用的语言，是一种政治性话语。外交部作为代表国家和政府承办外交事务的重要国家机关，其话语具有表达政治态度、宣扬政府理念、改善国际关系、引导国内外舆论导向的重要作用。在当前国际关系错综复杂的新形势下，构建中国特色大国外交话语体系，向国际社会准确、全面地传递中国声音、中国智慧和中国方案，展现中国外交的鲜明特色和气派，并及时、有效地回应外界疑虑和关切，是深入推进中国特色大国外交进程的重要课题。翻译是传播中国特色外交话语的重要一环，提高外交部等国家外交机构话语的翻译质量，有助于推动中国特色大国外交工作，为我国争取国际话语权、提升中国软实力提供有力支持。

本章将聚焦外交部等国家外交机构话语及其翻译，如外交部例行记者会、外交部部长演讲致辞、外交声明公报以及政策文件等外交文本，案例主要选自外交部官网和外交部发言人办公室公众号等。第一节将主要介绍国家外交机构话语特征、风格以及语用策略；第二节将对国家外交机构话语翻译中词汇、句法层面的难点进行讲解；第三节将结合实例，对外交话语中的委婉语、预设触发语以及一些"非典型"外交辞令的翻译策略进行分析。

第一节　国家外交机构话语

在对相关研究和实例进行分析前，首先有必要厘清外交部话语作为国家外交机构话语的话语特征、话语风格以及语用策略。本节将对上述内容进行概述。

一、国家外交机构话语特征

外交话语主要包括与外交事务相关的国家正式文件、领导人讲话、国家间条约、协议、公报、声明和宣言、外交谈判、新闻发布会或记者招待会等。其中，国家领导人在国际场合的讲话属于国家领导人话语，已在本书第四章"国家领导人话语翻译"中作了详细分析。国家外交机构话语主要包括外交部正副部长讲话和演讲、外交部例行记者会发言、声明公报以及外交政策解读等话语。准确解读外交部发言人的话语，把握外交话语的本质和特征，深刻了解国家政治态度与立场，是有效翻译外交话语、准确表明国家意志、讲好中国故事的重要前提。本小节将对外交部发言话语以及国家机构文件话语的特征进行概述。

（一）外交部例行记者会话语特征

外交部例行记者会是由外交部发言人主持的新闻发布会，旨在对外发布中国重要外交活动信息、阐述中国对外政策。外交部发言人通过回答记者就近期热点话题提出的问题，以表明中国政府在某些国际问题和事件上的态度与立场；通过澄清谣言，以确保各国记者乃至民众对中国国家形象有正确的认识。因此，外交部例行记者会的话语应当用语正式严肃，具有书面语的特征，而不是随意的、口语化的发言。由于国际形势、各国间的关系错综复杂，外交发言应当把握分寸，委婉含蓄而非直言直语[①]。下面将对外交部发言话语特征具体展开阐述。

1. 语言书面正式

外交部例行记者会是表明国家态度与立场的重要窗口，也是构建和展现国家形象的渠道。外交部发言人在记者会上的一字一句都关乎中国的国家形象。因此，外交部发言人在记者会前会根据各国记者关心的热点问题准备有关资料和发言稿，以确保用词准确、严谨。在发言中，外交部发言人通过带有书面色彩的话语来展示国家外交事务的庄严郑重，以增加外交部例行记者会的正式感和权威性。

例1：选自 2021 年 5 月 12 日外交部发言人华春莹主持例行记者会

华春莹：俄罗斯喀山市发生枪击事件后，王毅国务委员兼外长已向拉夫罗夫外长致电表示慰问，向遇难者表示深切哀悼，向遇难者家属致以诚挚慰问，并祝愿伤者早日康复。

中方反对一切形式的暴力行为。我们支持俄罗斯维护社会安全的努力，希望俄罗斯保持稳定。

（ https://www.mfa.gov.cn/web/wjdt_674879/fyrbt_674889/202105/t20210512_9177348.shtml ）

---

① 赫曼丽. 外交语言的话语分析：以中国外交部记者例会为例[J]. 青年文学家，2012（26）：168-169.

例 2：选自 2021 年 11 月 16 日外交部发言人赵立坚主持例行记者会

　　今天上午，习近平主席同拜登总统举行视频<u>会晤</u>。外交部副部长谢锋在会晤后接受了采访。这是中美关系史上两国元首首次视频会晤，也是中美关系和国际关系中的一件大事。会晤从北京时间上午 8:45 开始，到 12:25 结束，持续了 3 个半小时，超过原定时间。双方围绕中美关系战略性、全局性、根本性问题，各自发展议程与内外政策，以及共同关心的国际地区问题等<u>广泛交换了意见</u>。

　　（https://www.mfa.gov.cn/web/wjdt_674879/fyrbt_674889/202111/t20211116_10448926.shtml）

例 3：选自 2021 年 12 月 22 日外交部发言人赵立坚主持例行记者会

　　作为友好邻邦，<u>中方高度关注菲律宾受灾情况</u>。习近平主席昨天向菲律宾总统杜特尔特<u>致慰问电</u>，对灾害造成的重大人员伤亡和财产损失<u>表示深切同情和诚挚慰问</u>，表示<u>中方</u>愿向菲方提供力所能及的帮助。这体现了中方对菲方的友好情谊。

　　（https://www.mfa.gov.cn/web/wjdt_674879/fyrbt_674889/202112/t20211222_10474309.shtml）

例 4：选自 2021 年 12 月 31 日外交部发言人赵立坚主持例行记者会

　　会议在友好和务实氛围中举行。双方重点就阿富汗当前面临的人道形势和经济重建等<u>交换意见</u>，梳理<u>中方</u>对阿人道援助和双方相关领域合作进展，同意加强治国理政<u>经验交流</u>，增进主管部门间的沟通协调，推进共建"一带一路"合作。

　　（https://www.mfa.gov.cn/web/wjdt_674879/fyrbt_674889/202112/t20211231_10478030.shtml）

　　在以上发言中所用到的"致电表示慰问""致以诚挚慰问""深切哀悼""深切同情"等词语都极具书面色彩，凸显出语气的正式感和凝重感。"中方""会晤""交换意见"等官方用语也常出现在答记者问的面对面交流中，这些表达避免了日常口语交流的随意性，保持了交流双方的距离，体现出外交的严肃性。

2. 注意分寸感

　　外交活动往往带有很强的政治色彩，外交场合中的每句话、每个词，甚至每个字的使用都需再三斟酌，恰当表达。因此，把握分寸在外交活动中至关重要，这要求外交官对各种外交事件作出恰当得体的回应以及评价，不能失之偏颇。比如在表示反对立场时，发言中常用到"反对""谴责""严重不满"等词语，而在表示赞同时，则会使用"赞赏""支持""理解"等词语。

例 5：选自 2021 年 10 月 28 日外交部发言人汪文斌主持例行记者会

一个中国原则是中美关系的政治基础。在台湾问题上，美方应该恪守一个中国原则和中美三个联合公报规定，而不是自己单方面炮制的什么东西。我们<u>坚决反对</u>美方同台湾地区进行任何形式的官方往来和军事联系，<u>反对</u>美方干涉中国内政。美舰近来多次在台湾海峡"大秀肌肉"、挑衅搅局……是谁在台湾问题上搞"胁迫"，国际社会看得很清楚。

（https://www.mfa.gov.cn/web/wjdt_674879/fyrbt_674889/202110/t20211028_10349005.shtml）

例 6：选自 2021 年 10 月 28 日外交部发言人汪文斌主持例行记者会

中方<u>高度赞赏</u>罗德里格斯外长的有关表态。一个中国原则是国际社会的普遍共识，是公认的国际关系基本准则，不容歪曲和挑战。

（https://www.mfa.gov.cn/web/wjdt_674879/fyrbt_674889/202110/t20211028_10349005.shtml）

例 7：选自 2021 年 12 月 30 日外交部发言人赵立坚主持例行记者会

我日前已经就此表明中方严正立场。中方对美方依据美国内法制裁中方人员、干涉中国内政的行径<u>坚决反对</u>、<u>强烈谴责</u>。

（https://www.mfa.gov.cn/web/wjdt_674879/fyrbt_674889/202112/t20211230_10477521.shtml）

例 8：选自 2022 年 1 月 4 日外交部发言人汪文斌主持例行记者会

中方将<u>坚定支持</u>尼方走自主发展道路，愿在相互尊重、平等互利、合作共赢的基础上，同尼方深化互信，扩大合作，推动中尼关系行稳致远，造福两国和两国人民。

（ https://www.mfa.gov.cn/web/wjdt_674879/fyrbt_674889/202201/t20220104_10478763.shtml）

中国外交部发言人汪文斌在回答记者提出的有关台湾的问题时，使用了"坚决反对"一词来表达中国政府对美国与我国台湾地区进行官员往来和军事联系这一行为的不满；而在评论古巴外长罗德里格斯重申支持一个中国原则的推文时，他使用了"高度赞赏"一词，明确表达了中国对该国支持态度的认可和赞许。由此可见，外交部发言人在外交场合中因事而异的立场变化以及话语中的分寸感。

3. 用语委婉含蓄

外交委婉语是指发生在外交场域的委婉话语，是外交官为了实现某种外交目的而常采用的一种会话策略。委婉语多起到暗示、劝说和批评等作用①。在外交活动中，针对某些敏感话题作出回应或评价时，为避免冒犯他国或缓和对外关系，外交官或发言人通常会使用委婉含蓄而非直截了当的话语来表明本国的外交立场和态度。在中国外交话语构建中，外交委婉语有着鲜明的中国特色。

例9：选自 2021 年 8 月 18 日外交部发言人赵立坚主持例行记者会

事实再次证明，<u>一些国家</u>打着民主、人权旗号对主权国家实施军事干涉，严重破坏有关国家主权和领土完整，导致其经济和社会发展遭受重创，导致大量无辜平民伤亡或被迫颠沛流离。<u>这些国家</u>应该立即停止非法的军事干涉行为，为维护世界和平与安全、促进和保护人权作出切实努力。

（ https://www.mfa.gov.cn/web/wjdt_674879/fyrbt_674889/202108/t20
210818_9177430.shtml ）

例10：选自 2021 年 10 月 11 日外交部发言人赵立坚主持例行记者会

坚持一个中国原则是公认的国际关系准则，也是中国同各国发展友好关系的前提条件和政治基础。<u>澳方个别政客</u>有关行径严重违反一个中国原则，对外发出严重错误信号。中方对此坚决反对，已向澳方提出严正交涉。<u>澳方个别政客</u>的言论完全是混淆黑白，颠倒是非，极其荒谬。……我们奉劝<u>澳方个别人</u>摒弃冷战思维和意识形态偏见，尊重基本事实，客观理性看待中国和中国发展，停止发表不负责任的言论。

（https://www.mfa.gov.cn/web/wjdt_674879/fyrbt_674889/202110/t202
11011_9552726.shtml ）

在例9和例10中，外交部发言人赵立坚通过"一些国家""这些国家""澳方个别政客""澳方个别人"等话语不点名地批评了某些国家以及某些政客，有礼有节，斗而不破，为进一步交涉留有余地。在外交场合中，外交主体正是通过这些委婉语，在表明本国观点的同时又照顾到他国的面子，缓和紧张气氛，既维护了外交关系，也维护了自身利益。

外交话语中的模糊语和委婉语有所不同。外交委婉语是指通过采用含蓄的话语来暗示和烘托，以达到讲究外交礼节、缓和紧张气氛的目的的语言，换言之，发言人在说话时不直接表明本意；而外交模糊语是指内容表达的不确指性，不肯定问题的是非对错真假，不直接表明对某件事的态度看法，而是给出模糊回答。

---

① 杨明星，王钇繁. 外交委婉语的文体特征、修辞原理与话语功能[J]. 中国外语，2020，17（2）：26-33.

例 11：选自 2021 年 11 月 2 日外交部发言人汪文斌主持例行记者会

彭博社记者：据悉，斯里兰卡的一家化肥公司已获得当地法院命令，停止向一家中国企业支付购买肥料的费用，因为中方企业向斯方企业出口了被污染的肥料。外交部能否证实上述消息？

汪文斌：<u>我不了解你提到的具体情况</u>。我可以告诉你的是，中方一贯高度重视出口商品质量。关于中斯间的肥料贸易合作，有关肥料起运前已通过斯方指定的第三方检测机构测试。目前，中斯双方<u>正在沟通协调解决</u>。

（https://www.mfa.gov.cn/web/wjdt_674879/fyrbt_674889/202111/t20211102_10440013.shtml）

例 12：选自 2022 年 1 月 4 日外交部发言人汪文斌主持例行记者会

彭博社记者：据《南华早报》报道，一家台湾公司购买了一批中国不允许进口的立陶宛朗姆酒，这么做是为了表示对立陶宛的支持。外交部对该报道有何评论？

汪文斌：<u>我不掌握你说的有关情况</u>。我要告诉你的是，台湾当局试图通过"金钱外交"维系"台独活动空间"，这注定是竹篮打水一场空。

（https://www.mfa.gov.cn/web/wjdt_674879/fyrbt_674889/202201/t20220104_10478763.shtml）

在以上两个例子中，显然记者希望发言人能直接说明原因或是作出回应，提供相关证据，然而两位发言人均采取了侧面回答、间接引用的方法进行迂回，巧妙地避免了正面回答记者的提问，进而有效地避免了在一些敏感问题上的过多纠缠。

（二）国家机构文件话语特征

国家机构发布的文件是传达政令、处理事务以及交流信息的重要媒介，涵盖了国家相关的政治路线和政策、立场和观点。从这一意义来说，国家外交机构发布的外交公报、外交声明等文件的译文质量在很大程度上影响着外宣效果以及国家面貌的展现。

外交公报是指国家、政府、政党、团体向国内外公布重大事件或重要会议情况与决议的正式报道，分为单发公报和联发公报。单发公报主要用于以一国或其政府的名义，正式对外报道关于国家领导人出访、来访等消息。联发公报也称"联合公报"，是指由两个或两个以上国家、政府、政党、团体所共同发表的，关于国际重大问题或事件的会谈进展情况、经过及达成的协议的正式文件，旨在表明双方或多方的共同看法，或作为对会议情况的正式报道，或作为经过谈判达成的具有承担一定权利与义务的协议文书。

外交声明则是用于在报刊上公开发表，或在向对方宣读后交给对方的正式文书。按内容和作者划分，外交声明可分为单发声明和联发声明。单发声明是以一个国家、政府、政党、团体及外交机关、新闻单位或其领导人名义发表的声明；联发声明又叫联合声明、共同声明，是由两个以上国家、政府、政党、团体或其领导人联名发表的声明。

不同类型文本的语言特征在很大程度上影响着翻译原则及翻译策略。因此，在进行翻译实践前，译者应当通过分析文本来明确文本的语言特征。

1. 用词严谨得体

外交语言是不同国家、政府以及国家和各国际机构之间沟通的重要工具，同时也是维护国家自身利益的武器，因此，其重要性和严肃性不言而喻。用于外交场合和外交事务中的外交公报和声明等外交话语多使用官方且书面性较强的词语。

例 13：选自《中澳外交与战略对话成果联合声明》，2022-12-21

中国国务委员兼外长王毅同澳大利亚外长黄英贤就双边关系及共同关心的国际和地区问题交换了意见。

（https://www.mfa.gov.cn/web/ziliao_674904/1179_674909/202212/t20221221_10993385.shtml）

例 14：选自《中华人民共和国和土库曼斯坦联合声明》，2023-01-06

五、双方一致认为，元首外交为中土战略伙伴关系发展提供了政治保障，发挥了战略引领。双方将保持密切高层交往，深化治国理政经验交流，不断增进战略和政治互信。双方将继续加强各层级会晤和磋商，及时就双边关系及共同关心的重大问题交换意见，协调立场。

（https://www.mfa.gov.cn/web/ziliao_674904/1179_674909/202301/t20230106_11003592.shtml）

通过上述例子我们可以发现，外交声明和公报等外交公文用词讲究，结构严谨，是极其正式的公文语言，体现的是国家机构文件话语的书面正式语体特征。

2. 态度立场明确坚定

外交声明中的会议声明多属政治性宣言，旨在表达与会各国对某些问题的共同意愿、态度、主张或应共同遵守的原则等。当涉及与本国利益相关的问题时，声明往往会表示出坚定、明确的态度立场以维护国家利益与形象。

例 15：选自《中华人民共和国外交部声明》，2022-08-02

2022 年 8 月 2 日，美国国会众议长佩洛西不顾中方强烈反对和严正交涉，窜访中国台湾地区，严重违反一个中国原则和中美三个联合公报规定，严重冲击中美关系政治基础，严重侵犯中国主权和领土完整，严重破坏台海和平稳定，向"台独"分裂势力发出严重错误信号。中方对此<u>坚决反对，严厉谴责</u>，已向美方提出严正交涉和强烈抗议。

（https://www.mfa.gov.cn/web/ziliao_674904/1179_674909/202208/t20220802_10732287.shtml）

例16：选自《中国支持东盟中心地位的立场文件》，2022-08-04

中国<u>欢迎并支持</u>印尼、泰国和柬埔寨今年5月发表的三国外长联合声明，将<u>全力支持</u>三国办好二十国集团峰会、亚太经合组织领导人非正式会议和东亚合作领导人系列会议，共同践行真正的多边主义，为应对全球性挑战贡献亚洲智慧和亚洲力量。

（https://www.mfa.gov.cn/web/ziliao_674904/zcwj_674915/202208/t20220804_10734026.shtml）

正所谓"弱国无外交"。自中华人民共和国成立以来，中国在中国共产党的带领下实现了各个领域的发展，在经济高速发展的形势下也与世界许多国家建立起了良好的外交关系。通过以上例子可见，外交声明作为宣传发表类外交文本，字里行间都体现出中国始终坚定自身立场和外交原则，在切实维护本国利益的基础上，促进国家间的共同进步与发展合作。

3. 多复杂长句

长句和短句是相对而言的。长句词语多，结构复杂，形体较长，表意丰富具体、周密细致，能够体现官方文件这一类文本所需要的严肃庄重。当文本涉及的内容较多、范围较广时，往往会采用长句来表述。

例17：选自《中华人民共和国政府和柬埔寨王国政府联合公报》，2022-11-11

中方热烈祝贺柬埔寨在国家建设事业和对外交往合作方面取得的显著成就，重申尊重柬埔寨的独立、主权和领土完整，支持柬埔寨人民自主选择符合本国国情的发展道路，将全力为柬埔寨维护稳定、实现发展、改善民生提供帮助。

（https://www.mfa.gov.cn/web/ziliao_674904/1179_674909/202211/t20221111_10973004.shtml）

例18：选自《关于进一步加强和深化中越全面战略合作伙伴关系的联合声明》，2022-11-01

双方强调，要坚定不移坚持共产党领导，坚持走符合本国国情特点的社会主义道路，要加强团结合作、交流互鉴，共同深化对共产党执政规律、社会主义建设规律、人类社会发展规律的认识，坚持并创造性运用马克思主义，推动各自党的建设和社会主义事业不断发展，共同为人类和平与进步事业而努力。

（https://www.mfa.gov.cn/web/ziliao_674904/1179_674909/202211/t20221102_10795594.shtml）

可以看出，长句一般包含较多的联合成分，内容丰富、逻辑缜密、情感强烈、气势磅礴，适用于准确且严密的行文表达。长句的普遍使用使得文章的表意更为明确，叙述更为严实，增强了国家机构文件话语的缜密性。

二、国家外交机构话语风格

（一）句式整散相间

根据句子结构是否整齐匀称，可以将句子分为整句和散句。整句指由排比、对偶、复叠等修辞手法形成的结构较为齐整的句式，可使篇章行文韵律协调、节奏铿锵、结构紧凑。相对而言，散句的句子结构和形式不那么紧凑固定，常在陈述中与整句形式互补。我们发现，无论是在外交部发言人讲话或致辞中，还是在国家外交机构文件中，多为整散句相间使用，句式参差，错落有致。

例 19：选自王毅国务委员兼外长在阿富汗邻国外长会上的讲话，2021-09-08
　　没有国家比我们更不愿看到阿富汗重现战乱、再起祸端，没有国家比我们更期盼阿富汗恢复和平、实现发展。
（https://www.mfa.gov.cn/web/wjbz_673089/zyjh_673099/202109/t20210908_9889225.shtml）

例 20：选自王毅：《胸怀天下，勇毅前行 谱写中国特色大国外交新华章——在国际形势和中国外交研讨会上的演讲》，2022-12-25
　　对历史最好的致敬，就是不断书写新的历史；对未来最好的把握，就是不断开创更美好的未来。迈上新征程，外交战线将以习近平新时代中国特色社会主义思想特别是习近平外交思想为指引，坚定站在历史正确一边，站在人类文明进步一边，胸怀天下，踔厉奋发，以更宏阔视野、更有力行动，为中国特色大国外交谱写新篇章、创造新辉煌。
（https://www.mfa.gov.cn/web/wjbz_673089/zyjh_673099/202212/t20221225_10994826.shtml）

例 19 全句是一个整句，读起来节奏鲜明，音韵和谐；散句穿插其中，又使得句式富于变化，错落有致，是整齐与参差共存的典型示例。例 20 中，整句形式匀称，意蕴深刻；以散句结尾，调节了严肃整齐的行文格式。整散相间，语言节律和谐又灵活生动。

（二）语言不乏幽默

外交部发言人在回答记者问题时，有时会采用幽默且得体的回答，这样做一方面能拉近与记者的距离，另一方面也能生动形象地表明立场，易于记者和公众理解。而对于一些刁钻敏感、不便回答的问题，幽默的语言可以让外交部发言人轻松回避问题，避免出现尴尬被动的局面。

例 21：选自 2019 年 12 月 4 日外交部发言人华春莹主持例行记者会

问：你能否提供制裁美国非政府组织的更多细节？是否会限制资金流入这些组织？或限制这些组织进入中国大陆？

答：看来你们很着急，都觉得这些组织作恶多端、欠揍，是不是？板子打在谁身上，谁会觉得疼的。不用着急。

问：这些制裁措施是否已经生效？如果没有，何时会生效？

答：我刚才已经回答了这个问题。不用着急。你如果实在看不下去，也请先忍一忍，好吗？

（ https://www.mfa.gov.cn/web/wjdt_674879/fyrbt_674889/201912/t20191204_7815522.shtml ）

例 21 对话的背景是在中国香港发生"占中"事件后，美国将所谓的"香港人权与民主法案"签署成法案。该法案粗暴干涉中国内政，严重侵犯中国国家主权。记者针对中方对此事的反应提问，且在提问中使用了"制裁""限制"美国非政府组织等词语，意欲暗示中国强势霸道的形象。但华春莹并没有直接作出回应，而是通过幽默、得体的方式，化解了记者损害中国形象的做法。她用诙谐的话语，让记者"不用着急""先忍一忍"，虽言语间引人发笑，但话里有话，表明中国会依法办事，会依法处理有关国家组织作出的扰乱国际社会的行为。

（三）修辞手法多样

无论是在外交发言中，还是在官方文件中，通过选用适当的修辞格，可以使话语更好地实现主旨清晰、语句通达、韵律和谐等表达效果。在国家外交机构话语中，常出现的修辞格主要有以下三种。

1. 加强语势的排比

排比是把三个或三个以上结构相同或相似、语气一致、意义相关的词组或语句进行连续铺排形成的整体。恰当运用排比句可以让语言表达周全、逻辑缜密，提升话语的感染力和说服力,同时也能增加语言在形式、节奏和韵律方面的美感。

例 22:选自《中美新时代正确相处之道——王毅国务委员兼外长在美国亚洲协会的演讲》,2022-09-22

中美从接触第一天起,就知道是在和一个很不相同的国家打交道。但这些差异的存在,<u>并没有妨碍</u>两国打破坚冰建立外交关系,<u>也没有妨碍</u>双方基于共同利益深化合作,<u>更没有妨碍</u>双方为世界和平繁荣做出共同贡献。

(https://www.mfa.gov.cn/web/wjbz_673089/zyjh_673099/202209/t20220923_10770193.shtml)

例 23:选自 2019 年 12 月 16 日外交部发言人耿爽主持例行记者会

问:关于德国足球运动员梅苏特·厄齐尔(Mesut Özil)的问题。上周五,他在推特上发表了有关维吾尔族人的言论,在网上引发广泛热议。你对此有何回应?

答:……我不知道厄齐尔先生本人去没去过新疆,但他似乎被一些假新闻蒙蔽了双眼,被一些不实之辞影响了判断。他并<u>不知道</u>中国政府依法保护包括维吾尔族在内的中国公民的宗教信仰自由,<u>不知道</u>中国政府在新疆开展的反恐维稳措施得到当地各族民众的衷心拥护,<u>不知道</u>新疆已经连续 3 年没有发生暴恐事件。

(https://www.mfa.gov.cn/web/wjdt_674879/fyrbt_674889/201912/t20191216_7815563.shtml)

在例 23 中,当被记者问到有关新疆的问题时,耿爽针对德国足球运动员厄齐尔发表的有关新疆维吾尔族人的言论,连用三个"不知道",强有力地表明该番言论是无稽之谈。通过使用排比句,耿爽的回应达到了铿锵有力、语势强劲的效果,淋漓尽致地展现出中国各民族和谐统一、团结互助的形象。

2. 增添意趣的隐喻

隐喻是一种十分常见的修辞手法,是指用具有某一相同特征的一种事物描述另一种事物。运用隐喻可以增强被描述事物的生动性,引发受众的联想,同时化繁为简,加深受众对这一事物的认知。在政府公文中运用比喻,能使得枯燥抽象的政策性内容变得生动形象,强化了传播效果。

例 24:选自 2019 年 7 月 29 日外交部发言人华春莹主持例行记者会

不要让美国有些人的乌云和毒雨危害了香港的珍贵的阳光和空气。

(https://www.mfa.gov.cn/web/wjdt_674879/fyrbt_674889/201907/t20190729_7815017.shtml)

例 25：选自《携手推进全球发展倡议　合力谱写共同发展新篇章——在"全球发展倡议之友小组"部长级会议上的主旨发言》，2022-09-21

　　全球发展高层对话会标志着倡议实现了从"打基础"到"搭框架"的跨越，由<u>"写意画"</u>向<u>"工笔画"</u>的迈进。

　　（https://www.mfa.gov.cn/web/wjbz_673089/zyjh_673099/202209/t20220921_10769127.shtml）

例 26：选自 2020 年 5 月 6 日外交部发言人华春莹主持例行记者会

　　我们也呼吁各方加大对发展中国家抗击疫情的支持。发展中国家不应成为应对疫情的<u>"洼地"</u>。

　　（https://www.mfa.gov.cn/web/gjhdq_676201/gjhdqzz_681964/bjmyd_682350/fyrth_682358/202005/t20200506_9384117.shtml）

在例 24 中，对于涉及中美关系的问题，华春莹以"乌云"和"毒雨"来隐喻美国一些破坏香港长治久安的行为，既生动形象又委婉含蓄地向美国发出了警告，也表明了中方对这类事件坚决反对的立场和态度。在例 25 和例 26 中，根据本体特征，发言人分别以"写意画""工笔画""洼地"来隐喻"全球发展倡议推进进程"和"一些艰难应对疫情的发展中国家"，生动地描绘出客观事物的特征，丰富了报告语言，使其不再枯燥乏味。

3. 突出重点的反复

从语言形式来看，反复的修辞手法在一定程度上弱化了语言的简洁性。但是，在一些特殊情况下，为了强调某件事或某个观点和立场，或是为了表达强烈情感、加强语气，往往会通过使用反复的修辞手法，来加强语言的表达效果。

例 27：选自 2016 年 6 月 2 日外交部发言人华春莹主持例行记者会

　　至于你问有关媒体涉华报道是公平还是不公平，我想，作为媒体人，你们可以扪心自问，当你们在报道中国特别是聚焦人权问题的时候，你们对中国到底<u>是不是</u>公平的？<u>是不是</u>客观、公正地认识中国？<u>是不是</u>全面准确地向你们的读者传递了中国现在的状况和信息？<u>是不是</u>讲述了一个真实的中国故事？

　　（http://www.gov.cn/xinwen/2016-06/02/content_5079073.htm）

例 28：选自《和平、发展、自主、包容　坚定践行开放的区域主义——王毅国务委员兼外长在东盟秘书处的演讲》，2022-07-11

　　中国<u>率先</u>同东盟建立战略伙伴关系，<u>率先</u>加入《东南亚友好合作条约》，<u>率先</u>同东盟商谈建立自贸区，<u>率先</u>明确支持东盟在区域合作中的中心地位，也是<u>率先</u>公开表示愿签署《东南亚无核武器区条约》议定书的国家。

（https://www.mfa.gov.cn/web/wjbz_673089/zyjh_673099/202207/t20220711_10718547.shtml）

从例 27 可以看出，华春莹连续使用了四次以"是不是"开头的句式，反问媒体人是否对中国进行了客观公正的报道。不回答反而发问，把问题抛给媒体，但答案却显而易见。在这里，华春莹同时使用了反复和反问的修辞手法，意在强化对媒体人的发问，并给媒体留有思考的余地，同时也是一种有力的回击。例 28 中的五个"率先"铿锵有力，强调了中国与东盟共谋合作的决心，突出中国在东盟关系中的表率作用，同时体现出中国始终坚定践行开放的区域主义。由此也可以看出，使用反复辞格在突出重点、强化语气、加强节奏感等方面产生独特的表达效果。

（四）博引中华经典

我们知道习近平总书记在署名文章中引用了不少受访国人民耳熟能详的警句和谚语，同时中国经典话语在习近平的署名文章中也是信手拈来。同样地，为了强化表达效果、增强信息可信度，以及在民族文化的影响下，国家外交机构话语中也常常会出现成语、诗句、格言或是典故，对表达内容加以补充。

例 29：选自 2018 年 3 月 23 日外交部发言人华春莹主持例行记者会
你提到的美方有关人士的话显然是有些<u>"夜郎自大"</u>，错判了形势，也完全低估了中方捍卫自身合法利益的决心和能力，以及美方为其任性妄为必须付出的代价……
至于中方是否会对美进行报复，中方的立场已经说得非常清楚……<u>来而不往非礼也</u>……希望美方认真严肃对待中方立场，理性慎重决策，不要捡了芝麻丢了西瓜，既损人更害己。

（https://mp.weixin.qq.com/s/bnTW60Q1gc_-nbqbjMPXjA）

例 30：选自《加强团结合作，完善全球治理——王毅在中俄智库高端论坛开幕式上的视频致辞》，2022-06-01
俄罗斯有句民谚叫<u>"汇溪成河，聚众成力"</u>，中国人也常讲<u>"众人拾柴火焰高"</u>。建设和完善全球治理，靠的是共商共建共享。

（https://www.mfa.gov.cn/web/wjbz_673089/zyjh_673099/202206/t20220601_10697415.shtml）

在例 29 这段回应中，华春莹采用了暗引的手法，即不说明引文出处，而将引文编织在自己的话语中。引用"夜郎自大"这个成语典故，批判美方有关人士傲慢无知、肤浅自负的行为。同时，引用《礼记》的经典名句"来而不往非礼也"，原意为对别人给予自己的善意，应当做出友好的反应，否则是不合乎礼节的。但在此语境中，这一经典名言的引用十分自然贴切，不仅显得很有文化韵味和人文韵味，而且绵里藏针，表明我国对美国提高关税的做法坚定反击的态度。另外，回应还引用了成语"捡了芝麻丢了西瓜"作为比喻，劝告美方在中美贸易中不要因小失大，得不偿失。

由此可见，通过恰当引用成语典故、诗文名句，能在外交发言中起到画龙点睛的作用，让人眼前一亮，增强了发言的说服力和感染力，并增加了发言的文化底蕴。这不仅能启发听话人，给他们带来顿悟，而且能产生"言有尽而意无穷"的效果。

三、国家外交机构话语语用策略

语用策略，又可称作话语策略，通常是指说话人在面对特定的问题或情境时，为实现语言交际的目标而采用的对策。在外交语言中，语用策略体现为：外交部发言人根据记者提出的问题，采取符合本国政治立场，维护本国利益的同时也维护各国之间和谐关系的对策和谋略[①]。本小节主要围绕外交部例行记者会的话语展开分析和讲解。

在外交部新闻发布会中，记者通过提问来获取与中国有关的外交信息，这些问题既涉及中方外交事务相关内容，又包括中方在各外交问题上的观点、态度和立场。为了充分发挥外交语言的作用和效果，达到外交目的，外交部发言人在面对特殊的外交情境和问题时，会从多种表达方式中作出慎重而又精准贴切的选择，寻找最佳的言语应对方案。这主要包含两个方面的思考：一是对于记者的问题选择告知还是回避；二是用何种方式来回答，是直接回答还是间接回答。本小节将从告知策略和回避策略两方面来进行阐述。

（一）告知策略

对于记者的提问，外交部发言人尽可能提供必要的有关信息，可称之为告知策略。然而，外交部发言人回答的信息量并不都与记者提问所需的信息量相当，有时多于问题所需的信息量，即有附加信息；有时则会少于记者所需的信息量。但这些信息都是外交部发言人尽可能提供的。外交部发言人在提供信息时依据记者问题的

---

① 熊永红，彭小妹. 外交语言的语用策略分析：以外交部发言人答记者问为例[J]. 湖南农业大学学报（社会科学版），2009，10（3）：71-74.

不同在回答方式上有直接和间接之分，因而告知策略可分为直接告知和间接告知。

1. 直接告知

直接告知即外交部发言人直接向记者提供其所需要的相关信息。国际上的新闻发布会一般都在半个小时到一个小时之内。中国外交部的新闻发布会虽没有时间限制，通常直到问题问完为止，但如果无突发事件，一般发布会也都在半小时左右结束。根据时间限制，通常要求外交部发言人在发言时不拖泥带水，直奔主题，言简意赅。所以，外交部发言人一般在主持发布会的开头或结尾时，对于一些无争议且无讨论必要的内容，常常是直切主题，力求简洁明了，减少空话套话。

例31：选自2019年1月8日外交部发言人陆慷主持例行记者会

一、应委内瑞拉政府邀请，国家主席习近平特使、农业农村部部长韩长赋将赴加拉加斯出席于1月10日举行的马杜罗总统就职仪式。

二、应国务委员兼外交部长王毅邀请，塞拉利昂共和国外交与国际合作部长卡巴将于1月10日至16日对中国进行正式访问。

（http://gy.china-embassy.gov.cn/chn/fyrth/201901/t20190108_4347297.htm）

例32：选自2021年6月25日外交部发言人赵立坚主持例行记者会

澎湃新闻记者：昨天，王毅国务委员兼外长邀请外国驻华使节和国际组织驻华代表共同参观了"'不忘初心、牢记使命'中国共产党历史展览"。你能否进一步介绍情况？外交部组织这个活动有何重要意义？

赵立坚：王毅国务委员在活动中表示，没有中国共产党，就没有新中国，就没有中国特色社会主义事业取得的巨大成功……站在新的历史起点，我们将与世界各国一道，为推动构建人类命运共同体而不懈奋斗。

……

近期，外交部还会同有关单位共同举办了"走进中国部委"、观看重大革命历史题材话剧《香山之夜》等一系列面向驻华使节和外交官的活动，为他们加深对中国共产党初心使命的理解，探寻中国共产党的成功密码，了解中国各领域发展进步提供了有益平台。我们将继续秉持开放态度，真诚欢迎各国友好人士积极了解和认识中国共产党，认识一个真实、立体、全面的中国，并愿不断为此创造机会，搭建桥梁。

（ https://www.fmprc.gov.cn/web/wjdt_674879/zcjd/202106/t20210625_9180716.shtml）

例31是陆慷在无话轮时的发言。我们都知道，例行记者会并不是作报告，没有必要面面俱到，尤其是一些常识性的问题更不需要大谈特谈。因此，无论是中方受邀或是邀请外国访问，陆慷在发言中都是采用直接告知的策略，直截了当地说明事由，清楚地说明了何时、何地、何人、何事，让人一听就能明白，一听就能抓住重点。例 32 是新闻会上记者提出的第一个问题，该问题没有涉及任何有争议的内容或者话题。我们也可以从例子中看出，赵立坚在回答时紧扣题意，开门见山，直接抓住内容要点表达。同时我们看到，发言的最后一段（即划线部分）属于发言人提供的附加信息，但这段附加信息并不是多余无用的。附加内容的前半部分"近期，外交部还会同有关单位共同举办……为他们加深……探寻……了解……"点明了外交部组织一系列活动的意义，后半部分则意在借此机会对外正面宣传中国共产党和国家的形象，创造出良好的外交舆论氛围。

2. 间接告知

顾名思义，间接告知是指外交部发言人以一种含蓄而非直接的方式向记者和媒体传递外交信息。外交事务无小事，对国际和地区问题发表观点、表明态度，就会有赞同或反对、肯定或否定，因此，在回答时尤其要注意问答的策略，做到恰当且得体。

例 33：选自 2019 年 1 月 15 日外交部发言人华春莹主持例行记者会

问：据报道，在中方发射嫦娥四号月球探测器前，美国航空航天局（NASA）曾提出希望中方提供嫦娥四号着陆经纬度和着陆时间以便其科学研究，中方都给予了合作。但此前美方曾对中国探月工程设置技术障碍并且多次拒绝向中方专家发放赴美签证，干扰两国航天专家正常学术交流。请问中方有何评论？

答：……我记得当时吴伟仁院士说，中方本可以选择不告诉美方相关信息，但是中国作为大国，就要有大国的姿态、大国的气度。我想，吴院士这番话体现了中国航天人和中国科研工作者自信开放的胸怀，也体现了中国作为一个自信开放的大国的气度和风范。

（https://www.mfa.gov.cn/nanhai/chn/fyrbt/201901/t20190115_8522967.htm）

此例中，记者提出的问题不宜对答。若在回答中直接批评美国对中国探月工程设置技术障碍、干扰两国航天专家进行正常的学术交流的做法是极其自私、错误的，是违反科学精神的，显然不妥，并且可能会引起不必要的纷争。针对这个问题，华春莹的含蓄且间接的回答非常巧妙，言此意彼。其回答既赞扬了中国在航天技术方面开放自信的大国气度，赞扬了中国合作包容的科学精神，又从侧面含蓄地批评了美国在航天技术上狭隘自私的心态。

通过含蓄的外交语言，含而不露，露而有度，能恰到好处地表明中国的立场。含蓄的外交语言往往能化解问话人与发言人的尴尬，达到两全其美的效果。

（二）回避策略

对于那些无法提供信息或是作出直接回应的刁钻问题，外交部发言人往往会选择避开，不予告知，这便是外交话语中的回避策略。此外，我国一贯奉行和平的外交政策，在外交部例行记者会上面对记者提问较为敏感的话题时，外交部发言人也会时常通过暗示中国的政治观点来回避一些敏感或不确定的问题。根据回避的方式不同，回避策略可分为直接回避和间接回避，而间接回避主要包括含糊应答和转移焦点这两种策略。

1. 直接回避

直接回避是指外交部发言人以非常明确的方式拒绝回答记者的问题。近几年，我国外交部发言人很少采用类似"无可奉告"这样直接拒绝的策略，而是倾向于采用"我不了解相关情况""请向有关部门了解相关情况"等较为缓和的方式回避记者提问。

例34：选自 2021 年 11 月 10 日外交部发言人汪文斌主持例行记者会

　　日本东京广播公司记者：昨天，中国人民解放军在台湾海峡进行了一次巡航。这是否与美国会议员访台有关？

　　汪文斌：关于中国人民解放军此次战备警巡，请你向主管部门询问。关于美国国会议员窜访台湾的问题，我刚才已经作了回答。

　　（https://www.mfa.cn/web/wjdt_674879/fyrbt_674889/202111/t20211110_10446600.shtml）

例35：选自 2021 年 11 月 18 日外交部发言人赵立坚主持例行记者会

　　关于你提到的第一个问题，美日发展经贸关系是他们自己的事情。……关于你问到的具体合作情况，建议你向中方主管部门或相关企业询问。

　　（https://www.mfa.cn/web/wjdt_674879/fyrbt_674889/202111/t20211118_10449941.shtml）

比如，在例34中，记者询问有关中国人民解放军在台湾海峡战备巡航的相关情况，这一问题涉及中美关系以及台湾问题，这些一直都是十分热门且敏感的政治话题。尽管外交部发言人对此是了解的，但是出于外交礼貌、外交战术、外交机密等多种因素的考虑，外交部发言人选择了"请你向主管部门询问"来直接回避这一问题。

2. 含糊应答

与直接回避不同，间接回避是指即使外交部发言人就提问作出回应或者表态，记者依然无法从中获得所需要的实际信息。外交部发言人常常采取的间接回避策略主要有含糊应答和转移焦点。

例 36：选自 2019 年 4 月 29 日外交部发言人耿爽主持例行记者会

问：据报道，25 日，中美俄三方举行了第二次阿富汗问题磋商，你对磋商成果有何评价？下次磋商将在北京举行，中方对下次磋商有何初步设想？

答：……至于你关心的第三次中美俄阿富汗问题磋商，中方将与美、俄就此进行沟通，并适时发布有关消息。

（ https://www.mfa.gov.cn/web/wjdt_674879/fyrbt_674889/201904/t201
90429_7814694.shtml ）

例 37：选自 2017 年 1 月 23 日外交部发言人华春莹主持例行记者会

问："特朗普总统强调的"美国优先"政策是否会引发中美贸易战？中方是否准备应对这种可能性？

答：关于特朗普总统就职演讲有关内容，我刚才回答 CNN 记者提问时已经作了评论。

关于中美经贸关系问题。中美经贸关系本质上是互利共赢的……

中美双方应该共同努力，拓展经贸领域的务实合作，并在相互尊重、平等互利的基础上，努力营造公平贸易环境，妥善处理经贸摩擦，维护中美经贸关系持续健康稳定发展。

（ http://me.china-embassy.gov.cn/chn/fyrth/201701/t20170123_2553
631.htm ）

在例 36 中，记者问到中方对下次磋商的初步设想，耿爽并没有就设想内容进行正面、直接的回答，而是用到"就此进行沟通""适时发布有关消息"这样含糊、笼统的语言，对问题进行回避，从而使得记者无法得到需要的信息。从例 37 可以看出，针对记者提出的两个关于中美贸易的问题，华春莹并没有作出正面回答，而是从中美贸易合作共赢、互利互惠的角度出发，着重强调中美双方的共同利益，并呼吁中美双方应当共同努力，携手应对贸易摩擦。可见，华春莹在回答中回避了较为敏感的中美贸易战问题和无法向媒体公布的相关问题，从侧面强调了中方观点，即中美贸易应是互利共赢的。

3. 转移焦点

转移焦点是指外交部发言人并不就记者提到的主要话题进行回应，而是谈论与之相关的其他话题，顾左右而言他，因此记者不能从答语中得到他想要得到的信息。

例 38：选自 2020 年 8 月 18 日外交部发言人赵立坚主持例行记者会

美国专题新闻社记者：关于对澳红酒反倾销立案调查的问题，刚才你提到的"法定条件"具体是指什么？澳大利亚方面表示，他们并未以低于市场价格销售红酒，中方有关调查有何依据？有报道称，相关调查是受政治驱动，你对此有何回应？

赵立坚：……关于中澳关系，我们已经多次表明，中方对于发展中澳关系的立场是一贯的、明确的。一个健康稳定的中澳关系符合两国共同利益，但这需要双方的共同努力。我们希望澳方同中方相向而行，切实秉持相互尊重、平等互利原则，多做有利于中澳互信与合作、符合中澳全面战略伙伴关系精神的事。

（https://www.fmprc.gov.cn/web/fyrbt_673021/jzhsl_673025/202008/t20200818_5419244.shtml）

在此例中，赵立坚针对记者提出的后两个问题作出回答。从对话中可以看出，记者希望知道中方对澳红酒反倾销立案调查的依据以及该调查是否受到政治驱动，而赵立坚的回答主要围绕中澳关系展开，强调中方发展中澳关系的立场和态度，并对澳方提出了委婉的提醒。但这并不是记者询问的焦点，由此可见外交部发言人通过转移焦点的方式间接回答了问题。

综上所述，在外交部例行记者会上，对于那些不涉及外交机密或不易引发国际争论的问题，直接告知是一种可行的策略。毕竟只有发布了足够的信息，才有助于让世界充分了解中国，有利于引导良好的舆论走向。另外，对于那些不涉及外交机密，但回答时会涉及其他国家和地区的面子时，或基于外交战术等因素的考虑，有时也可以选择间接告知。然而，在外交事务中，必然会有一些不便回答的敏感问题和需要保密、暂不宜向外界告知的信息，这时给予直接回避是一种比较合适的做法，但有时过多的直接回避不利于创造良好的交际氛围，会令记者陷入一种尴尬的局面，所以外交部发言人也常常会使用含糊应答、转移焦点等间接回避策略。

第二节 国家外交机构话语翻译难点

外交话语的翻译和传播作为国家形象输出的重要渠道，对国家形象构建有着至关重要的作用。外交话语翻译不仅是我国领导人和国外受众间的桥梁，还承担着准确传达政治信息和传播文化的重任。随着我国综合国力的不断提升，我国逐渐形成了极具民族特色的外交话语体系，但要想将具有中国特色的外交话语翻译得既能准确传达态度立场，又不失原文的意蕴，仍是一项挑战。因此，本节将聚焦我国国家外交机构话语中的翻译难点，从词汇和句法两个层面，配合相关案例进行分析。

一、外交核心术语与特色词汇的翻译

四字格词语的高频使用是我国外交话语的主要词汇特点之一。随着时代的发展，也出现了许多新的外交术语，恰当翻译这些外交核心术语，并使其在国际社会得到广泛传播和认同尤为重要，也极具难度。同时，无论是外交部发言人的讲话中，还是国家机关的文件中，都常常引经据典，使用大量的文化负载词，这也增加了译者在翻译过程中的难度。接下来，将分别对外交核心术语、四字格和文化负载词这三类词汇的翻译难点进行讲解。

（一）外交核心术语的翻译

外交核心术语是指在外交和国际关系领域内具有特定形式和含义的政治外交词汇，它们在国际交流和各外交场合中发挥着举足轻重的作用。中国特色外交话语中的核心术语极具我国独特意识形态、语言和文化特色，浓缩了我国政治思想和历届领导人政治理念的精华，这也给外交话语的翻译带来了不小的挑战。好的外交术语翻译能恰如其分地传递原语信息，展示中国意识形态，带来良好的外交效果；而不当的外交术语翻译非但不能传达正确的外交意图，甚至可能会带来相反的负面效果。

由于中西方在文化传统、表达习惯和意识形态上有很大的不同，外交术语的首要特征是其政治敏感性，在翻译过程中需要强调政治内涵的对等①。此外，在不同历史时期，我国经济、社会和文化的不断发展，推动了我国政治观念、外交理念和政策的与时俱进，具有鲜明时代特征的外交术语也随之产生。这些术语在语言表达上不仅具备随着我国国力增强而富有的时代气息，还极具中国特色。因此，在译语中很难找到相似或对应的表达成为中文外交术语外译过程中的一大难点。例如"改革开放"一词，改革开放是我国在 20 世纪 70 年代末开始实施的经济改革政策和对外开放政策，属于典型的中国特色词汇，在英文中并无现成的可以直接对应的表达，所以这一术语的译名是否可取关键便在于它是否能准确传达其中的内涵和精髓。我们需要去分析这一术语是如何构成的。可以看出其中心含义就是"改革"和"开放"这两项政策，为了能更好地传达原语的内涵及其政治色彩，通常采用直译的方式将其直接表达为 reform and opening up。

含有数字的核心术语也在中国特色大国外交话语中十分常见。例如政府工作

---

① 郭耀军. 外交术语的翻译及对外传播研究[J]. 江西电力职业技术学院学报，2021，34（3）：117-118.

报告中常出现的"一带一路"，看似精练的表达翻译起来并非一件易事。我们知道"一带"指的是"丝绸之路经济带"，"一路"是"21世纪海上丝绸之路"，全称为"丝绸之路经济带和21世纪海上丝绸之路"。就词语本身而言，可以根据原文的内容和形式，将其直译为 one belt and one road 或者"one belt, one road"。但根据这一词语产生的社会背景和目的可知，"一带一路"实际上是指倡议建设"一带一路"这一理念。"倡议"在英文中相对应的词有 initiative 和 proposal，查询牛津词典对比这两个单词的英文解释，initiative 指 a new plan for dealing with a particular problem or for achieving a particular purpose，而 proposal 则是 a formal suggestion or plan。根据原文背景，initiative 更符合原文的内涵。"一带一路"倡议全称"丝绸之路经济带和21世纪海上丝绸之路"倡议，可直译为 the silk road economic belt and the 21st-century maritime silk road initiative，简化后"一带一路"倡议对应的术语译名即为 the Belt and Road Initiative。

当前，由于译者在规范化和标准化意识上的不足，外交术语译名不统一的情况仍有发生。所以我们在碰到这些核心术语时，尤其是还未给出官方统一译名的术语时，一定要充分理解原文，最大限度地传递原语的政治信息和情感内容，使之达到应有的外交和传播效果。

（二）四字格的翻译

四字格结构是汉语行文中的鲜明特点，也是汉语语言中不可或缺的重要组成部分，其中既包括固定表达的成语，也有约定俗成的词语，还有一些极具时代特色的新四字词语。外交部发言人经常会使用四字格结构，以使其所要表达的内容更加通俗易懂，使表达形式更加丰富且生动，从而有助于强化其表达效果，增强其信息传递的可接受度。在国家机构发布的官方文件中使用简明精练的四字格，也有助于提高其语言的准确性和规范性。但由于中英文之间的客观差异，英文中有时难以找到相应的表达，并且在翻译汉语四字格时我们不能将其拆分成单个字去理解，而是应该将其视作一个整体来理解和翻译。总而言之，四字格的翻译是非常灵活的，并没有固定的翻译方法和策略，需要根据不同类型的词语进行具体分析。

例39：选自2021年12月22日外交部发言人赵立坚主持例行记者会

原文：美国在反腐败问题上向来"严以待人，宽以待己"，从不反躬自省，只对他国说三道四，甚至打着"反腐败"旗号滥施"长臂管辖"，干涉他国内政。

译文：The US has been lenient with itself while strict with others when it comes to anti-corruption. It never reflects on itself but only wantonly criticizes others, and even interferes in other countries' internal affairs with "long-arm jurisdiction" in the name of combating corruption.

（https://mp.weixin.qq.com/s/xvNRQbaoe28vmG-EO2jByg）

例 40： 选自中国出席第 77 届联合国大会立场文件，2022-09-17

原文： 中国于 2013 年提出共建"一带一路"倡议，旨在以<u>互联互通</u>为主线，促进<u>政策沟通、设施联通、贸易畅通、资金融通、民心相通</u>。

（https://www.mfa.gov.cn/web/ziliao_674904/zcwj_674915/202209/t20 220917_10767408.shtml）

译文： In 2013, China put forward the Belt and Road Initiative (BRI). With <u>connectivity</u> as its main focus, the BRI is designed to promote <u>policy, infrastructure, trade, financial and people-to-people connectivity</u>.

（https://www.fmprc.gov.cn/eng/zy/wjzc/202405/t20240531_11367524. html）

在例 39 中，"说三道四"的意思是不负责任地乱加评论或进行批评指摘，属于语义重叠的四字格。在翻译这类四字格时，我们需要重视译语受众的表达习惯，在译文中要避免语义重复造成的赘余，使译文简洁达意。因此，译者抓住该词的核心含义，将其译为 wantonly criticize，意思明了。

并列结构四字格是指组成四字词语的两字词语之间无主次之分，只有前后关系之分。如在例 40 中，"互联互通"属于 ABAC 型的并列结构四字格。其中，第二个字和第四个字意思相同或相似。因此，为了避免重复，在翻译时通常可以采用省译的方法，译为 connectivity，简简单单的一个词就能表达出原文中相互交流和连接的意思。此外，后文中"政策沟通、设施联通、贸易畅通、资金融通、民心相通"这一系列四字词语中都含有一个"通"字，以相同字的近义词并列是汉语行文中的常见表达，译者同样提取出 connectivity，而后将不同的部分依次列出，使得译文行文清晰流畅。

（三）文化负载词的翻译

文化负载词通常指蕴含深邃丰富的民族文化和民族内涵且在译语中没有对等翻译的词、短语或者表达方式。外交部等国家机构文件话语中的文化负载词主要包括成语、俗语、新词等一些汉语特定表达。在外交发言中，发言人往往会使用一些俗语等接地气的表达，以人们喜闻乐见的方式将信息传递给受众。那么，如何准确翻译这些政治文化负载词，如何正确传达原文思想，也成为外交部等国家机构文件话语翻译的一大难点。

例 41：选自外交部发言人华春莹就香格里拉对话会涉南海航行和飞越自由问题答记者问，2016-06-05

原文：个别国家炒作南海航行和飞越自由问题，恐怕是"醉翁之意不在酒"。

（ https://www.mfa.gov.cn/web/fyrbt_673021/dhdw_673027/201606/t20160605_5434153.shtml ）

译文：I am afraid the negative publicity campaign on freedom of navigation and over-flight in the South China Sea launched by certain countries <u>is driven by hidden motives.</u>

（ https://www.fmprc.gov.cn/eng/xw/fyrbt/fyrbt/202405/t20240530_11349458.html ）

例 42：选自《发展中的中国和中国外交——王毅在美国战略与国际问题研究中心的演讲》，2016-02-25

原文：所以中国毅然决然地做出了决定，那就是以壮士断腕的决心推进结构性改革，走出一条节能、环保、绿色、循环和可持续的发展新路。

（ https://www.mfa.gov.cn/web/wjbz_673089/zyjh_673099/201602/t20160226_7478448.shtml ）

译文：So we took a hard decision to press ahead with structural reform, <u>despite all the pains and sacrifices</u> that would come with it. The goal is to take an energy conserving, environment friendly, green, circular and sustainable path of development.

（ https://www.fmprc.gov.cn/eng/wjb/wjbz/jh/202405/t20240527_11312129.html ）

例 41 中引用的"醉翁之意不在酒"是一个典型的非四字成语，出自宋朝欧阳修的《醉翁亭记》，源于"醉翁之意不在酒，在乎山水之间也"。原意是作者在亭子中的真正意图不在喝酒，而在于欣赏山里的风景，比喻心不在此而在另外的方面，也比喻别有用心。在此段讲话中，它用于指责个别国家炒作南海航行问题是别有用心。hidden motives 是译语受众十分熟悉的表达，译为 is driven by hidden motives，表明了中国在外交问题中一贯坚定的立场。

又如在例 42 中，"壮士断腕"是出自西晋陈寿《三国志·魏志·陈泰传》的成语典故，原义是有胆识的人在手被毒蛇咬到时，能立即斩断手腕，以免毒性蔓延；比喻在紧要关头，能当机立断，知所取舍。该成语用在此处指中国推进改革的毅然决心。如果将"壮士"和"断腕"均直译出来会很突兀，令译语受众摸不着头脑。译者将其意译为 despite all the pains and sacrifices，准确地传达了实质信息，言简意赅。这一翻译表明了不管改革过程有多么困难，都一定要坚持做下去的决心。

文化负载词体现一个民族的文化积累与沉淀，但由于中西方各方面的差异，往往给译者带来不小的挑战。同时，由于外交活动的特殊性，翻译过程中词汇的选择至关重要，要在深入理解原语的语言内涵后，准确地选出恰当的译语词汇。在翻译这些文化负载词时，尤其是一些俗语时，要切记望文生义，要做到具体问题具体分析，灵活采用适当的翻译策略和方法。

二、外交机构话语特色句式的翻译

根据第一节对句法特点的分析，在国家外交机构文件话语中，长句较多，且无主句和排比句较多。翻译好这些句子并非易事，这往往要求我们理清原文的句法结构，找出整个句子的中心内容以及各层信息，还需要分析出各部分之间的逻辑关系等。接下来将对无主句和排比句的翻译难点展开讲解。

（一）无主句的翻译

根据汉语的表达习惯，句子的主语通常会被省略。尤其是在时政类文本中，无主句常用来陈述观点、见解或者强调意见。对于汉语受众而言，这并不会妨碍其对隐含主语的理解，但对于译语受众而言就并非如此，因为主语是英语行文中不可或缺的部分。所以在翻译无主句时，我们需要正确增补主语，或者思考如何通过改变原文结构，使得译文在符合英语语法和句法的基础上，准确且有效地传达信息。

例 43：选自王毅：《落实全球安全倡议，守护世界和平安宁》，2022-04-24

原文：始终坚持劝和促谈大方向，共同探索热点问题的政治解决之道。要加强国家间战略沟通，增进安全互信，化解矛盾，管控分歧，消除危机产生的根源。积极探索国家间合作，扩大安全利益汇合点，构建兼顾各方诉求、包容各方利益的国际和区域安全格局。（https://www.gov.cn/guowuyuan/2022-04-24/content_5686889.htm）

译文：We need to stick to the overall direction of promoting talks for peace and jointly explore political solutions to hot-spot issues. It is important to strengthen strategic communication among countries to enhance mutual security confidence, diffuse tensions, manage differences and eliminate root causes of crises. We need to actively explore possibilities for cooperation between states, expand the convergence of security interests, and nurture international and regional security dynamics that balance the aspirations and accommodate the interests of all parties.

（https://mp.weixin.qq.com/s/I3A9FjVlyt8rFBFjGkenLg）

例 44：选自《中国关于联合国成立 75 周年立场文件》，2020-09-10

原文：坚持国家不分大小、强弱、贫富一律平等，尊重各国人民自主选择社会制度和发展道路的权利，反对干涉别国内政，共同建设相互尊重、公平正义、合作共赢的新型国际关系。

（https://www.gov.cn/xinwen/2020-09/11/content_5542461.htm）

译文：<u>All countries</u> are equal, irrespective of their size, strength or wealth. <u>We</u> need to respect other countries' independent choice of social system and development path, oppose interference in internal affairs, and promote a new type of international relations featuring mutual respect, fairness, justice and win-win cooperation.

（https://mp.weixin.qq.com/s/IRFD3up98DvhHZCvx4HKGg）

例 43 中，原文的三句话都没有主语，但汉语受众能从文本的隐含意义中轻而易举地发现主语。能"加强国家间战略沟通"和"探索国家间合作"的主体一定是国家和政府，因此在译文开头，译者直接以第一人称的视角补充了具体的逻辑主语，并通过穿插形式主语 it 的句式，引导了原文后续内容，实现了语篇的连贯衔接，同时也增强了表达的多样性。在例 44 中，译者调整了原文句子结构，将首句的主语转化为 all countries，使之作为该段落的总起句和中心句。而后，译者补充了主语 we，显化了原文的逻辑关系，有效传达了原文信息，并指出联合国各成员国应当要坚持的原则和作为，进而更好地推动新型国际关系的建设。

（二）排比句的翻译

排比句的使用往往能起到一种加强语势的效果。由于汉英排比修辞存在共同点以及两种语言之间的共性，有些汉语并列结构可以直接译成英语中相应的并列结构，保留原句风格。这样一来，也能避免多个句子片段和冗长的短语造成译文逻辑混乱、结构松散的情况。

例 45：选自《胸怀天下，勇毅前行 谱写中国特色大国外交新华章——中共中央政治局委员、国务委员兼外长王毅在国际形势和中国外交研讨会上的演讲》，2022-12-25

原文：两国元首进行的坦诚深入沟通富有建设性战略性，双方都重视中美关系的世界性意义，<u>都</u>强调探索确立中美关系指导原则的重要性，<u>都</u>希望双边关系尽快止跌回稳，<u>都</u>同意有效管控分歧、推进务实合作。

译文：The candid and in-depth communication between the two presidents was constructive and strategic. It is clear from these talks that the two leaders <u>both</u> attach importance to the global significance of China-US relations, and emphasize the importance of exploring and establishing the guiding principles of China-US relations. They <u>both</u> hope the bilateral ties will stop sliding and return to stability as quickly as possible, and <u>both</u> agree to effectively manage differences and advance practical cooperation.

（https://mp.weixin.qq.com/s/a_TVmnm4fiSAlbZjfM3_tw）

例46：选自 2020 年 5 月 6 日外交部发言人华春莹主持例行记者会

原文：我们<u>反对</u>的是个别国家政客出于国内政治原因对中国进行有罪推定式的"调查"，<u>反对</u>利用疫情搞政治操弄。

译文：<u>What we oppose is</u> the so-called investigation chanted by politicians in a few countries out of domestic political calculations based on the presumption of guilt. <u>What we oppose is</u> political maneuvers of the pandemic, which run counter to the original mission of scientific research and disrupt the concerted international response.

（https://mp.weixin.qq.com/s/EQrffhRzWUWeDg1napXIQw）

例 45 中连用四个"都"构成排比句，句式整齐紧凑，情感色彩鲜明。在英语语法中，同样存在排比句的形式，所以译者也忠实原文的内容和行文风格，重复使用了 both 一词，以达到一种加强语势的效果。在例 46 中，对于记者问到的中方是否会支持欧盟就应对新冠疫情展开的独立调查，华春莹巧妙地连用两个"反对"，揭露了一些国家企图利用疫情政治污名化中国的险恶用心，并表明了中国的态度和立场。因为表面上看欧盟的要求并无特别之处，但这其实是部分西方国家为自己在新冠疫情应对中的不力寻找替罪羊。为了与原文结构保持一致，译者用两个"what we oppose is..."再现了原文的磅礴气势。在翻译"反对利用疫情搞政治操弄"时，译者通过增译的手法，添加了原文中并没有的句子成分 which run counter to the original mission of scientific research and disrupt the concerted international response，这使得两个表示"反对"的排比句长度结构更加平衡。更重要的是，译文向译语受众明示了"利用疫情搞政治操弄"的本质及后果，旨在启发受众的独立思考和判断。

尽管这句译文的添加看似脱离了原文形式，但恰恰体现了译者在翻译过程中对原文的仔细领会和推敲，从而准确再现原文中隐藏的政治内涵。

翻译外交话语不仅仅是语言之间的转换，更是思想理念和文化的表达与传递。希望大家能通过厘清外交部等国家外交机构话语的翻译难点，学会采用恰当的翻译策略与方法，来增加译文的可读性，从而达到外交与外宣的交际目的，更好地构建我国的外交形象和国家形象。

第三节　国家外交机构话语翻译策略及方法

近年来，我国在大力发展经济建设的同时，也越来越重视文化传播。要想成功且有效地将中国的政治理念、经济政策和文化思想传播出去，外交翻译起着举足轻重的作用。外交话语是一个国家的对外政策、态度和立场的全面体现，是维护国家形象、捍卫国家利益的有力工具。与其他类别的翻译相比，外交话语的翻译与传播政治性强、敏感度高，措辞严谨且有分寸感。因此，译者在处理外交翻译时，必须经过深思熟虑、反复推敲。本节将对我国外交机构话语中的翻译策略进行讲解，分析对象主要聚焦我国外交部例行记者会的发言等外交话语，分别讲述其中的委婉语、预设触发语以及俗语、隐喻等"非典型"外交辞令的翻译策略。

一、外交委婉语的翻译策略

各国之间的交流中不可避免地会出现矛盾与冲突等情况，其根本原因在于国际交流的过程中，各国都以本国的根本利益为出发点。为了解决国家间的这种矛盾、冲突，同时避免引起误会，含蓄模糊的外交委婉语成为外交辞令中常用的言语策略。外交委婉语作为一种独特的外交语言，其使用既要坚持原则性，又要讲究灵活性和策略性。准确翻译这些委婉语对外交活动的成功至关重要，因此在语言模糊度的合理把握上，外交委婉语的翻译对译者提出了更高的要求。掌握一定的翻译策略，以达到外交委婉语的表达效果，推动外交事务的顺利进行，十分有必要。外交话语中的委婉语翻译策略大致可分为三种：模糊译模糊、模糊译精确和精确译模糊[①]。

（一）模糊译模糊

模糊译模糊的策略也可以称为是一种等效策略，即译文和原文传达的政治和

---

① 范健. 外交语言模糊用语的译介研究[J]. 海外英语，2014（13）：121-122.

外交效果应当相等。在面对一些不便回答的问题或者是一些特定外交事务时，外交部发言人通常在表达中使用模糊词进行回复。译者在正确理解和把握原文中委婉语的含义后，依然保留这一委婉用语，并在译文中采用合适的、同样具有模糊性的语言进行表达。

例47：选自2021年12月15日外交部发言人赵立坚主持例行记者会

原文：中方对有关报道提到的情况表示<u>严重关切</u>……中方始终认为，科技成果应该造福全人类，而不应成为限制、遏制其他国家发展的手段。<u>美方个别政客</u>泛化国家安全概念，将科技和经贸问题政治化、工具化、意识形态化。

译文：The Chinese side <u>is seriously concerned about</u> the situation mentioned in the report...China always believes that scientific and technological achievements should benefit all mankind, rather than be used as a means to restrict the development of other countries. By overstretching the concept of national security, <u>certain US politicians</u> politicize and instrumentalize science and technology and economic and trade issues based on ideology.

（https://mp.weixin.qq.com/s/hIwnh5vzfVEcysdiSTQFlg）

例48：选自2021年4月14日外交部发言人赵立坚主持例行记者会

原文：日方应重新审视福岛核电站核废水处置问题，在同各利益攸关国家和国际原子能机构充分协商并达成一致前，不得擅自启动排海。<u>中方保留进一步作出反应的权利。</u>

译文：It should reevaluate the issue and refrain from wantonly discharging the waste water before reaching consensus with all stakeholders and the IAEA through full consultations. <u>China reserves the right to make further reactions.</u>

（https://mp.weixin.qq.com/s/5H7Iwcs35Cvsh9jcOLAcNw）

在例47中，针对彭博社记者提出的关于如何看待"美国政府正考虑对中芯国际公司实施更严厉的制裁"的问题，赵立坚提到了"美方个别政客"，不点名地批评了某些政客的不当行为，有礼有节，斗而不破。因此，这一模糊人称指示语也被译者直接按照字面意思模糊地译为certain US politicians，既表明了本国观点，又照顾到对方的面子，维护了外交关系。此外，"严重关切"也是外交表态中常常使用的规约性外交委婉语，从字面上而言，"关切"表示关心，是表达意义上较为模糊的动词，并没有明确表明立场，但实际上却是暗示着"可能要进行干预"。在这里，译者依然按照原文委婉含糊地译为 is seriously concerned about，不仅有效表明了中国的态度，对有关国家进行有礼有节的规劝、警告，而且避免了不必要的紧张气氛，与原文达到了相等的外交效果。

在例 48 中，对于记者提出的关于如何评论日本政府正式决定以海洋排放方式处置福岛核电站事故核废水一事，赵立坚在以提出三个问题的方式作答后，在结尾委婉表示"中方保留进一步作出反应的权利"。这一表述实则是在指代"即将采取必要的干预和反击行动"等意思。译者通过直译的方式将这一模糊表述处理为"China reserves the right to make further reactions."，这样做保持了原语的语用功能，即暗示如果日本政府继续向海洋排放核废水，中国将采取相应措施。

（二）模糊译精确

我们不难发现，与西方外交官相比，中国外交官在外交活动中往往会使用更多模糊、委婉的表达。这是因为不同的语言习惯和文化间存在着不同，英语强调简单和精准，而汉语则强调礼貌和得体。因此在翻译外交辞令时，我们需要重视这种差异。

例 49：选自 2021 年 8 月 27 日外交部发言人赵立坚主持例行记者会
原文：此前对于日方发布《防卫白皮书》，中方已经表明严正立场。我愿再次强调，中方坚决反对日方无理指责中国正常的国防建设，对中方正当海洋活动说三道四，渲染所谓"中国威胁"。
译文：China has made clear its solemn position on the Defense of Japan 2021 white paper. I would like to stress once again that China firmly opposes Japan's unreasonable accusations against China's normal defense building, irresponsible remarks on China's legitimate maritime activities and the hype-up of the so-called "China threat".
（https://mp.weixin.qq.com/s/B0MOY4bEwRfTb2PX80q9Cw）

例 50：选自 2021 年 9 月 29 日外交部发言人华春莹主持例行记者会
原文：更重要的是，美国要改正动辄对他国进行军事干涉、将自身意志强加于别国的老毛病，不要再让历史悲剧重现。
译文：More importantly, the US should stop habitually imposing wanton military intervention and forcing its own will on others, and avoid repeating the tragedies of plunging people into misery and suffering.
（https://mp.weixin.qq.com/s/zo3j-yjc0ZUFUuoVIJmq5g）

在例 49 中，赵立坚的回答中用到的"说三道四"一词指代模糊，并不是在说日本说了"三"和"四"，而是在指责日本对于中方正当国防行动作出的不负责任的胡乱议论。若按照原文字面意思直译，会给译语受众造成困惑，因此译者在此处将其精确化，译为 irresponsible remarks，有助于译语受众更好地理解中方表达的态度。

在例 50 中，记者问到如何看待"塔利班发言人对美国无人机继续在阿富汗领空进行非法活动发出的警告"，华春莹表示美国应当认识到并改正自己的错误，承担起大国责任，"不要再让历史悲剧重现"。其中"历史悲剧"一词语义模糊，华春莹并未点明是什么样的历史悲剧，而在译文中，译者增补了 plunging people into misery and suffering 这一信息，阐明是"让人们陷入痛苦和折磨"的悲剧。通过补充的信息，更精确地表达了发言人传递的信息，使得句子更加完整，表述内容更为清楚和直观。

（三）精确译模糊

在精确译模糊这一翻译策略的指导下，译者通常会采用减译的翻译方法。在不影响原文理解和传达信息的前提下，在译文中删减一些不重要的或是过于详细的内容，可以使表达更加简洁凝练。

例 51：选自 2021 年 12 月 13 日外交部发言人汪文斌主持例行记者会

原文：中方对美国肯塔基、伊利诺伊、田纳西等中部 6 州近日遭遇<u>龙卷风灾害</u>，造成<u>大量人员伤亡</u>和经济损失表示慰问。

译文：China extends sympathy over the <u>heavy casualties</u> and economic losses caused by <u>tornadoes</u> in six middle states in the US including Kentucky, Illinois and Tennessee.

（https://mp.weixin.qq.com/s/2Or5GaQLKo0La4nnvKGMIA）

在此例中，我们可以发现，汉语中倾向于增加一些范畴词，来表示行为、现象、属性等具体概念，如"事件""问题""方式"等，这类词本身一般没有实际意义。在翻译中，译者省略了"龙卷风灾害"中的"灾害"以及"大量人员伤亡"中的"人员"，分别减译为 tornadoes 和 heavy casualties。这样的处理没有使得语意表达不清，反而更符合英文简洁、明确的表达习惯，更容易被译语受众所接受。

在外交中，相对于严谨的精确语言，委婉语可以利用自身的模糊性来展示外交的灵活多变。但是模糊的语言本身具有不确定性，这也为其翻译带来一定难度。不恰当的翻译会带来错误且不清楚的信息，使受众难以理解，甚至会使得我国在外事活动中陷入被动。因此，委婉语的翻译不仅是翻译语言本身，更是跨文化的磨合与理解，需要从多层面了解不同语境下的外交委婉语，以便产出准确、客观、适合的译文。

二、外交预设触发语的翻译策略

在交流中，预设是一种传递隐义信息的重要方式。预设触发语，又叫"前提触发语"，指的是能产生预设的特定词语或句子结构形式。俄罗斯当代著名的语言学家巴杜切娃（Падучева）把预设分为语义预设和语用预设两类[①]。当分析语义预设时，一般从句子的语义、逻辑等出发，考察话语的真假价值。若是从语用方面进行分析，预设是指那些对语境敏感，与说话人（有时还包括说话对象）的信念、态度、意图有关的前提关系[②]。预设在外交发言中十分常见，用于传达字面语义、表现背景隐含意义。

本小节分析的外交话语中的预设触发语就属于语用预设。本小节将结合语境分析外交发言中使用的不同类型预设触发语带来的效果，讲解译文中对应的触发语翻译，从而掌握外交话语中不同类别的汉语预设触发语的英译方法和策略。

（一）动词作预设触发语的翻译

例 52：选自 2019 年 5 月 27 日外交部发言人陆慷主持例行记者会

原文：首先，我要<u>纠正</u>一下，鉴于美国政府<u>已经明确承认</u>，中华人民共和国政府是代表中国的唯一合法政府，并承诺它与台湾只是保持非官方的往来，所以<u>不存在</u>所谓李大维先生与博尔顿先生是"对应官员"一说。

译文：Before answering your question, I need to <u>correct</u> you on one point. In light of the US government's <u>explicit recognition</u> of the government of the People's Republic of China as the sole legal representative of China and its commitment that it only maintains unofficial exchange with Taiwan, Mr. David Lee is <u>by no means</u> the "counterpart" of Mr. Bolton.

（https://mp.weixin.qq.com/s/QB_Ijf1awxTS2FQfRU_g1A）

例 53：选自 2021 年 12 月 7 日外交部发言人赵立坚主持例行记者会

原文：美方炮制所谓新疆存在"种族灭绝"的世纪谎言，早已被事实戳穿。美方出于意识形态偏见、基于谎言谣言，试图干扰北京冬奥

---

① 孟雪峰. 小议语义预设与语用预设[J]. 齐齐哈尔大学学报（哲学社会科学版），2005（5）：145-147.

② 李馨怡，李成静. 汉语预设触发语的翻译研究：以外交部例行记者会发言为例[J]. 国际公关，2019（11）：250-251.

会，这只会让人看清美方的险恶用心，只会使美方更加丧失道义和信誉。

译文：The US has been <u>fabricating</u> the biggest lie of the century about so-called "genocide" in Xinjiang, but it has long been debunked by facts. Based on its ideological biases as well as lies and rumors, the US attempts to interfere with the Beijing Winter Olympics, which will only expose its malicious intention and lead to greater loss of moral authority and credibility.

（https://mp.weixin.qq.com/s/1EVfjqIjsakHMDNNqIzLbg）

例 52 的回答包含三个汉语动词触发语，即"纠正""明确承认""不存在"。记者问到，对于美国总统国家安全事务助理博尔顿近期与他的台湾"对应官员"进行了会谈，"中方是否已向美方表达关切？"，发言人回答中的"纠正"一词触发了"记者提问中存在错误"这一预设，即台湾当局是无法代表中国政府的，更不能与美国产生官方往来。陆慷通过使用"纠正"二字提醒对方要意识到一个中国原则，在翻译中译者也采用直译的方式，将其译为英文中对应的动词 correct，依然在句中作谓语，能起到突出强调的作用。而"明确承认"则触发了"美国早已承认'一个中国'原则"的预设，译者在此处选择将动词名词化的方法，译为 explicit recognition，因为与主谓句式"America has recognized..."相比，名词短语更能体现出客观事实，减少主观色彩。在外交中，客观事实的表达往往更为有利。最后，"不存在"预设了"李大维与博尔顿之间有政治上的关系和往来"这一前提，被译为介词短语 by no means，意思是"绝不"，可见这一短语带有强烈的感情色彩，可以准确且有效地传递出中方的否定态度。

在例 53 中，记者询问中方对于"美方宣布，由于中国持续在新疆实施'种族灭绝'等侵犯人权行为，拜登政府将不派任何外交或官方代表出席 2022 年北京冬奥会"一事作何评论，赵立坚首先便指出"美方炮制所谓新疆存在'种族灭绝'的世纪谎言"，其中"炮制"一词触发了"美国是在造谣，新疆并不存在任何侵犯人权的行为"这一预设。译者采用直译的方法，并选择使用现在完成进行时 has been fabricating，以体现出美国长期以来试图干扰北京冬奥会的"不安好心"，有效地传达了原语中不满的感情色彩。

（二）副词作预设触发语的翻译

例 54： 选自 2021 年 12 月 8 日外交部发言人汪文斌主持例行记者会

原文：令人遗憾的是，美国等个别国家出于意识形态考虑，一方面口口声声称各国命运与共，无意挑动新冷战，另一方面罔顾国际社会共同呼声，<u>刻意</u>破坏团结、挑动对抗，<u>竭力</u>抹黑和歪曲人类命运共同体理念。事实<u>充分</u>证明，美方的这种不负责任、双重标准的霸凌行径，必然会受到联合国广大会员国的<u>坚决</u>反对。

译文： Regrettably, the US and certain other countries, out of ideological considerations, have turned a blind eye to the shared appeal of the international community while claiming that they would work "toward a shared future" and had no intention to start a new Cold War. They <u>deliberately</u> undermine solidarity, stoke confrontation, and <u>try hard to</u> smear and distort the idea of a community with a shared future for mankind. Facts have <u>fully</u> proven that such irresponsible and double-standard moves of the US will be <u>firmly</u> opposed by a vast number of UN member states.

（https://mp.weixin.qq.com/s/XeHE2o1SPF2hFhmiiTKq0Q）

例 55： 选自 2023 年 2 月 6 日外交部发言人毛宁主持例行记者会

原文： 中国是负责任的国家，<u>一贯严格</u>遵守国际法，尊重别国国家主权和领土完整。历史证明，<u>经常</u>践踏国际法、侵犯别国主权和领土完整的是美国。我们已经表明，<u>这完全是</u>一次不可抗力导致的偶发意外事件。美方<u>刻意渲染</u>炒作，甚至武力袭击，是不可接受的不负责任行为。

译文： As a responsible country, China <u>strictly</u> adheres to international law and respects the sovereignty and territorial integrity of other countries. As history shows, it is the US that has <u>repeatedly</u> trampled on international law and violated the sovereignty and territorial integrity of other countries. The Chinese side has made it clear that this is <u>entirely</u> an unexpected, isolated incident caused by force majeure. The US side's <u>deliberate</u> hyping up of the matter and even use of force are unacceptable and irresponsible.

（https://mp.weixin.qq.com/s/NWfU7kit_ThXW8Q-oGBHXg）

例 54 中出现的副词预设有"刻意""竭力""充分""坚决"。"刻意"和"竭力"预设了"美国在阻挠'不首先在外空部署武器'决议写入人类命运共同体理念这件事情上竭尽所能，蓄意破坏国际社会团结，想尽一切办法曲解人类命运共同体理念"的前提，讽刺地刻画出美国为了阻挠构建人类命运共同体而机关算尽的心理。翻译时分别采用副词 deliberately 和动词词组 try hard to，符合预设，也通过动词加强了语气，达到了原文期望的表达效果。而"充分"和"坚决"则触发了"联合国广大会员国必将竭力反对美国这种行为，甚至会采取相应反对措施"的预设，此处在译文中依然保留副词的词性，译为 fully 和 firmly，这种直译的方法既简洁又恰当，也符合英文的表达习惯。

（三）名词性短语作预设触发语的翻译

名词，特别是专有名词，也是预设触发语的一种。专有名词所指的事物通常不是通过语句本身进行断定的，而是通过语句预设的，例如"法兰西国王是秃子"，这句话预设了"法兰西国王的存在"①。一般而言，这些专有词语通常已经有了固定的译名，因此翻译之前一定要查好资料，不可想当然。

例 56：选自 2019 年 5 月 21 日外交部发言人陆慷主持例行记者会

原文：我和我的同事曾经在这里介绍了近期埃克森美孚、特斯拉、巴斯夫、宝马等世界知名企业加大来华投资的情况。今天，我再做个补充。日本贸易振兴机构（JETRO）刚刚发布的《2018 年日本企业海外业务调整报告》显示，日本企业继续看好中国市场，在日企对外出口、投资、跨境电商战略中，中国市场均排名第一。

译文：My colleagues and I have talked about the recently expanding investment in China by famous multinationals such as ExxonMobil, Tesla, BASF and BMW. Let me give you some other examples. As is shown by the Survey on the International Operations of Japanese Firms released recently by JETRO, the Chinese market remains a favored choice for Japanese firms and it ranks the first place in the categories of export, investment and cross-border e-commerce.

（https://mp.weixin.qq.com/s/7msqcVsDmpe4H-cEAKPA0A）

例 57：选自 2020 年 3 月 9 日外交部发言人耿爽主持例行记者会

原文：世界卫生组织已经就新型冠状病毒作出正式命名。个别美国政客不尊重科学，不尊重世卫组织的决定，迫不及待地借新冠病毒对中国和武汉进行污名化，我们谴责这种卑劣的做法。

译文：Despite the fact that the WHO has officially named this novel type of coronavirus, certain American politician, disrespecting science and the WHO decision, jumped at the first chance to stigmatize China and Wuhan with it. We condemn this despicable practice.

（https://mp.weixin.qq.com/s/LFm5NciDEqSe7L_hyhE8UA）

---

① 季安锋. 名词性成分触发预设的条件[J]. 哈尔滨师范大学社会科学学报，2016（6）：98-101.

在以上两例中，名词性成分的预设触发语包括外国品牌名称如"埃克森美孚""特斯拉""巴斯夫""宝马"，机构组织名称如"日本贸易振兴机构"和"世界卫生组织"，还有一份文件名称《2018年日本企业海外业务调整报告》，这些都属于专有名词。在例56中，发言人列举出这些名称，预设了"这些企业和机构都属于外国"这一前提，表示"外商依然来华投资，对中国市场持有信心"，以此来回应"美国总统特朗普近日称，美国对华加征的关税使企业将生产从中国转至越南及其他亚洲国家"这一说法并不属实①。同样，在例57中，发言人通过"世界卫生组织已经就新型冠状病毒作出正式命名"来反击美国将新冠病毒称为"武汉冠状病毒"一事，预设了"国际上最大的政府间卫生组织的存在，世界卫生组织才是最为权威的"，既维护了武汉形象，更是维护了我国形象与利益。因此，对于这些专有名词，翻译时可以直接采取其固定译名，机构组织名称可直接使用缩写，以使交流更加简洁高效。

（四）特殊句式作预设触发语的翻译

例58：选自2019年5月6日外交部发言人耿爽主持例行记者会

原文：所谓不让台参加世卫大会将导致国际防疫体系出现缺口根本不存在，不过是民进党当局图谋参与世卫大会的谎言和借口。

译文：Therefore <u>it is a false claim that</u> Taiwan's absence from the WHA will cause a gap in international epidemic prevention. <u>It is nothing but</u> the DPP's lie and pretext in an attempt to attend the WHA.

（https://mp.weixin.qq.com/s/1nI8KiUF-p-xoU-h7IugwA）

例59：选自2021年5月13日外交部发言人华春莹主持例行记者会

原文：……中方已经多次说过，所谓新疆存在"强迫劳动"纯粹就是一个弥天大谎。

（https://www.mfa.gov.cn/web/wjdt_674879/fyrbt_674889/202105/t20210513_9177349.shtml）

译文：...as we've repeatedly said, <u>the allegation of</u> "forced labor" in Xinjiang is an outrageous lie.

（https://mp.weixin.qq.com/s/AhD7_Ppc4z5_FFPUGGTkDQ）

以上两例中都存在着相似的特殊句式预设触发语"所谓……根本不/纯粹就

---

① 李馨怡，李成静. 汉语预设触发语的翻译研究：以外交部例行记者会发言为例[J]. 国际公关，2019（11）：250-251.

是……"和"不过是……"。前者是一种澄清和解释说明的句式，语气强烈，当在外交中自身立场坚定且拥有足够话语权时，可以使用这一句式，在这里预设了"我们有充足的理由和立场表明这一观点"的前提；而"不过是……"触发了"这一行为的本质也不过如此"这一预设，可用于定义某件对自己这一方不利的事情。面对这些汉语中的特殊句式，译者不能一概而论地进行翻译，而是需要反复斟酌，找出译语中最有关联性、最能体现原文特殊意义的表达。例 58 中的"所谓……根本不……"的重点部分在于"根本不……"，于是译者将其译为 it is a false claim that，其中 false claim 带有强烈的否定意味，既突出了原文重点，也可以展现出外交部发言人的客观公正却又不失风度。it is nothing but 用来对应"不过是"也非常契合，将表述内容设置到了最低等级，与汉语语义关联度高。相反，例 59 中的"所谓……纯粹就是……"的重点在于"所谓"的内容，因此译者改变了原文句式，将其明晰化，译为了"the allegation of..."，突出强调"新疆存在'强迫劳动'"这一不实说法。

（五）特殊语气作预设触发语的翻译

外交部发言人的工作通常是通过回答记者的问题来向外界传递信息，话语中多为陈述句。一般而言，陈述句仅仅是在陈述事实，难以体现出说话人的情绪波动。然而，在例行记者会上，大部分记者提问都是具有针对性的，有些牵扯到观点和态度的问题，外交部发言人会选择使用反问、诘问等问句进行回应。通过问句，外交部发言人不仅能有效传递信息，还能加强肯定或否定的语气，从而更好地表达态度和立场。

例 60：选自 2018 年 5 月 31 日外交部发言人华春莹主持例行记者会

原文：美在南海地区军事存在远远超过中国和其他南海沿岸国家军力的总和。美军舰放着宽阔的南海航道不走，偏偏不时故意闯入中国有关岛礁邻近海域，还美其名曰"航行自由行动"。<u>美方想要的果真是国际法赋予的航行自由吗？还是美国霸权词典里的"横行自由"？</u>

译文：The US military presence by the South China Sea far exceeds the total military strength of China and other littoral countries. Straying away from the wide sea lanes in the South China Sea, the US warships deliberately trespassed into the neighboring waters of China's relevant islands or reefs from time to time. They prettify it as "freedom of navigation operation". <u>Does the US truly want the</u>

freedom of navigation entitled under the international law? Or does it just want the freedom to do whatever it likes as a hegemon?

（https://mp.weixin.qq.com/s/TkfFZRCXSRQ9manvnB7ibQ）

例 61：选自 2019 年 5 月 14 日外交部发言人耿爽主持例行记者会

原文：你提到的是外交问题吗？

译文：Is that a diplomatic question?

（https://mp.weixin.qq.com/s/2uN25k3YKuaiM-2UmeMKgw）

在例 60 中，当回应记者提出的如何评价美方对中国南海军事化问题作出的强硬表态时，发言人接连使用了两个反问句"美方想要的果真是国际法赋予的航行自由吗？还是美国霸权词典里的'横行自由'？"，这些反问句触发了预设"美国想要的不是国际法赋予的航行自由，而是美国霸权字典里的'横行自由'。"话语中充满了发言人强烈的感情色彩，只问不答，问句本身就是答案。在例 61 中，当记者提到有关中共中央政治局常委、全国政协主席汪洋 5 月 10 日在"第四届两岸媒体人北京峰会"上对台媒的讲话一事时，发言人仅用一个反问句"你提到的是外交问题吗？"作为回应。这一反问句预设了"你提到的问题并非属于外交问题"，明确表达了外交部的立场，即"台湾事务并不是外交事务"，遵循且强调了一个中国原则。

对于以上这样的预设，我们可以直接按照原语直译为一般疑问句，疑问和质疑的语气在译文中可以发挥同样的预设作用，即疑问语气本身就是这句话的预设触发语。

通过以上一些案例分析，大致可以总结出几种汉语中的预设触发语的翻译处理方法和策略：在汉语中，动词作为预设触发语时，对于动作意义强烈的词语可以使用动词直译，而强调外交客观立场时则采用名词化的策略；力求表达色彩时，可以考虑使用合适的介词短语。副词作为预设触发语时，强调主观意愿的副词可以翻译为动词词组；力求简洁达意时，可直接采用副词翻译。名词性短语作为预设触发语时，多为在当前语境下有特殊意义的专有名词，需要查找相关资料来确定准确的译名。某些特殊的中文句式作预设触发语时，要表达出预设前提，我们就要尽可能地从英文中寻找有关联的、能够表现相同预设的句式。特殊语气作为触发语时，考虑到中英文虽然是两种完全不同的语言，但在语气的感知和情感的表达上却有很高的相似性和共通性，所以在翻译时，直接按照原语的语气，在译语中表达出来。

三、"非典型"外交辞令的翻译策略

新华网于 2014 年发表的文章《中国"非典型"外交辞令引追捧》中首次提出

了 "'非典型'外交辞令"这一概念。文中指出："近年来，我国越来越常使用一些'非典型'的外交辞令。这些话多是态度明确，并且引经据典，在外交事务中也总能起到四两拨千斤的作用。"①在新媒体时代，我国外交辞令也正在适应形势，向更为形象、具体、文学化的方向发展。借用古典名言、网络用语以及民族谚语等来传情达意，已经成为外交辞令的重要特征。有人称这种风格为"非典型"外交辞令②。然而，学界至今尚未对"非典型"外交辞令作出明确定义，其分类也并不完全固定。本小节将主要探讨俗语和隐喻类"非典型"外交辞令的翻译策略。

（一）俗语

俗语类"非典型"外交辞令主要包括外交辞令中使用的俚语、用典、成语等，在翻译时我们也要灵活应对，使得译文既能展示中华民族优秀的传统文化，又能体现中国政府与人民的精神志气。

例 62：选自 2019 年 7 月 30 日外交部发言人华春莹主持例行记者会

原文：我还想说，玩火者必自焚，历史上这类教训很多。我们奉劝美方尽早放手，停止玩火中取栗的危险游戏。

译文：Those who play fire will only get themselves burned. There have been so many lessons in history. We advise the US to immediately stop playing the dangerous game of pulling chestnut out of fire.
（https://mp.weixin.qq.com/s/8YtcfIZp8a3ISICrEdLZKQ）

例 63：选自 2020 年 3 月 18 日外交部发言人耿爽主持例行记者会

原文：投我以木桃，报之以琼瑶，这是中华民族传统美德。

译文："You throw a peach to me, and I give you a white jade for friendship." It is China's traditional virtue to repay goodwill with greater kindness.
（https://mp.weixin.qq.com/s/67biXPO-DoIlQww8Hk8QIw）

例 64：选自 2021 年 6 月 8 日外交部发言人赵立坚主持例行记者会

原文：为了坚决维护国家主权、尊严和核心利益，反对西方霸权主义和强权政治，今年以来，中国政府已多次宣布对有关国家的实体和个人实施相应反制措施。"以其人之道，还治其人之身。"

① 新华国际. 中国"非典型"外交辞令引追捧[EB/OL]. （2014-04-30）[2024-10-25]. http://world.chinadaily.com.cn/2014-04/30/content_17476923.htm.

② 李晓华. 网络时代"非典型"外交辞令的实效性[J]. 青年记者，2015（24）：35-36.

译文：In order to resolutely safeguard national sovereignty, dignity and core interests and oppose Western hegemonism and power politics, the Chinese government has launched multiple corresponding countermeasures against entities and individuals of relevant countries since the beginning of 2021. It's <u>paying them back in their own coin</u>.

（https://mp.weixin.qq.com/s/AWcFvzWI-VRSBVm2ScUwpQ）

　　成语是一种极具中国特色的表达方式，因此，在翻译过程中，译者需要灵活处理中国特色话语，以保证译文的可接受性，避免误解的发生。如在例 62 中，华春莹在斥责美国插手香港事件时，提醒美方"玩火者必自焚"，并希望美方"停止玩火中取栗的危险游戏"。"玩火自焚"比喻干冒险或害人的勾当，最后受害的还是自己；而"火中取栗"的表面意义是一个动作，即冒险从火中取出栗子，比喻为冒险而付出代价却得不到好处。虽然这两个词语是成语，但是译语受众可以根据描述来想象场景和动作，从而理解其比喻义，译者在这里就把"玩火者必自焚"直译为 those who play fire will only get themselves burned，把"停止玩火中取栗的危险游戏"直译为 stop playing the dangerous game of pulling chestnut out of fire。这样翻译既可以被译语受众所理解，又能地道地将中华文化翻译出来。可见，当译语受众可以通过字面意思来理解成语时，翻译时可以通过直译来形象地传递其含义，既能忠实于原文，也能使表达连贯流畅。

　　引经据典也是外交发言中常见的一种话语策略，既能表达态度，又可以体现出我们国家文化的厚重感。外交部发言人耿爽在发言中两次引用《诗经·卫风·木瓜》中的经典名句"投我以木桃，报之以琼瑶"，以表示中方十分愿意为国际社会抗击新冠疫情提供援助。这句话蕴含了中国人珍视友谊、知恩图报的优良品德和价值观。译文进行了增译补充。在例 63 中，"报之以琼瑶"的译文中增加了 for friendship，将"投木报琼"的出发点化隐为显，即强调这种行为的出发点是友谊。此外，译文在 it is China's traditional virtue 的基础上增添了解释的成分 to repay goodwill with greater kindness，清晰明了地阐述了"投木报琼"的内涵，即"以更大的善意来回报对方的恩情"，体现了中国"滴水之恩以涌泉相报"的传统美德和对他人深厚情谊的珍视。由此可见，通过增译补充和明晰化的翻译策略，不仅使译文更准确地传达了原意，还促进了译语受众对中华民族传统美德的理解，同时扩大了中国优秀传统价值观的影响力。

　　文言文表达富有深刻寓意，英译之难众所周知。如何准确达到交际目的，是衡量译者的翻译质量的标准之一。这便要求译者不仅具备深厚的语言功底和丰富的语言积累，还需在翻译时灵机应变，把原语翻译为受众能够理解的表达。在例 64 中，发言人赵立坚在针对关于反外国制裁法立法目的提问的回应中引用了经典名句"以其人之道，还治其人之身"，该句出自宋朝朱熹的《中庸集注》，意思是"使用别人自身已有的道理和方法来修养他自身"。译者在这里很巧妙地使用了英语习语 paying someone back in their own coin，指有人很糟糕地对待你，你也以同样的方式回敬对方。这与中文的"以其人之道，还治其人之身"或"以牙还牙"有异曲同工之妙，既符合英文表达习惯，又准确有效、简洁有力地传递了中国声音。

（二）隐喻

外交隐喻是一种在外交语境中使用的修辞手法，与对外政策和国际关系密切相关。作为外交实践中长期存在的客观现象，外交隐喻是借助具象化的存在去理解抽象化外交概念的一种话语方式和语用策略[①]。如何将具有中国特色的外交隐喻形神兼具、准确无误地传达给国外受众是外交翻译工作中的一大难点。

例 65：选自 2018 年 8 月 30 日外交部发言人华春莹主持例行记者会
原文：对于美方各种花式"甩锅"，对不起，我们不想接，也不能接。
译文：The US wants to make China a scapegoat. But so sorry, we don't want to be one. And don't even think of making us one.
（https://mp.weixin.qq.com/s/o2s6xASjdaJF5Dzn_tbEow）

例 66：选自 2019 年 7 月 12 日外交部发言人耿爽主持例行记者会
原文：美国号称自己是全世界"自由的灯塔"，但这灯塔似乎不怎么亮了。
译文：The US calls itself a "beacon of freedom in the world", but this beacon doesn't seem very bright.
（https://mp.weixin.qq.com/s/JYiQUHyE4EJOtTr5Kvak2Q）

例 67：选自 2019 年 11 月 5 日外交部发言人耿爽主持例行记者会
原文：双方可以进一步拓宽思路，采取综合性的措施，加强投资、产能、旅游等领域的合作，将合作蛋糕不断做大。
译文：The two sides should explore more ways and comprehensive measures to step up cooperation in investment, production capacity and tourism, making the pie even bigger…
（https://mp.weixin.qq.com/s/S8qQTiOJGYh-Xwq1FmdzpA）

在例 65 中，针对美国对中方积极斡旋朝核问题的无端指责，外交部发言人华春莹明确指出美方是在"甩锅"。"甩锅"是我国网络流行语，生动形象地表达了

---

① 杨明星，赵玉倩."政治等效+"框架下中国特色外交隐喻翻译策略研究[J]. 中国翻译，2020，41（1）：151-159，190.

推卸责任、嫁祸于人的喻义。但对于译语受众而言，由于缺乏相关文化背景，直译难以准确传达出这一意象所蕴含的政治内涵。因此，译者采取了换喻译法，将"甩锅"替换为《圣经》典故中的"替罪羊"（scapegoat），既传达了代人受过的政治寓意，又使原语的意象在译文中得到象似性再现。

"灯塔"能为迷茫的船只指引航行的方向，本象征勇于承担、责任重大的形象。在例 66 中，美国将自己比作"灯塔"，实则是一种"霸权主义"的体现，企图干涉他国内政，并非大国担当；而中方的回应也充满了讽刺意味。由于"灯塔"这一隐喻在中外文化中是共享的，在译文中保留这一隐喻既忠实于原语，又能帮助译语受众理解，可以达到双方文化认同。因此，译者在这里保留了这一意象，将其直译为 beacon，极具讽刺意味。

针对印度因担心中印贸易不平衡会进一步加剧而不参加《区域全面经济伙伴关系协定》一事，外交部发言人做出了以上评论，例 67 中的"蛋糕"映射了中印合作的领域和利益总数。"做大蛋糕"即拓宽双方的合作领域，增加双方利益，从而实现互利共赢。使用该隐喻能够加深译语受众的心理认同，也表达了中国对推进中印经贸可持续发展的愿望。

对于汉语受众而言，"蛋糕"这一隐喻并不陌生，领导人经常用"既要做大蛋糕，又要分好蛋糕"来表达大力发展经济、重视分配公平、实现共同富裕的含义，这种说法既生动形象，又通俗易懂。然而，通过查阅《纽约时报》《经济学人》《卫报》等国外主流报刊后，可以发现，虽然英语母语者对于 cake 的概念并不陌生，却更习惯用 pie 来映射共享的利益总数。鉴于说话人和听话人之间的文化差异，采用转换隐喻的翻译策略，将"蛋糕"转换为英语母语者更加习惯使用的 pie 更为合适。

由上述几例可见，尽管汉语中的隐喻能在英语中找到字面上的对应表达，但由于文化、语境和语言习惯的不同，均采用直译并不能确保原文信息的准确传达。只有充分了解说话人和听话人之间的文化思维和意识形态差异，准确分析原语和译语中隐喻的政治内涵和引申义，根据隐喻的具体情况灵活选择保留隐喻或转换隐喻的翻译策略，才能使译文准确地传达原文的政治内涵，并为受众接受和理解[①]。

尽管在外交对话中，典型外交辞令依然是主流，但作为重要补充的"非典型"外交辞令也不容忽视，两者都肩负着传递中国声音的重任。"非典型"外交辞令对译者提出了更高、更新的要求，只有严谨、灵活、简洁地处理"非典型"外交辞令的翻译，才能更好地向中国人民乃至世界人民传递中国声音。

---

① 任东升，季秀妹. 基于"政治等效"的外交话语隐喻英译策略：以 2019 年外交部例行记者会发言为例[J]. 当代外语研究，2021（3）：84-95, 113.

实 践 探 索

参 考 样 例

延 伸 阅 读

1. 任东升，季秀妹. 基于"政治等效"的外交话语隐喻英译策略：以 2019 年外交部例行记者会发言为例[J]. 当代外语研究，2021（3）：84-95，113.

2. 杨明星，王钇繁. 外交委婉语的文体特征、修辞原理与话语功能[J]. 中国外语，2020，17(2)：26-33.

3. 杨明星，赵玉倩."政治等效+"框架下中国特色外交隐喻翻译策略研究[J]. 中国翻译，2020，41（1）：151-159，190.

第七章

国家宣传片翻译

国家宣传片作为操作型文本与信息型文本兼具的国家视听话语，借助影视传播渠道，更直接、更形象地将国家形象展现在公众面前，在塑造、传播国家形象上具有独特优势。中国国家宣传片有助于增进受众对中国的兴趣和了解，最终目标是使所宣传的国家形象深入国内外受众的内心。因此，其翻译应遵循"受众导向"原则，方能达到良好的传播效果。

本章聚焦国家宣传片的特点和翻译原则及方法。第一节将从定义、分类、特点等方面对国家宣传片进行概述；第二节对国家宣传片的语言特点进行总结归纳；第三节将从国家宣传片的传播主体、传播目的、传播内容及传播受众等层面出发，提出国家宣传片的翻译原则及方法，以期提升国家宣传片的对外传播效果。

第一节　国家宣传片概述

一、国家宣传片的定义

国家宣传片一般指国家形象宣传片，传统的国家宣传片是指"以代表主权国家的政府为主导，通过组织、调动社会各种力量，借助现代视听技术，以影视媒介及新媒体为载体，运用剪辑和音效等多种表现手段，从本国的历史、政治、经济、文化、地理与人文等多方面提炼素材，展现其国家和民族特点，传播民族文化，树立国家形象的艺术样态"[①]。

从传播主体来看，国家宣传片是由本国政府或国家新闻办发起，与国内外媒体合作拍摄制作而成的。从传播对象来看，国家宣传片的制作和翻译传播主要以

---

① 侯洪. 国家形象宣传片的界说、发展策略及国际传播[J]. 四川大学学报（哲学社会科学版），2014（1）：95-100.（p.96）

国外受众为宣传对象，同时也有助于本国受众增进对国家的了解，树立国家自豪感。从传播内容来看，国家宣传片以本国内容为真实题材，包含政治、经济、文化、社会、教育、历史等各个方面，既有综合概览型，也有专题聚焦型。从传播媒介来看，国家宣传片多以影视艺术为载体，以电视广告的形式在国内外公共场所、国际活动场合、国外知名电视台等播放，如中国已有多支国家宣传片亮相美国纽约时代广场，并在亚洲、欧美等地众多电视台播出。从传播目的来看，国家宣传片在反映本国客观事实时往往具有较强的主导意识，通过解说词表达传播主体对所反映事物的认识和主张。

中国的国家宣传片旨在增进世界人民对中国的了解并增进友谊，加强各国同我国在政治、经济、科技、文化等方面的合作，在国际上塑造良好的中国形象，维护我国最高的国家利益。这类传统的国家宣传片的典型代表是由国务院新闻办发起制作的《中国国家形象宣传片》，包括《人物篇》和《角度篇》。但是，随着网络新媒体、自媒体的蓬勃发展，国家宣传片的制作主体越来越多元化，越来越多的媒体机构、组织、个人针对本国的某一领域或多个方面制作宣传片，用于对内对外宣传国家形象，这类宣传片主要通过网络新兴媒体进行传播，传播对象既包括国外受众，也包括本国民众。这类宣传片也可划入广义的国家宣传片的范畴，如 2022 年人民日报新媒体中心出品的中国共产党国际形象网宣片《CPC》、中国日报新媒体中心为庆祝新中国成立 70 周年推出的系列短视频《70 秒·看见中国》，都是新媒体时代背景下对国家宣传片范围的拓展。

二、国家宣传片的分类

从传播主体来看，国家宣传片可由政府官方、组织机构、个人发起，也可由多方合作制作而成。从传播媒介来看，国家宣传片可分为电视、电影、新媒体国家宣传片，如电视广告、微电影、短视频等。从传播目的来看，国家宣传片可分为国家形象宣传片，教育、商业、军事、政治、旅游风光等类宣传片。从传播内容的类型来看，国家宣传片主要有三种[①]：①全景综述型，集中描述国家的历史文化、政治经济等多个方面，全面展现国家整体形象，往往在大型国际活动、国际会议或论坛中投放，如《中国国家形象宣传片——角度篇》；②主题导向型，聚焦某一主题，如政治问题、经济情况、历史文化、旅游宣传等，多在固定时间有针对性地投放，如 2019 "中国旅游文化周"宣传片《中国，超乎你的想象》、中国文化宣传片——《汉字》《京剧》等[②]；③特殊纪念型，为国家某一重大节日或活

---

① 吴飞，陈艳. 中国国家形象研究述评[J]. 当代传播，2013（1）：8-11.
② 周庆安. 国家形象宣传片的历史规律与现实挑战[J]. 对外传播，2011（3）：18-19.

动而特殊制作的宣传片，如 2021 年中国中央电视台（China Central Television，CCTV）发布的庆祝建党一百周年宣传片《一百年，一切为了人民》、中共十九大宣传片《中国五年》等。从宣传片所用语言来看，当前中国国家宣传片主要有五种形式：双语字幕加中文旁白、双语字幕加英文旁白、中文字幕加英文旁白、纯中文字幕加中文旁白、纯英文字幕加英文旁白。

三、国家宣传片的特点

了解并掌握国家宣传片的内容特点是翻译传播国家宣传片的基础。一般来说，国家宣传片的内容整体上具有较高的浓缩度、较强的包容性以及较明显的召唤性。

（一）浓缩度高　内容丰富

国家宣传片涉及国家的历史、政治、经济、文化、地理与人文等一个或多个方面，内容丰富，浓缩度高，时长在 30 秒至 20 分钟不等。传统的国家宣传片一般综合性较强，意在展现中国的方方面面，因此，宣传片的时长也较长，如《中国国家形象宣传片——角度篇》全片时长 17 分钟，涉及中国的政治、经济、文化各个方面，力图多角度、全方位地展示当代中国的成就，以及中国的价值观和精神风貌，内容浓缩度极高。而在新媒体背景下，国家宣传片更注重选取特定的角度，有针对性地展现国家某一方面的内容，虽然时长较短，一般不超过 3 分钟，但内容依然具有高度浓缩性。

（二）包容性强　覆盖面广

国家宣传片，尤其是全景型国家宣传片，往往包罗万象，内容丰富多样，覆盖范围广，不仅展示繁荣发达的城市景观，也呈现欠发达的偏远农村面貌。宣传片中经常出现来自全国乃至全世界各行各业、各民族的人民群众，既有政府官员的正式发言，也有平民百姓的朴实心声；既有汉族人民，又有少数民族的面孔；既有本国人民出镜，又经常有外国友人的身影，体现出很强的包容性。例如《中国进入新时代》就包括来自各行各业的国内外人物，有国家领导人、稚气未脱的藏族孩子、工厂里的蓝领、研究院院长、外国籍的企业家、普通村民等，来自不同领域、不同年龄层、不同身份的人们对着镜头表达了各自对中国梦的看法和期待，诠释了中国新时代的真正内涵。

（三）召唤性强　对话受众

国家宣传片具有很强的召唤性，借助视听技术和视听媒体，真实展现国家的经济发展成就、民族文化精神等内容。通过与受众进行"对话"，对内增强民族自信心和凝聚力，对外增进世界人民对中国的了解并增进友谊，将中国优秀的传统文化和当代中国的真实形象传递给世界各国人民。国家宣传片的目的是塑造、传播良好的国家形象，传播文化价值，提升文化软实力，增强国际影响力，增进国际合作交流。例如，中国共产党国际宣传片《中国共产党与你一起在路上》通过宣扬中国共产党为人民服务的宗旨、展现中国共产党为人民所作的贡献，有助于增进国内外民众对中国共产党的了解和支持，团结国际共产主义力量，从而更好地实现共产主义理想。

第二节　国家宣传片的语言特点

了解国家宣传片的语言特点是翻译国家宣传片的前提，国家宣传片的内容具有较高的浓缩度、较强的包容性以及较明显的召唤性，在语言层面则相应地体现出表达简洁凝练、人物突显个性、解说感染力强的特点。

一、表达简洁凝练

国家宣传片的语言表达通常是简洁凝练的，力图以小见大，在较短篇幅内向国内外受众传递宣传片所蕴含的理念，展现出真实的当代中国形象。在新媒体背景下，国家宣传片具有高度浓缩性。这就更加要求国家宣传片在语言上力求言简意赅，通过与画面、声音的同步配合，在短时间内尽可能多地传递关于国家形象的信息。

中国国家宣传片语言的凝练化还体现在对四字成语和文言文的应用上。原本一句话才能表达完整的内涵，用短短几个字就能概括，简洁凝练，既减少了字幕占据屏幕的空间，也有助于提高观众观看并理解字幕的速度。如例1中将"和平就好像空气和阳光，受益而不能察觉，失去则难以生存，国家和平则世界安宁，国家斗争则世界混乱"的含义用古文的形式表达出来，既简短凝练，又铿锵有力。

例1：选自中国军队国际形象网宣片《PLA》，00:18～00:44

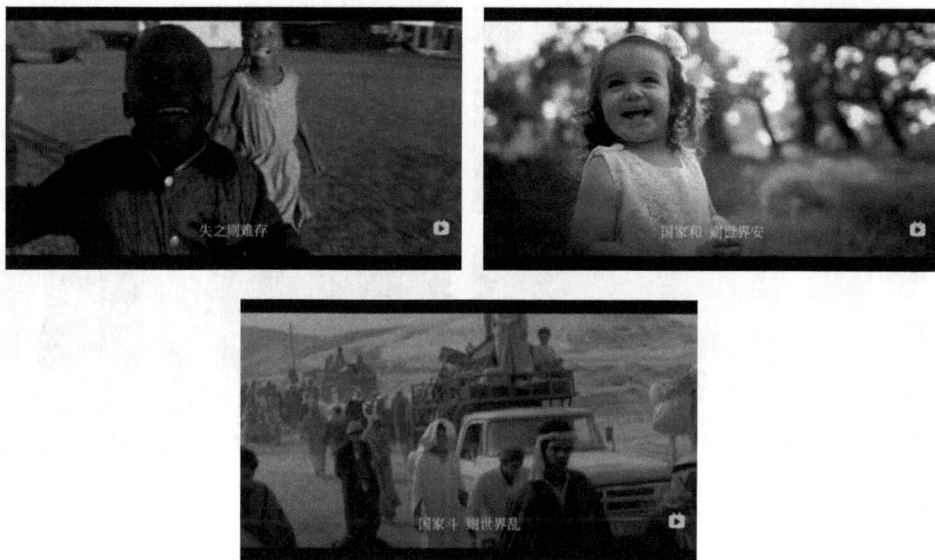

图7-1 《PLA》截图

和平犹如空气和阳光，受益而不觉，失之则难存。国家和，则世界安，国家斗，则世界乱。

（ https://www.bilibili.com/video/BV1ut4y177un/?spm_id_from=333.788.recommend_more_video.-1&vd_source=b2330ca73bbdc8e1da99f72a942c9a7d ）

二、人物突显个性

中国国家宣传片中经常出现中国人民乃至外国友人的面孔，有来自不同背景、不同身份的各色各样的人群，这些人物各具特色，他们的话语往往也具有鲜明的特点，突显人物个性。

例2：选自人民日报微视频《中国进入新时代》，00:08～01:03

图 7-2　《中国进入新时代》截图

我叫次央拉姆，六岁，上学前班了。

我叫谢元立，一名焊接机械手操作工。

我叫郭博智，是中国商飞上海飞机设计研究院院长。

我是计葵生，现在担任国内陆金所公司的 CEO。

我叫李旭钧，在牡丹集团公司工作，是一名中国共产党党员。

我叫陈泽申，今年 69 岁，我住在花石乡大湾村。

我叫李强，现任中国人民解放军仪仗队副政治委员，兼任执行队长。

（https://v.qq.com/x/cover/xjeol985fmovepb/u0563fnsa7h.html）

例 2 这支宣传片发布于 2017 年党的十九大召开期间，片中 7 名不同年龄段、不同职业的普通人民讲述了他们心中的中国梦。一方面，从整体来看，片中人物的语言都相对口语化，没有特别复杂的句型句式，如在介绍自己名字时，都使用了"我叫……"的简单句型。另一方面，片中不同年龄和身份的人物在语言使用上也呈现出相应的特点，如六岁的次央拉姆在介绍年龄的时候没有使用完整的句子"我今年六岁"，而是只用了"六岁"两个字，这符合儿童的语言表达特点。另外，不同行业职业的人物可能会使用特定的专业词汇和表达，如片中谢元立在介绍自己的职业时，不是用简单的"机械工人"，而是用"焊接机械手操作工"，这体现出他在该领域的专业性。又如仪仗队副政治委员李强在介绍自己的职业时，不是用"我是……"的句型，而是"现任……"，用语较为正式，符合他作为公职人员的身份和个性。

三、解说感染力强

不同于人物语言的口语化，国家宣传片的解说词或小标题多使用文学性、修辞性语言，这不仅能增强国家宣传片的创意性和艺术性，彰显国家的文化精神，还能引起观众的审美共鸣，增强国家宣传片的感染性。常见的表达形式包括四字格、诗句、排比和比喻等修辞手法。

例3：选自人民日报《中国再出发》，00:02～02:32

图7-3　《中国再出发》截图

此时，960多万平方公里的土地上，生机翻涌。我听见出发的声音，幼苗破土而出，江河破冰而流，列车滚滚向前。褪去寒冬的凛冽，我们奔赴向往的春天。

我们出发，为了不曾改变的信仰，为了追逐梦想的渴望，为了绝不后退的誓言，为了爱与生命的守护，为了向往的星辰大海，为了心中期许的未来。

我看见每一次出发，都在彼此眼中种下炙热。我看见每一场奔赴，都在这片土地收获奇迹。从不畏惧出发，永远渴望远方，相信奋斗的力量。正是每一个了不起的你，成为中国再出发的底气。

把每一场胜利的终点，作为新征程的起点。从春天出发，带着穿越寒冬获得的力量。从平凡出发，我们终会铸就新的伟大。

准备好了吗？我们一起出发！

（https://v.qq.com/x/page/b3233qvygvr.html）

例3这支国家形象励志宣传片发布于2021年，全片旁白以散文体的形式出现，具有显著的文学性，使用了"破土而出""破冰而流""滚滚向前"等四字词，以及"我们出发，为了……，为了……""我看见……。我看见……"等排比句式，朗朗上口，气势恢宏。除此之外，该片大量使用了比喻的修辞手法，把奋斗比作一场"征程"，把目标比作"星辰大海"，展现了浪漫的家国情怀，充分体现了国家宣传片语言的感染力。

第三节　国家宣传片的翻译原则及方法

翻译在国家宣传片的传播中起着至关重要的作用，好的翻译能够帮助译语受众理解国家宣传片的内容，让国家宣传片在国际传播中走得更远、更久。为了提升宣传片的可接受度，实现良好的传播效果，国家宣传片的翻译要充分考虑国家宣传片的传播主体、传播对象、传播内容和传播媒介。国家宣传片的翻译既要立足于传播主体的国家利益，又要满足传播对象的实际需求；国家宣传片的翻译既要考虑国家宣传片的语言特点，还要注重视听翻译的同步性、瞬时性、无注性特征。由此，本书提出了国家宣传片的翻译原则和翻译方法。

一、国家宣传片的翻译原则

国家宣传片的翻译应当遵循四大原则：一是确保内容准确，真实再现国家形象；二是还原人物语言，生动塑造个体形象；三是修辞力求地道，遵循受众语言习惯；四是信息调整有度，减少中外文化隔阂。

（一）确保内容准确，真实再现国家形象

翻译国家宣传片时，首先需要保证译文内容的准确，才能再现原片传递的真实国家形象，实现预期的传播效果。为此，一要做到逻辑清晰连贯，在理清原文逻辑、准确把握原文的事实和思想的基础上，以清晰连贯的译文进行客观传递。二是对于专有词汇要认真查证，尽量使用官方译法，尤其是涉及国家主权等原则性内容时，必须采用统一的英文表达，必要时进行解释。

例4：选自人民日报微视频《中国进入新时代》，01:28~01:38

图 7-4　《中国进入新时代》截图

原文：（郭博智）大飞机梦，就是中国梦的组成部分，航空公司愿意买，飞行员愿意飞，乘客愿意坐的中国的商用飞机。

译文：The large aircraft dream is a part of the Chinese dream. Those aircrafts that airlines want to buy, pilots like to fly, and passengers are willing to take are the commercial aircrafts we want to make.

（https://v.qq.com/x/cover/xjeol985fmovepb/u0563fnsa7h.html）

例 4 原文是中国商飞上海飞机设计研究院院长郭博智对中国梦的理解，其中，"航空公司愿意买，飞行员愿意飞，乘客愿意坐的中国的商用飞机"实际上是一个名词词组，缺少逻辑连贯性。译文没有采取直译的方法，而是根据语境在句尾补充了 are the commercial aircrafts we want to make，保持了句子的完整性和逻辑连贯性。

例 5： 选自中共十九大宣传片《中国五年》，00:30～00:37

图 7-5 《中国五年》截图

原文：中国国产 C919 大飞机

港珠澳大桥

中国天眼

译文：China domestically produced arge passenger aircraft- the C919

Hong Kong-Zhuhai-Macao Bridge

FAST (Five hundred meters Aperture Spherical Radio Telescope)
（https://v.qq.com/x/cover/xjeol985fmovepb/t0560lfmj7u.html）

例 5 对"港珠澳大桥""中国天眼"的翻译也都遵循"准确真实"的原则，采用了官方译法，避免造成误解。

（二）还原人物语言，生动塑造个体形象

国家宣传片的人物语言具有人物特征明显、个性化强的特征，因此，国家宣传片的翻译也应努力还原人物语言特征，做到个性化、口语化，通俗易懂，塑造丰富饱满的个体形象。

例 6：选自中国共产党国际宣传片《中国共产党与你一起在路上》，00:55～01:13

图 7-6 《中国共产党与你一起在路上》截图

原文：我想明年有个好收成

我想开个小饭馆

我想养老金能不能再多一点

我想娶个漂亮媳妇

我想天更蓝水更清

我想大家都不打仗

译文：I want a good harvest next year

I want to start a diner

I want some more pension

I want a pretty wife

I want azurer sky and cleaner water

I want a world free of wars

（https://www.bilibili.com/video/BV1rx411D7Gh/?spm_id_from=333.3
37.search-card.all.click&vd_source=b2330ca73bbdc8e1da99f72a942c9a7d）

例 6 是中国不同人群对于"梦想"的不同理解，老人、小孩、中年人、青年人都给出了自己的答案。原文语言简单通俗，表达非常口语化，符合普通百姓的人物形象。译文同样十分通俗易懂，体现了人民朴实无华的梦想。考虑到儿童的用词用语一般比较简单，建议将译文中的 azurer 改为 bluer，以更好地符合人物的语言特色。

例7：选自《中国国家形象宣传片——角度篇》，13:56～14:11

图 7-7 《中国国家形象宣传片——角度篇》截图

原文：（工程师）每一个人应该是要有责任感，相互和谐、相互大家要关爱，我眼中的中国应该还是说非常的好现在是。

（大学教授）藏富于民的思维，我们不但要落到实处，也要成为我们执政的追求目标。

译文：(Engineer) People should take responsibility, be kind to each other and take care of each other. As far as I can see, China is wonderful right now.

(Professor) The concept of possession of wealth by the people is not just something we need to put into practice but something that must become a political goal.

（https://v.qq.com/x/page/a0165qgwyra.html）

例 7 原文是两个不同职业的人对中国社会现状的评价。工程师的语言风格低调朴实，大学教授则正式严谨。译者在翻译工程师的话时，使用了 be kind to each other、take care of each other 等简单通俗的表达，而在翻译大学教授的话时，possession of wealth by the people、put into practice、political goal 等相对高级正式的词汇和表达，符合大学教授严谨的人物形象。

（三）修辞力求地道，遵循受众语言习惯

一方面，国家宣传片的语言具有艺术化的特征，常用四字格、排比等修辞手法。在翻译国家宣传片时，不能一味追求这类语言艺术的再现，而是要使译文简洁明了，善用地道的英语表达，遵循外国观众的思维和语言表达习惯，提高国家宣传片的可接受度。另一方面，由于国家宣传片的翻译本质上是字幕翻译，受时间和空间的限制，译文不能过于复杂冗长，否则不利于外国观众在短时间内对画面、文字的观看和理解。

例 8：选自中国共产党国际宣传片《中国共产党与你一起在路上》，02:45～02:58

图 7-8　《中国共产党与你一起在路上》截图

原文：追梦的路上

　　　　我们并肩前行

　　　　分享机遇　共迎挑战

　　　　超越差异　创造未来

译文：On the road chasing our dreams

　　　　We walk side by side

　　　　Sharing weal and woe

　　　　Transcending differences and shaping the future together

　　　　（ https://www.bilibili.com/video/BV1rx411D7Gh/?spm_id_from=333.33

　　　　7.search-card.all.click&vd_source=b2330ca73bbdc8e1da99f72a942c9a7d ）

例 9：选自中国共产党国际形象网宣片《CPC》，00:09～0:12

图 7-9　《CPC》截图

原文：我并不是生来一呼百应

译文：I am not a <u>born leader</u>

（https://news.cctv.com/2022/10/19/ARTIpcw50RxsOI7dYK9umGtc22 1019.shtml）

例 8 原文中"中国重视国际合作、与世界同行"的理念在译文中得到了体现。road、chasing、walk side by side 等表达再现了原文的隐喻特征，传递了原文的语言美和意蕴美。对于"分享机遇 共迎挑战"的翻译，译者借用了固定短语 weal and woe，并将两个动词整合为一个 share，简洁又地道，贴近受众思维习惯，容易引起共鸣。

例 9 中的译文用 leader 一词高度概括了原文的"一呼百应"，并且用 born 表达了"生来……"的含义，非常地道，接受度高。

（四）信息调整有度，减少中外文化隔阂

国家宣传片往往蕴含着丰富的中国文化信息，在翻译时不能一味追求原汁原味地输出，而是要考虑中外历史、政治、经济、文化差异，进行适当调整，避免产生文化隔阂甚至误解。

例 10：选自中共十九大宣传片《中国五年》，00:37～00:39

图 7-10　《中国五年》截图

原文：<u>中国五年</u>

译文：<u>CHANGING CHINA: 2012-2017</u>

（https://v.qq.com/x/cover/xjeol985fmovepb/t0560lfmj7u.html）

例 11：选自《世界减贫史上的中国奇迹——消除绝对贫困》，03:16～03:30

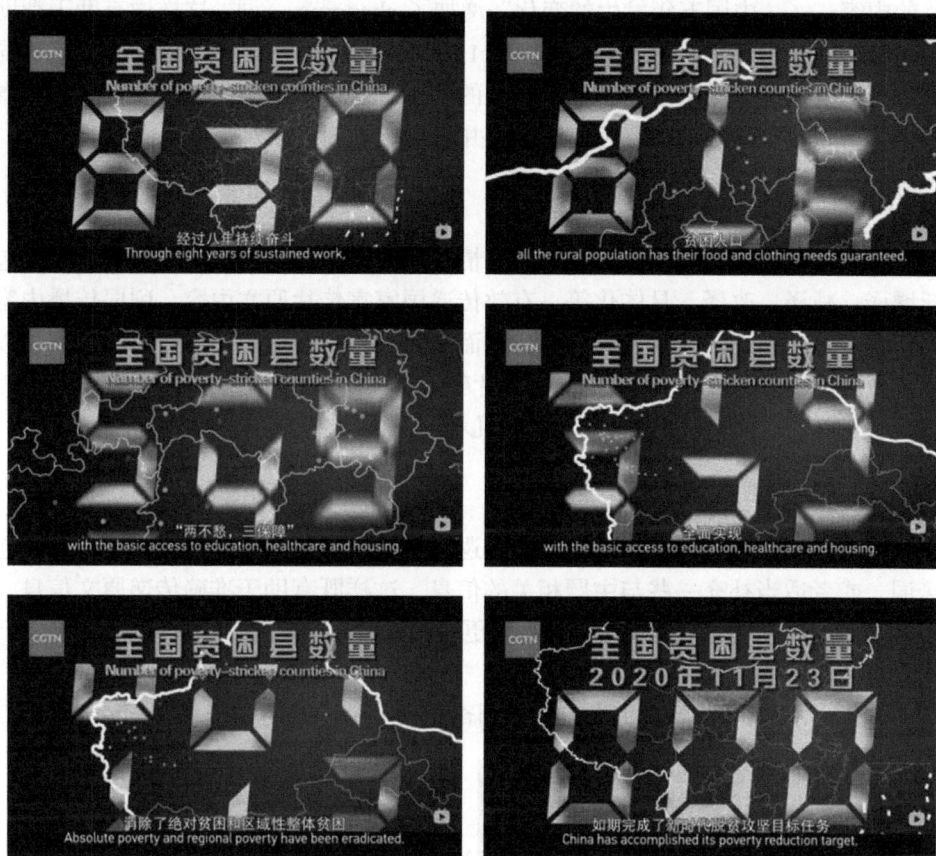

图 7-11　《世界减贫史上的中国奇迹——消除绝对贫困》截图

原文：经过八年持续奋斗，贫困人口"两不愁，三保障"全面实现。消除了绝对贫困和区域性整体贫困，如期完成了新时代脱贫攻坚目标任务。

译文：Through eight years of sustained work, <u>all the rural population has their food and clothing needs guaranteed with the basic access to education, healthcare and housing</u>. Absolute poverty and regional poverty have been eradicated. China has accomplished its poverty reduction target.

（https://www.bilibili.com/video/BV1LA411s77i/?spm_id_from=333.999.0.0&vd_source=b2330ca73bbdc8e1da99f72a942c9a7d）

例 10 中，译文补充了"中国五年"具体是指 2012～2017 年，并且结合宣传片的内容——"中国五年发生的变化"增加了 changing 一词，这样做有助于帮助外国观众迅速了解该片的内容主题。例 11 对"两不愁，三保障"这一中国特色词汇进行了解释，帮助缺乏相关知识储备的外国观众了解中国的民生政策，同时省略了"新时代"这一中国特色表达，但并不影响外国观众对宣传片内容的理解。

二、国家宣传片的翻译方法

在遵循上述国家宣传片翻译原则的情况下，需灵活采取具体的翻译方法，包括增译、减译、改译、具体化等，有效传递国家宣传片原文内容，削弱传播内容与传播受众之间的语言、文化隔阂，从而提高国家宣传片的传播效果。下面将以 CGTN 于 2020 年推出的中国扶贫宣传片《世界减贫史上的中国奇迹——消除绝对贫困》①为例，具体讲解国家宣传片的几种常见翻译方法。

（一）多维度增译 降低理解难度

中文国家宣传片的语言重语境、轻逻辑，在翻译的时候经常需要增加一些连接词，或者适当补充一些与主题相关的信息，这样既有助于准确传递原文信息，再现真实的国家形象，又有助于让受众更快、更轻松地理解宣传片的主题和内容，感受真实的中国。

例 12：选自《世界减贫史上的中国奇迹——消除绝对贫困》，04:26～04:34

图 7-12　《世界减贫史上的中国奇迹——消除绝对贫困》截图

① 后文该视频均出自：https://www.bilibili.com/video/BV1LA411s77i/?spm_id_from=333.1007.top_right_bar_window_custom_collection.content.click&vd_source=b2330ca73bbdc8e1da99f72a942c9a7d.

原文：不断延伸的高铁网络和新建的硬化道路，将贫困村庄与<u>庞大的国内国际市场</u>紧密连接。

译文：Expanding high-speed rail and road networks connect impoverished villages to <u>the huge domestic and even international markets</u>.

例 13：选自《世界减贫史上的中国奇迹——消除绝对贫困》，01:29～01:34

图 7-13　《世界减贫史上的中国奇迹——消除绝对贫困》截图

原文：这是中国的伟力，更是<u>世界的奇迹</u>。

译文：These are the achievements of China, <u>a miracle in the history of world poverty alleviation</u>.

以上两个例子都属于信息型文本，其翻译需要遵循内容准确原则。例 12 将"庞大的国内国际市场"译为 the huge domestic and even international markets，增加了even 这一程度副词，体现了由内而外的逻辑性，强调了"高铁""道路"的重大意义，既确保了内容的准确度，又遵循了信息调节有度和受众导向原则。例 13原文指出，中国脱贫成就既是"中国的伟力"，更是"世界的奇迹"，译文为 a miracle in the history of world poverty alleviation，意为"世界扶贫史上的奇迹"，增加了"扶贫"这一主题信息，增强了与该宣传片话题的相关性，确保了信息的准确性，有助于观众迅速理解"奇迹"的具体内涵。

（二）修辞性减译　精简语言表达

中文国家宣传片中经常出现修辞性语言，如排比句式、四字词语，它们属于操作型信息，在中文语境中可以产生朗朗上口的艺术效果、加强语气的召唤功能，但如果照搬到英文语境中则容易造成重复，不符合外国观众的语言习惯，而且译文太长不利于字幕排版和观众阅读。因此，在翻译时需要以受众为导向，适当精简语言表达，提高宣传片的传播效果。

例 14：选自《世界减贫史上的中国奇迹——消除绝对贫困》，07:21～07:36

图 7-14 《世界减贫史上的中国奇迹——消除绝对贫困》截图

原文：让电灯点亮每个黑暗的角落，让遥远村庄的稻麦瓜果能够运往全
国各地，让教育、医疗等公共资源惠及每个家庭。

译文：To bring light to every dark corner. To help farmers sell their <u>produce</u>
across the country. And to ensure each family has access to education
and healthcare.

例 15：选自《世界减贫史上的中国奇迹——消除绝对贫困》，05:23～05:37

图 7-15 《世界减贫史上的中国奇迹——消除绝对贫困》截图

原文：生态扶贫、金融扶贫、产业扶贫、光伏扶贫、消费扶贫，各具特色的减贫方式也为其他国家的减贫事业提供了生动样板。

译文：Ecological and sustainable agriculture, various financial tools, developing industries, construction of photovoltaic power stations and encouraging more consumption of goods from impoverished regions... these distinctive approaches also provide effective experience for other countries.

例 14 原文中的"稻麦瓜果"属于操作型信息,旨在突出村庄产品的丰富性和扶贫工作的重要意义。译文将其简化为"农产品",使用 produce,虽然有损原文的修辞性,但并不影响对原文信息的传递,符合字幕翻译简洁凝练的原则。例 15 连用 5 个"……扶贫",句式整齐,朗朗上口,但如果全部直译会造成字幕过长、重复性过高问题,不仅影响美观,还会加重观众的阅读负担。译文采用减译的方法,译出具体的扶贫措施内容,精简了表达,同样遵循了内容准确和受众导向原则。

(三)归化性改译 契合受众习惯

由于语言文化的差异,如果把中文国家宣传片中的信息全部照搬到译文中,目标受众可能无法理解。因此,在翻译国家宣传片时,译者往往需要采取归化性改译的方法,对不符合目标受众语言文化习惯的信息进行适当调整,让译文契合目标受众的习惯,提高译文的可接受度。

例 16:选自《世界减贫史上的中国奇迹——消除绝对贫困》,00:10~00:16

图 7-16 《世界减贫史上的中国奇迹——消除绝对贫困》截图

原文:光,点亮人世间,<u>传递着现代文明的温暖与明亮</u>。

译文:Light illuminates our world, <u>revealing the way forward for human progress</u>.

例 17:选自《世界减贫史上的中国奇迹——消除绝对贫困》,05:14~05:21

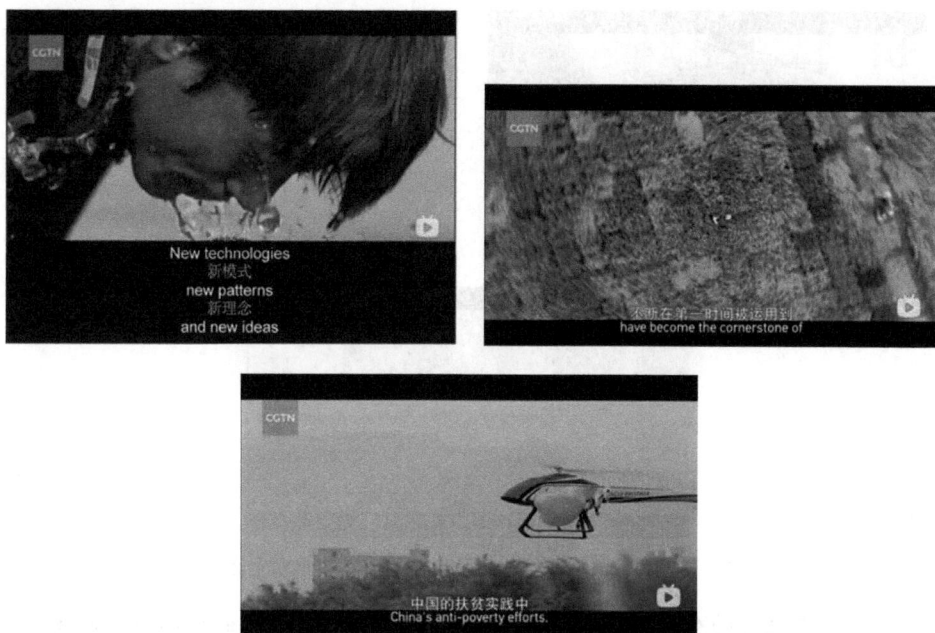

图 7-17　《世界减贫史上的中国奇迹——消除绝对贫困》截图

原文：新技术，新模式，新理念，不断在第一时间被运用到中国的扶贫
　　　实践中。

译文：New technologies, new patterns and new ideas, have become the
　　　<u>cornerstone</u> of China's anti-poverty efforts.

在例 16 中，译者将原文"传递着现代文明的温暖与明亮"改译为 revealing the
way forward for human progress，化抽象为具体，译文与图片中"车水马龙、道路
灯光"相匹配，体现光"指引道路"的作用，更加契合受众的思维习惯。在例 17
中，译者增加了 cornerstone 这一隐喻，强化了"新技术，新模式，新理念"对"中
国扶贫实践"的意义，修辞地道，符合受众的语言习惯。

（四）主体具体化　避免认知模糊

中文国家宣传片中经常使用集体主语，如"中国"做了什么事情，但实际施
加行动的主体是中国政府或中国人民，在翻译时应将主体具体化为实际的实施主
体，以展现真实准确的信息，避免造成受众认知模糊。

例 18：选自《世界减贫史上的中国奇迹——消除绝对贫困》，03:59～04:06

图 7-18 《世界减贫史上的中国奇迹——消除绝对贫困》截图

原文：在这样的生命禁区，中国建成了总长近 2000 公里的世界海拔最高
输电网络。

译文：Even in such inhospitable terrain, engineers and workers installed
power lines resulting in the world's highest-elevation power grid.

例 19：选自《世界减贫史上的中国奇迹——消除绝对贫困》，06:51～07:01

图 7-19 《世界减贫史上的中国奇迹——消除绝对贫困》截图

原文：<u>中国</u>在十四五规划中提出，在消除绝对贫困后，将巩固拓展脱贫攻坚成果，继续提高人民生活水平。

译文：In its latest development plan, <u>Beijing</u> says it will further consolidate and expand its poverty reduction achievements and improve the quality of people's lives.

例 18 将原文中的"中国"具体化为 engineers and workers，作为"建成输电网络"的主体，更符合实际情况。例 19 将原文中的"中国"具体化为 Beijing，指出提出"十四五"规划的实际主体是"中国政府"，确保了信息的准确传递，避免了受众对中国事实和中国形象产生认知模糊或偏差。

实 践 探 索

参 考 样 例

延 伸 阅 读

侯洪. 国家形象宣传片的界说、发展策略及国际传播[J]. 四川大学学报（哲学社会科学版），2014（1）：95-100.

第八章

国家纪录片翻译

国家纪录片承载着丰富的历史、文化和社会信息，其翻译不仅需要准确传达原文内容，还需要考虑到目标受众的语言习惯和文化背景。本章将首先对国家纪录片进行概述，接着深入分析国家纪录片的语言特点，随后探讨国家纪录片翻译原则及方法，包括如何准确传达内容、保留美感、突出主旨等方面的技巧和要点。通过全面探讨这些内容，旨在帮助译者更好地理解和应用国家纪录片翻译原则及方法。

第一节　国家纪录片概述

本节将对国家纪录片进行概述，包括其定义、分类和特点等方面的介绍，这将有助于了解国家纪录片在文化传播和价值传承方面的重要作用，并为相关翻译实践及研究奠定基础。

一、国家纪录片的定义

纪录片（documentary）是指用电影、电视的视听语言、声画系统来记录和展现生活，也就是对生活中的真人真事进行创作和呈现的影像艺术形式①。纪录片一词意指"用影片叙述非虚构的故事"。国家纪录片是指由国家机构或国家重点影视企业制作，内容涉及国家重大历史事件、文化传统和社会发展等议题的纪录片。国家纪录片在制作过程中往往受到国家相关法律法规的监管和指导，有助于确保内容的真实性、客观性和合法性。作为一种以"真实"为生命的艺术形式，国家纪录片不仅是塑造国家形象的重要载体之一，还具有重要的国际影响力，能够在国际舞台上展示国家的软实力。

---

① 喻彬. 新媒体写作教程[M]. 北京：中国传媒大学出版社，2018.

二、国家纪录片的分类

按照题材内容划分是常见的纪录片分类方法。根据题材内容的不同，国家纪录片可以主要划分为社会人文类纪录片和自然科技类纪录片两大类。

社会人文类纪录片关注社会现象和人类生活，涉及社会学、人类学、历史、文化等多个领域。通过深入采访和记录，这类纪录片传达对社会现象和人文价值的思考和关注，探讨人类历史、文化传统、社会变迁等议题。这类纪录片展现了人类社会的多样性和复杂性，促进了人们对社会和人文领域的理解和关注，是一种重要的社会观察和文化交流形式。社会人文类纪录片又包含若干个分支，其中以国家新闻纪录片为例进行说明。新闻纪录片顾名思义应该兼具新闻和纪录片两者的一些基本要素，其强调的是对具有新闻价值的新近发生的事件或人物作有深度、有过程性的记录和反映，而不仅仅是报道一个结果。与新闻纪录片不同，纪录片要求对事件和人物作较为完整、系统、深入和全面的反映，其更加注重过程记录。例如，本章涉及的国家纪录片《新丝路上的交响》便是一部由中央广播电视总台 CGTN 制作播出的大型系列新闻纪录片。该纪录片立足国际视野，从尼罗河畔到爱琴海旁，从波斯高原到千岛之国，以"问题"和"答案"为牵引，通过独特的主题建构，选取共建"一带一路"的 14 个国家，用纪实影像突破交流壁垒，采用"当地人讲当地事"的本土化视角讲述丝路故事，展现了中国积极推进"一带一路"建设背后的文明观、发展观、全球观，诠释了新型国际环境中的大国担当，让世界读懂"一带一路"①。

与社会人文类纪录片相对应的是自然科技类纪录片。自然科技类纪录片是一种以自然和科技为主题的纪录片。这类纪录片通常涵盖了对自然界各种现象、动植物、地理环境、天文现象等的观察和探索，同时也可能涉及科学技术的发展和应用，以及与自然界相关的各种科学研究和实践。自然科技类纪录片旨在向观众传递关于自然和科技领域的知识，启发观众对自然界和科技发展的兴趣，同时也可能强调环境保护、可持续发展等议题。这类纪录片通过生动的影像、专业的解说和科学的展示手法，向观众展示自然界的壮丽景观和科技的前沿成果，以及人类与自然之间的关系和互动。自然科技类纪录片在国际上具有广泛的受众群体，也是一种重要的科学普及和文化交流形式。自然地理类纪录片是自然科技类纪录片的一个子集，主要专注于展示和记录自然环境、生物物种和地理景观等自然元素。譬如本章案例分析中提到的《美丽中国》纪录片，是由 CCTV 和英国广播公司（British Broadcasting Corporation，BBC）首次联合摄制的，第一部表现中国野生动植物和自然人文景观的大型电视纪录片。

---

① 田维钢，李秉诚. 纪录片《新丝路上的交响》：用纪实影像突破交流壁垒[EB/OL].（2023-11-24）[2024-10-28]. http://www.xinhuanet.com/local/2023-11/24/c_1212306022.htm.

除了按照题材内容分类，纪录片还可以按照其展示手法分成不同的类型，即诗意式（poetic mode）、说明式（expository mode）、观察式（observational mode）、参与式（participatory mode）、反思式（reflexive mode）和施为式（performative mode）。诗意式纪录片强调对视觉和感官表达的重视，通过艺术化的摄影技巧、音乐和诗意的叙事来传递情感和意象。这类纪录片通常以抽象、隐喻和象征主义的形式，探索主观感受和内心世界。说明式纪录片侧重于传达事实和信息，通常使用解说词和故事叙述的方式进行。这类纪录片通常采用严肃、客观的风格，旨在告知观众关于某个主题或事件的背景、历史、原因和影响。观察式纪录片主张观察和记录现实世界，通过观察和记录事件、人物、场景的方式，呈现真实而不加干预的情况。这类纪录片通常不进行解说或插入个人意见，力求以客观的观察和记录展现事件的发展。参与式纪录片将导演或制作团队作为参与者之一，积极介入和参与所拍摄的事件或主题中。这类纪录片注重展示个人经历、主观见解和制作团队与被拍摄对象的互动，以促进观众对主题的深入思考和理解。反思式纪录片以自省和自我反思为特点，强调纪录片制作过程本身的主观性和构造性。此类纪录片常常揭示纪录片的制作手法、权威性和真实性等问题，同时也表达导演或制作团队对所拍摄主题的态度和观点。施为式纪录片突出导演或制作团队的个人和艺术表达，通过自由实验性的手法、独特的叙事风格和表演元素来呈现主题。这类纪录片通常强调主观性、观念性和创新性，探索纪录片艺术形式，激发观众的思考和情感共鸣。这些纪录片类型并非严格划分，往往可以在一个纪录片作品中看到多种类型的元素交织运用。不同的纪录片类型提供了多样的视觉风格、叙事方式和艺术表达形式，为纪录片艺术创作带来丰富的表现力和多维度的呈现。

三、国家纪录片的特点

国家纪录片，作为"国家相册"，拥有较高的文化品格以及卓越的国际传播能力，已逐渐成为传播国家形象、提升国家话语的重要载体。国家纪录片具有以下几个方面的特点。

（一）国家性

国家纪录片的国家性体现在制作主体和内容两方面。具体来看，制作主体包括国家机构或国家授权机构等组织。这些组织拥有专业的制作团队和丰富的资源，能够全面展现国家在政治、经济、文化等多个方面的内容，具有较高的权威性和公信力。在制作过程中，国家纪录片通常会得到政府的支持和监督，以确保其内容符合国家利益和形象。例如，《舌尖上的中国》《大国工匠》《中国力量》《中国故事》等国家纪录片，在内容和制作上都体现了国家纪录片的主体性特点，展现了中国丰富的历史、文化、科技、自然风光等方面的内容，展现了中国的多元性和活力，且具有较高的权威性和公信力。同时，国家纪录片也会注重国际合作，通过与其他国家合作制作，增加其国际影响力和传播范围。

（二）真实性

作为纪录片的一种形式，真实性是国家纪录片的突出特点。国家纪录片可被视为"国家相册"，它要求真实地记录历史、现实和人民生活，同时还注重艺术性和思想性的表现，以达到更好的艺术效果和思想传达。国家纪录片通常会选取具有代表性的事件、人物或地域进行记录，以展现国家的多样性和丰富性。以《舌尖上的中国》系列纪录片为例，该系列纪录片通过深入挖掘中国各地的饮食文化和传统，展现了中国丰富多样的饮食文化，真实地记录了各地的美食制作过程和食材来源，呈现了真实的生活场景和人物故事。首先，从主题和内容来看，该系列纪录片选择深入挖掘中国饮食文化的主题，通过真实的记录和展现，呈现了中国各地的饮食传统和美食制作过程。这些内容既具有重要的社会意义，又展示了真实的生活场景，体现了中国国家纪录片的真实性特点。其次，该系列纪录片描绘了真实的人物和故事。该系列纪录片通过描绘真实的人物和故事来展现中国饮食文化，这些人物和故事生动地展现了特定时代和环境下的生活状态和社会风貌。这些人物和故事的真实性是中国国家纪录片真实性的重要体现。最后，该系列纪录片具备严谨的制作过程。在《舌尖上的中国》系列纪录片的制作过程中，制作团队进行了深入的前期调研、采访和拍摄、后期剪辑和制作等环节，力求客观且真实地呈现所记录的内容。制作团队严格遵循制作程序和标准，确保纪录片的真实性和可信度。由上可见，中国国家纪录片的真实性体现在其内容和制作过程的各个方面，作为一种纪录影片，其最根本的特性即为真实性。

（三）广泛性

国家纪录片的受众面广泛，既包括国内观众，也包括国际观众。它的制作要求符合国内外观众的口味和需求，以实现更广泛的传播和影响。国家纪录片还可以通过不同的语言版本和字幕进行国际传播，以增加其国际影响力。《舌尖上的中国》系列纪录片是一个典型例子，展示了其国际受众的广泛性。该系列纪录片以真实记录中国各地的饮食文化和传统为主题，深受国内外观众的喜爱和关注。在国际上，《舌尖上的中国》系列纪录片通过其独特的中国饮食文化主题和精美的制作，吸引了大量的国际观众。该系列纪录片在国际电视台和网络平台上播出后，受到了许多国家和地区的观众的热烈追捧和好评。在一些国家，该系列纪录片被翻译成多种语言，并在当地播出，引起了国际观众的广泛关注和认可。观众通过该系列纪录片了解到中国丰富多样的饮食文化，对中国的传统和现代生活产生了浓厚的兴趣。此外，该系列纪录片还在国际上举办了多场展映和交流活动，吸引了众多国际观众的参与。这些活动不仅为国际观众提供了更多了解中国饮食文化的机会，也促进了中外文化交流与友谊。综上所述，《舌尖上的中国》系列纪录片在国际上受到了广泛的关注和喜爱，通过其独特的中国饮食文化主题和精美的制作，吸引了国际观众的关注和认可，突出了中国国家纪录片的国际受众广泛性。

（四）多元性

国家纪录片的传播渠道多元化，既包括传统的电视、电影等媒体平台，又包括新兴的网络、移动终端等多种渠道。随着新媒体技术的发展，国家纪录片还注重长纪录片和微纪录片的结合，以适应不同受众的需求。这种多元化的传播渠道使国家纪录片能够更好地触达不同群体，提高其传播效果。以《舌尖上的中国》系列纪录片为例，该系列纪录片充分利用了多种传统和新兴传播渠道，以适应不同受众的需求，提高了传播效果，具体体现在以下方面。首先，该系列纪录片通过传统的电视和电影等媒体平台进行传播。在中国，该系列纪录片首先在央视等电视台播出，覆盖了大量观众。同时，该系列纪录片也在电影院进行了放映，吸引了更多的观众参与。其次，该系列纪录片充分利用了新兴的网络传播渠道。通过视频网站和 OTT 平台，观众可以在任何时间、任何地点观看该系列纪录片，实现了跨地域、跨平台的传播。观众可以通过优酷、爱奇艺等视频网站观看该系列纪录片，使得其传播范围更加广泛。最后，该系列纪录片还注重长纪录片和微纪录片的结合，以适应不同受众的需求。除了正片外，制作方还制作了一些微纪录片，通过微信、微博等社交媒体平台发布，吸引了更多年轻受众的关注。这种多元化的传播方式使得《舌尖上的中国》系列纪录片能够更好地触达不同群体，提高了其传播效果。由此可见，当前国家纪录片可通过传统的电视、电影等媒体平台和新兴的网络、移动终端等多种渠道，实现更广泛的传播，从而适应不同受众的需求，提高传播效果。

（五）影响力

作为讲述中国"故事"的重要形式，国家纪录片承载着中国的历史文化，具有重要的国际传播和交流价值。国家纪录片的内容涉及中国丰富的历史、文化、科技、自然风光等，能够帮助国际观众更好地了解中国。同时，国家纪录片有利于构建国家形象，提升国际话语权，增强国家软实力。以《舌尖上的中国》系列纪录片为例，该系列纪录片在海外播出后，得到了广泛的好评和认可，这种国际影响力不仅有助于推广中国文化，也有助于提高中国的国际地位和影响力。此外，该系列纪录片的成功也证明了国家纪录片的重要性。作为一种重要的文化产品，国家纪录片不仅能够记录和展示中国的历史和文化，也能够反映社会的现实和问题，引导公众思考和关注社会问题。同时，国家纪录片还能够促进文化交流和传播，展示良好的国际形象，提高中国的国际影响力。

由此可见，国家纪录片具有强烈的国家属性，通过真实记录和艺术表现，展现国家的形象和文化，在国际传播方面有重要的影响力。随着新媒体技术的发展，国家纪录片的制作和传播将更加多样化和国际化，为展现中国的形象和故事提供更广阔的舞台。在此过程中，翻译发挥着至关重要的作用，直接影响国家纪录片的国际传播效果，因此从不同类型国家纪录片的话语特点出发，细化研究相应的翻译策略和方法十分必要。

第二节　国家纪录片的语言特点

在翻译国家纪录片时，理解和准确传达其语言特点至关重要。作为一种独特的艺术形式，国家纪录片以其独特的表达手法和叙事风格吸引着广大观众。对于国家纪录片这种特定类型的纪实影像作品，有必要全面了解国家纪录片的语言特点，翻译中方能有的放矢，根据对应的翻译原则，选用合适的翻译方法。

一、事实信息密集

国家纪录片作为一种以呈现一个国家真实事件、人物和社会问题为主要目标的影像艺术形式，其核心价值在于传递真实和客观的信息。国家纪录片可以通过将大量的图像和文字信息融入影片中来体现事实信息的密集性，可以通过图表、统计数据、新闻报道、文件资料等方式来支持和说明所呈现的事实。

例1：选自《新丝路上的交响——乌兹别克斯坦　中亚明珠》，03:10～03:27

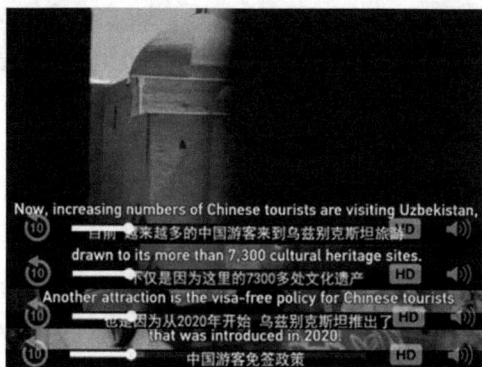

图 8-1　《新丝路上的交响——乌兹别克斯坦　中亚明珠》截图

目前 越来越多的中国游客来到乌兹别克斯坦旅游

不仅是因为这里的 7300 多处文化遗产

也是因为从 2020 年开始 乌兹别克斯坦推出了

中国游客免签政策

（https://news.cgtn.com/news/2023-09-29/Uzbekistan-A-Hub-in-Central-Asia-The-Call-of-the-Silk-Road-1nuj2wYq3NC/index.html）

本例中，该纪录片字幕凭借精准的数据、严谨的因果阐释与客观表达，彰显了"事实信息密集"的特性，助力观众洞悉乌兹别克斯坦旅游热潮成因。一方面，字幕呈现量化信息，指出当地有 7300 多处文化遗产，具象勾勒出深厚文化积淀，让观众体悟人文资源储备，为探究旅游吸引力筑牢根基。另一方面，构建因果逻辑，点明中国游客增多，一是源于当地文化遗产散发的魅力，构成核心文化驱动力；二是 2020 年起的免签政策，降低出行门槛，提供便利。借由具体数据拆解因果，有助于观众把握热潮兴起的协同机制。总之，字幕以平实表述，编排关键信息，契合纪录片信息承载诉求，展现异国风貌机遇。

例 2：选自《新丝路上的交响——乌兹别克斯坦 中亚明珠》，12:22～15:38

图 8-2　《新丝路上的交响——乌兹别克斯坦 中亚明珠》截图

近年来 乌兹别克斯坦的

樱桃 绿豆 葡萄干等农产品

不断进入中国市场

出口到中国的葡萄干占到了乌兹别克斯坦葡萄干出口总量的 40%

（https://news.cgtn.com/news/2023-09-29/Uzbekistan-A-Hub-in-Central-Asia-The-Call-of-the-Silk-Road-1nuj2wYq3NC/index.html）

从对该纪录片字幕的深入探究中可发现，其凭借精细的品类呈现和可靠的数据支撑，为观众全方位展现乌兹别克斯坦农产品在中国市场的发展脉络，切实凸显了国家纪录片"事实信息密集"的特点。具体而言，一方面，字幕运用列举手法，条理清晰地指明了诸如樱桃、绿豆、葡萄干这些乌兹别克斯坦进军中国市场的农产品，让观众能够迅速了解双边农产品贸易的重点类别，拓宽对贸易货物范畴的认知边界。另一方面，字幕引入极具说服力的数据，明确指出该国出口至中国的葡萄干占据其葡萄干出口总量的 40%，该量化证据强有力地彰显中国市场在其葡萄干外销战略布局中的关键意义，便于观众精准解析两国在这一领域的紧密经贸联系。借助这般严谨客观的呈现，字幕为观众洞察国际贸易格局筑牢事实之基，充分展现纪录片语言的独特魅力。

二、描述详细具体

鉴于国家纪录片的主要功能为展现国家相关事实和提供全面的信息，以便观众对所呈现的主题有更深入的了解，其语言描述往往比较详细具体。比如，国家纪录片在呈现某一主题时，通常会对相关的社会背景进行全面介绍，包括政治、经济、文化等方面的详细描述，以帮助观众更好地理解事件或主题的发生和影响。自然地理类纪录片会对自然景观进行精细的描绘，包括地貌、气候、植被、动物等方面的详细描述，以展现自然景观的壮美和独特之处。通过详细且具体的描述，国家纪录片能让观众更加深入地了解所呈现的内容，从而增强作品的真实性和观赏性。

例3：选自《美丽中国-东方阿尔卑斯-四姑娘山》，02:17～02:23

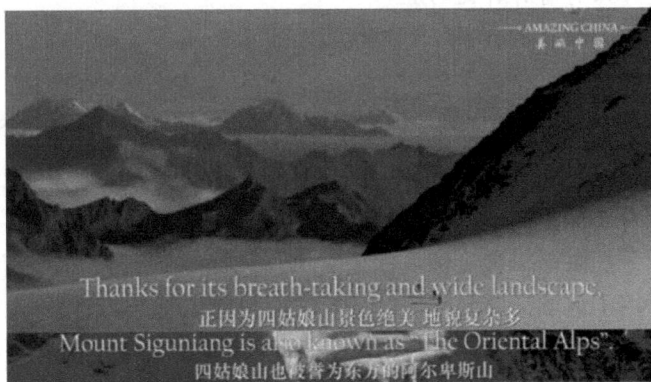

图 8-3 《美丽中国-东方阿尔卑斯-四姑娘山》截图

正因为四姑娘山景色绝美 地貌复杂多

> 四姑娘山也被誉为东方的阿尔卑斯山
>
> （https://www.bilibili.com/video/BV13J411T7Dy/?spm_id_from=333.3
> 37.search-card.all.click&vd_source=7796fd7942563569644313f6eb342967）

首先，在形容四姑娘山时，中文一连使用了"景色绝美"和"地貌复杂多"两个修饰词，这两个修饰词是典型的汉语表达方式，展现了对景观的细致描绘。其次，将四姑娘山比作"东方的阿尔卑斯山"，不仅具体描述了山的美丽与复杂，还通过对比的方式让观众更加直观地理解了四姑娘山的壮美景色。这种细致具体的描述方式，正是国家纪录片语言特点的体现之一。

例4：选自《如果国宝会说话·第一季》第三集，03:12～03:18

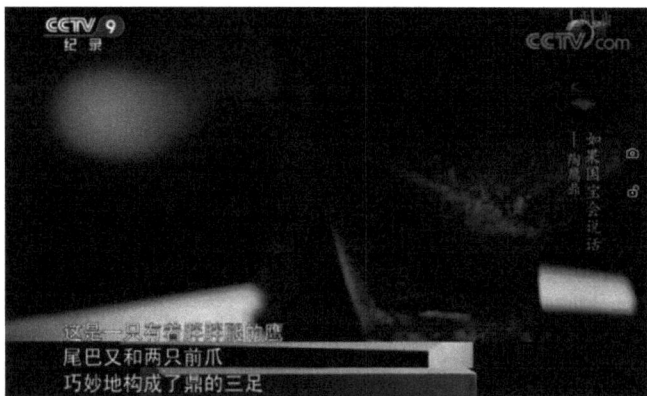

图 8-4 《如果国宝会说话·第一季》第三集截图

> 这是一只有着胖胖腿的鹰
> 尾巴又和两只前爪
> 巧妙地构成了鼎的三足
>
> （ https://tv.cctv.com/2018/01/03/VIDEgKRIVSpsmEUGVNTs4NGs18
> 0103.shtml）

这句话选自《如果国宝会说话·第一季》第三集，纵观画面，该镜头环绕呈现了"陶鹰鼎"的画面，镜头信息比较简单，只有一个器物。而语言描述信息却比较细致，采用了诸如"胖胖腿""尾巴""两只前爪"等细节描写，使观众能将该器物的外形特征同鹰的外形进行类比，帮助他们更加直观地理解该器物的特点。

三、富含文化意象

国家纪录片的语言也会运用丰富的文化意象，以展现国家的文化底蕴和特色。

国家纪录片在语言表达中会引用文化符号和典故，以丰富内容，增加文化共鸣，使观众更加贴近所呈现的文化背景和内涵。此外，国家纪录片的语言通常包含丰富的文化意象，例如地方方言、民间谚语等，以展现不同地域和民族的文化特色，让观众更加全面地了解和感受不同文化的魅力。

例5：选自《美丽中国-多彩之湖九寨沟》，01:56～01:59

It is perhaps the ultimate fairyland in China.
九寨沟可能是中国最后的桃花源

图8-5 《美丽中国-多彩之湖九寨沟》截图

九寨沟可能是中国最后的桃花源

（ https://www.bilibili.com/video/BV1vJ411T7vz/?spm_id_from=333.3
37.search-card.all.click&vd_source=7796fd7942563569644313f6eb342967）

在该字幕中，通过将九寨沟比作"桃花源"，暗示了九寨沟的原始、宁静和美丽，这是一种对中国传统文化中桃花源理想化的暗示。桃花源是中国传统文化中的一个重要意象，代表的是人们对理想生活的向往和追求，因此将九寨沟与桃花源联系起来，不仅展现了对九寨沟的赞美，也蕴含了对中国传统文化的理解和表达。这种文化意象丰富的描述方式，正是国家纪录片语言特点的一个重要体现。

四、表述生动形象

国家纪录片的语言也注重叙事的生动性，通过声音、画面等手法结合，使得叙述更加生动有趣。同时，在呈现历史事件、自然景观或人物故事时，国家纪录片通常采用形象生动的语言描写，以生动的措辞和形象的修辞来展现事物的真实面貌，让观众更加生动地感受到所呈现内容的场景和氛围。

例6：选自《如果国宝会说话·第一季》第三集，04:02～04:11

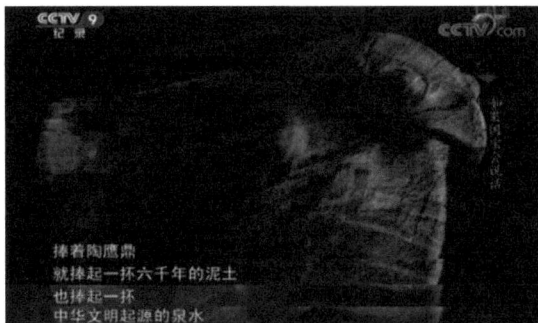

图 8-6 《如果国宝会说话·第一季》第三集截图

捧着陶鹰鼎
就捧起一抔六千年的泥土
也捧起一抔
中华文明起源的泉水

（ https://tv.cctv.com/2018/01/03/VIDEgKRIVSpsmEUGVNTs4NGs18
0103.shtml）

本例体现了国家纪录片语言表述生动形象的特点。在国家纪录片《如果国宝会说话·第一季》第三集接近尾声的片段中，"就捧起一抔……，也捧起一抔……"的排比句式的使用为这句话增添了浓郁的文学色彩。排比句是一种修辞手法，通过一系列相似结构的短语或句子，给予句子节奏感和韵律感，从而增强了句子的表现力和情感共鸣。在这个片段中，排比句被用来总结和升华前面的文物讲述片段，从一个个具体的文物细节中抽象出更广阔的意义。此外，排比句还在这个片段中营造了一种诗意的氛围，通过短语的呼应和韵律感的营造，将句子打造成了一个整体的艺术形象，让观众在听觉上得到愉悦和共鸣。

例 7：选自《如果国宝会说话·第一季》第四集，00:44～00:51

图 8-7 《如果国宝会说话·第一季》第四集截图

出土的数量极少的薄壁黑色陶杯留下了那个时代的**千古绝唱**

（ https://tv.cctv.com/2019/07/01/VIDEoextCSPymOyzzpImpKCL1907
01.shtml ）

这句话摘自《如果国宝会说话·第一季》第四集，核心内容想要表达的则是"薄壁黑色陶杯"数量之稀少，然而观其原文，语言细腻委婉，且诗情画意，充满了文学色彩。这个句子采用了"千古绝唱"这一形象化的修辞手法，将薄壁黑色陶杯与音乐和艺术相联系，形成了一个比喻和引申的意象。这个修辞的运用使得陶杯的意义更加丰富和深远。通过详细描绘陶杯的特征，采用形象化的修辞手法，句子成功唤起了观众的情感共鸣，打造了一个生动形象的场景，让观众更加直观地感受到陶杯的珍贵和历史意义。

第三节　国家纪录片翻译原则及方法

国家纪录片翻译是一项重要的工作，它不仅关乎纪录片内容的传播和理解，更关系到不同文化之间的交流、理解和国家形象建构。翻译国家纪录片需要遵循一系列原则和方法，以确保内容的准确性、流畅性，同时尽可能地传达特色文化和价值理念。本节将探讨国家纪录片翻译原则及方法，并举例分析。希望通过深入理解和运用这些原则和方法，译者可以更好地传达国家纪录片的信息和文化内涵，促进不同文化之间的交流和理解。

国家纪录片的翻译原则为国家纪录片的翻译工作提供指导，正确理解并贯彻这些原则有助于译者准确传达原片内容，同时帮助目标受众更好地理解和接受纪录片的内容。本节将深入探讨这些原则的具体内容和应用方法，以帮助译者更好地理解这些原则，进而提高国家纪录片的翻译质量和传播效果。

一、信息价值优先原则

国家纪录片作为一种纪实类视听作品，其翻译应以传递信息内容为重，其字幕翻译传播的信息焦点取决于字幕的信息类型，在翻译过程中需要充分考虑其关联的信息价值要素。从信息类型角度来看，国家纪录片作为一种纪实性视听文本，话语所体现的信息要素类型包括以下六大类，即事实信息、描述信息、评价信息、文化信息、召唤信息和美学信息[①]。信息价值指包括视听作品在内的不同文本类型

[①] 吕洁，潘莉. 传播视角下基于文本信息类型的旅游简介翻译：以粤港澳旅游景点为例[J]. 翻译季刊，2020（97）：69-82.

中优先级不同的信息类型，由特定信息价值要素组合而成。字幕翻译时，不同字幕结合画面需凸显的信息类型不同，且构成主要信息类型的信息价值要素不同，与主要信息类型关联性强的信息价值要素需优先传播[①]。信息价值要素的概念源自传播学中的新闻价值要素，其中包括时效性、接近性、显著性、重要性和趣味性[②]。

二、"外宣三贴近"原则

国家纪录片翻译需遵循"外宣三贴近"原则，即贴近中国发展的实际，贴近国外受众对中国信息的需求，贴近国外受众的思维习惯[③]，以确保翻译的准确性、流畅性和受众可接受度。这意味着在进行国家纪录片翻译时，既要尊重原片内容，在翻译中尽量保持原始形式和风格，又要考虑目标受众的文化背景和语言习惯。

第一，内容贴近原则。内容贴近原则要求译者在翻译过程中尽量保持原始内容的准确性和完整性。这意味着译者需要准确传达原始纪录片的信息和情感，包括对原始内容背景和意图的理解，以及对专业术语和文化隐喻的准确表达。通过遵循内容贴近原则，译者可以确保翻译后的纪录片能够准确地传达原始内容所要表达的信息和情感。

第二，形式贴近原则。形式贴近原则要求译者在翻译过程中尽量保持原始纪录片的形式和风格。这包括对对白、解说词和字幕等内容的翻译，需要尊重原始语言的表达方式和节奏，以保持纪录片的整体感觉和氛围。通过遵循形式贴近原则，译者可以确保翻译后的纪录片在视听上和语言上与原始内容保持一致，使观众能够在观看时感受到与原始语言版本相似的情感和氛围。

第三，受众贴近原则。受众贴近原则指的是翻译需要考虑目标受众的文化背景和语言习惯。这意味着译者需要根据目标受众的文化背景和语言习惯进行调整，以确保他们能够理解和接受翻译后的纪录片。通过遵循受众贴近原则，译者可以使翻译后的纪录片更容易为目标受众所接受，增强其传播效果。

三、国家纪录片翻译三原则

基于"外宣三贴近"原则，国家纪录片的信息价值衍生出八个要素，包括切

---

① 潘莉,黄楚欣. 信息价值优先原则下的纪实短视频英译策略初探[J]. 解放军外国语学院学报,2022,45(4): 79-87，161.

② Galtung, J. & Ruge, M. H. The structure of foreign news: The presentation of the Congo, Cuba and Cyprus Crises in four Norwegian newspapers[J]. *Journal of Peace Research*, 1965, 2(1): 64-91；Gans, H. J. *Deciding What's News: A Study of CBS Evening News, NBC Nightly News, Newsweek, and Time*[M]. New York: Pantheon Books, 1979.

③ 黄友义. 坚持"外宣三贴近"原则，处理好外宣翻译中的难点问题[J]. 中国翻译，2004，25（6）；27-28.

实性、时效性、重要性、显著性、逻辑性、贴近性、趣味性和审美性。其中，切实性指信息反映真实事实、切合实际；时效性指信息与时俱进、动态更新；重要性指信息反映创作核心、紧扣主题；显著性指信息意义重大、影响深远；逻辑性指信息呈现形式逻辑清晰、连贯有序；贴近性指信息紧扣受众关切、贴近受众理解，并符合译语文体特点；趣味性指信息活泼有趣、引人入胜；审美性指语言修辞形象、富有韵律。因此，在进行国家纪录片字幕翻译时，译者应根据影片中不同的信息类型，采取合适的翻译策略，结合视频画面，突出信息价值要素。

（一）尊重客观事实

国家纪录片翻译的一个重要原则是尊重客观事实。作为一种真实记录和呈现历史、文化、社会等方面内容的影像作品，国家纪录片翻译必须尊重原始影像中所呈现的客观事实。根据信息的切实性、重要性和显著性，翻译时应当力求准确、客观地传达原始内容，不得歪曲、篡改或曲解事实。此外，尊重客观事实也意味着译者需要对原始内容进行深入的理解和分析，理顺原文逻辑，确保对事件、人物、历史背景等方面的理解准确无误。只有在对原始内容有充分理解的基础上，译者才能准确地传达客观事实。因此，在翻译国家纪录片时，尊重客观事实是至关重要的原则，可以保证翻译结果的真实性和可信度，也有利于促进不同文化之间的理解和交流。

例8：选自《新丝路上的交响——匈牙利》，07:00～07:02

图 8-8　《新丝路上的交响——匈牙利》截图

原文：中国和匈牙利近年来
　　　日益密切的关系促成了这个项目
译文：The project is being carried out in a climate of

warmer ties between China and Hungary in recent years,

（https://www.cgtn.com/specials/2023/call-of-the-silk-road.html）

在纪录片翻译实践中，"尊重客观事实"原则不容小觑。此例中，原文指出"……日益密切的关系促成了这个项目"，若依字面直译，易造成误导。西方观众基于自身文化背景，对国际关系"促成"项目的理解模式有别，易将其单纯视为一种机械、指令式的推动，忽略国际合作背后诸多柔性互动因素，与真实合作情境相悖。而译文运用 in a climate of 构建出两国友好氛围的情境，暗示而非直白强调"促成"，精准还原了国际关系助力项目落地的复杂、渐进过程，贴合客观事实，规避因生硬直译引发的不实联想，保障信息传递的精准性。

例 9：选自《新丝路上的交响——伊朗 新地平线》，14:47～14:53

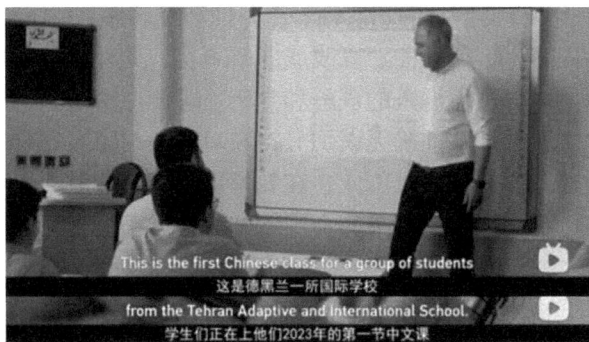

图 8-9 《新丝路上的交响——伊朗 新地平线》截图

原文：这是德黑兰一所国际学校

学生们正在上他们 2023 年的第一节中文课

译文：This is the first Chinese class for a group of students

from the Tehran Adaptive and International School.

（https://www.cgtn.com/specials/2023/call-of-the-silk-road.html）

在视频字幕中，"这是德黑兰一所国际学校 学生们正在上他们 2023 年的第一节中文课"简要概括了当时场景发生的事件，属于事实类信息。然而中文表达结构松散，所表述的内容重点不够明确，由于中英表达的差异和字幕翻译时间和空间的限制，英译时应厘清主次信息，突出句意重点，传达客观事实。通过分析可以发现，此处画面着重描绘的是学生们在上中文课的场景，可见"第一节中文课"这一信息更具显著性。因此，译文"This is the first Chinese class for a group of students from the Tehran Adaptive and International School."，较为清晰明了地传达了句意，且契合视频内容和客观事实。

（二）关注受众需求

国家纪录片的翻译原则之一是关注受众需求。国家纪录片翻译需要充分考虑目标受众的语言习惯、文化背景和接受能力，以满足他们的信息获取需求。这意味着译者在翻译过程中需要灵活运用语言表达方式，选择符合目标受众习惯的词汇、句式和表达方式，使译文更贴近目标受众的理解和接受水平。此外，关注受众需求也包括对翻译结果进行针对性的调整和优化。译文可以根据受众的特点和需求，适当增加解释性的注释、补充性的信息或对文化背景的介绍，以帮助受众更好地理解和接受国家纪录片的内容。这就意味着翻译应在保持原始内容准确性的基础上，灵活运用翻译技巧，使译文更贴近目标受众的需求和接受能力。

例 10：选自《新丝路上的交响——匈牙利》，11:27～11:32

图 8-10 《新丝路上的交响——匈牙利》截图

原文：从 5G 到无人机
　　　这座城市诞生了一系列
　　　世界领先的技术和产品
译文：From 5G to drones,
　　　a vast range of world-leading technologies and products
　　　first saw the light of day in this city…
　　　（https://www.cgtn.com/specials/2023/call-of-the-silk-road.html）

在纪录片翻译时，对受众信息需求的考量举足轻重。审视当前实例，原文着重强调"这座城市诞生了一系列世界领先的技术和产品"，此乃典型中式表达范式，以地点起笔，实则强调重点在于句末的"技术和产品"，从而贴合画面内容。然而，如果按照句序直译，易导致外国观众受其文化图式影响，于信息摄取进程中，将关注重心错置于城市主体，进而弱化对核心技术与产品发展动态的聚焦。因此，译文运用"视角转换译法",遵循外国观众聚焦关键事物的思维定式,前置技术产品信息。这一转换精准承袭原文语义内核,同时深度关照观众知识储备与理解阈值,保障信息对接。

例11:选自《美丽中国-长江三角洲》,01:31~01:39

图8-11 《美丽中国-长江三角洲》截图

原文:每年的春秋两季
全球近300万只候鸟
会在此停留补给

译文:Every spring and autumn,
nearly 3 million migratory birds around the world
stop here to replenish themselves.
(https://www.bilibili.com/video/BV1m7411m753/)

在这个例子中,"每年的春秋两季全球近300万只候鸟会在此停留补给"这句话包含了几个细节描述:时间(每年的春秋两季)、数量(300万只候鸟)、行为(停留补给)。译文省略了原文中的"每年的春秋两季"中的"两季",因为在英语中,通常情况下spring and autumn就表示"春秋两季",而不需要重复强调"两季"的概念,省略后的译文更加简洁,更符合英语表达习惯,也更符合受众的认知需求。

(三)注重审美情趣

正如上文所书,国家纪录片富含文化意象,语言生动形象、富有美感,因此国家纪录片的翻译原则之一是注重审美情趣。国家纪录片翻译需力求在保持原始内容意义准确的基础上,使译文在语言表达和修辞手法上更具有艺术性和美感。首先,注重审美情趣要求语言优美流畅,译文的选词和句式结构尽量具有音韵美和节奏感,从而贴近原始内容的艺术表现形式。其次,注重审美情趣也包括在翻译过程中对文化内涵和情感色彩的处理。在准确把握原始内容所包含的文化内涵和情感的基础上，通过合适的语言表达方式将其转化为目标语言，使译文在情感共鸣和文化内涵上更具吸引力。

例12：选自《新丝路上的交响——共赴未来》，20:03～20:10

图 8-12　《新丝路上的交响——共赴未来》截图

原文：一场巨大的变化正在发生
　　　就在世界上最大的群岛国家印度尼西亚

译文：Change is being felt nowhere more powerfully
　　　than in Indonesia, the world's largest archipelago nation.
　　（https://news.cgtn.com/news/2023-10-13/The-first-decade-of-the-BRI-The-call-of-the-Silk-Road-1nRs0enOmmQ/index.html）

原句强调正在发生的巨大变化和印度尼西亚在其中的重要性，旨在激发观众关注该变化。译文通过改变句式结构，采用了"Change is being felt nowhere more powerfully than in…"的结构，其中 Change is being felt 表达了变化被感受到的状态，突出了变化的影响和强度，并通过 the world's largest archipelago nation 进一步强调了印度尼西亚的重要性。通过这种方式，译文保留了原文的情感共鸣和审美情趣，同时更加符合英文表达习惯，使得受众更容易理解和接受。

四、国家纪录片的翻译方法

在国家纪录片语言特点与翻译原则的双重指引下，我们进一步探索国家纪录片的翻译方法。鉴于国家纪录片在传递事实信息、描绘文化意象以及满足外宣需求上的独特性，其翻译策略必须兼顾信息的准确性、受众的接受度以及语言的审美性。本节将围绕国家纪录片翻译的具体方法展开讨论，旨在通过系统的翻译策略，实现纪录片内容在不同文化语境中的有效传播与深刻理解。

（一）概括重组内容 突出客观事实

事实信息的准确传达对于维护国家纪录片的客观性和真实性至关重要。因此，在翻译中需要根据语言信息的切实性、重要性、显著性，结合画面内容，采取减译、视角转换和浓缩译法等翻译策略，将原文中的内容概括重组，提炼并概括出紧扣主题的核心信息，以确保翻译结果能够准确地呈现原文中的事实信息。

例13：选自《新丝路上的交响——共赴未来》，15:02～15:08

图8-13 《新丝路上的交响——共赴未来》截图

原文：玛丽亚从未见过上班时的父亲

于是我们给她看了米哈利斯日常工作的视频

译文：Maria had never seen her father at work before.

That was, until we showed her a video.

（https://www.cgtn.com/specials/2023/call-of-the-silk-road.html）

本例中，"于是我们给她看了米哈利斯日常工作的视频"属于事实性信息。视频字幕并非想要描述所提到视频的具体内容，而是意在描述"给她看视频"这个动作。因此，在翻译中，根据信息的切实性、时效性、显著性，需要突出看视频这个动作，并且由于是视听类文本，接下来的视频画面也可以弥补文字中省略的内容，因此，可以省略"米哈利斯日常工作"这一具体细节的描述，从而将这句话翻译成"That was, until we showed her a video"，突出"给她看视频"这一行为。

例14：选自《美丽中国——榕树的城市》，02:05～02:10

图 8-14 《美丽中国——榕树的城市》截图

原文：据有关人员研究介绍

这棵榕树很可能

是两株榕树生长在一块

而不是一株

译文：According to experts,

this banyan tree

is likely to be two trees

growing in one.

（https://www.bilibili.com/video/BV1m7411m753?vd_source=7796fd7942
563569644313f6eb342967&p=6&spm_id_from=333.788.videopod.episodes）

对于原文中的"据有关人员研究介绍"，译文采取浓缩译法，将其精练为 according to experts，传达了专家的观点和研究结论。此外，在这个例子中，为了确保字幕简洁明了，可以在翻译中删掉"而不是一株"部分，这是因为译文已经阐明了是"两株树生长在一起"这一信息。同时，使用 is likely to be 来表达榕树是两棵树生长在一起的可能性，凸显了事实陈述的准确性。将句子翻译成这样的形式，突出了专家的权威性和对榕树生长方式的观察和结论，同时清晰地表达了事实。因此，通过概括重组的方式，凸显事实信息的重要性，这样翻译可以更好地传达纪录片中所呈现的专业知识和科学观察，为观众提供准确的信息和对自然现象的深入理解。

（二）删繁就简描述 利于受众观赏

国家纪录片中，描述性信息的准确呈现对于观众理解事件的发展和情境的重要性不言而喻。然而，由于字幕翻译受到时间和空间等多重限制，翻译时需要考虑观众的接受程度和语言表达的简洁性。因此，翻译需采取减译、明晰化等策略，让翻译更加简洁清晰，突出关键信息，避免过多的修饰和冗长的描述，从而更好地传达原文的意思和情感。简洁明了的翻译不仅更容易被观众理解和接受，也更符合纪录片的叙事风格，使得描述性信息更具有生动感和感染力。

例 15：选自《新丝路上的交响——共赴未来》，06:45～06:53

图 8-15 《新丝路上的交响——共赴未来》截图

原文：而高 385.8 米的标志塔
又为埃及赢回了非洲最高度

译文：Today, the Iconic Tower, rising to 385.8 meters,
is the tallest building on the continent.
（ https://news.cgtn.com/news/2023-10-13/The-first-decade-of-the-BRI-
The-call-of-the-Silk-Road-1nRs0enOmmQ/index.html ）

在中文字幕中，"高 385.8 米的标志塔"被描述为"又为埃及赢回了非洲最高度"，这种象征性的表达方式在汉语中可以起到强调某种情感色彩的作用。然而，中英文在描述信息时存在差异，相对中文来讲，英文则更注重直接、简洁的表达。在这种情况下，选择更通用、直接的表达方式来传达原文的含义，而不是逐字逐句地翻译，可以确保目标受众能够准确地理解原文的含义。此外，考虑到视频字幕的长度限制，译者可能还需要在保持原意的情况下，尽量选择更简洁的表达方式来传达原文的含义，以便更好地适应视频字幕的要求。因此，对该描述性信息采取明晰化译法，将其处理成 is the tallest building on the continent 能够较好地平衡多方需求。

例 16：选自《美丽中国——榕树的城市》，01:05～01:08

图 8-16 《美丽中国——榕树的城市》截图

原文：榕树四季常青 枝荣叶茂

　　　雄伟挺拔 生机盎然

译文：Banyan trees are evergreen,

　　　with luxuriant branches and leaves.

　　　（https://www.bilibili.com/video/BV1m7411m753?vd_source=7796fd7942

563569644313f6eb342967&p=6&spm_id_from=333.788.videopod.episodes）

原句中的描述词语"四季常青、枝荣叶茂、雄伟挺拔、生机盎然"被翻译为"evergreen, with luxuriant branches and leaves"。这样的翻译删去了原句中的烦琐描述，将其简化为简明的形容词，有效传达了榕树的特征，同时避免了过多的修饰词，保持了简洁性和逻辑性，使观众更容易理解并记住该信息。

（三）合理适度评价 避免夸大事实

国家纪录片的信息传播受众广泛，影响力大，通常涉及社会热点、时事政治、历史事件等多方面的内容，其评价性信息的准确传达对于受众理解和认知相关内容具有重要意义。在翻译评价性信息时，译者需尽可能客观地传达评价性信息，采取删减法剔除一些过度渲染性评价。同时，译者需要考虑到不同文化背景和价值观念的差异，避免对评价内容进行过度修饰或调整，以确保翻译内容的中立性和客观性，让具有不同文化背景的观众都能准确理解和接受信息。

例17：选自《新丝路上的交响——共赴未来》，05:50～05:59

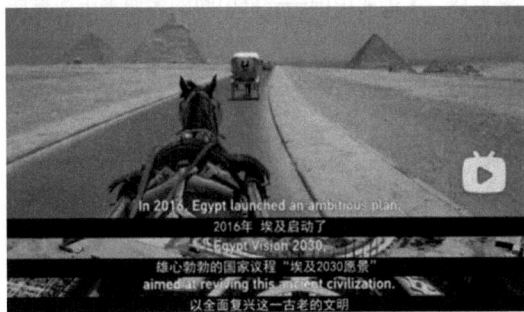

图 8-17　《新丝路上的交响——共赴未来》截图

原文：2016 年 埃及启动了

　　　雄心勃勃的国家议程"埃及 2030 愿景"

　　　以全面复兴这一古老的文明

译文：In 2016, Egypt launched an ambitious plan,

　　　Egypt Vision 2030,

aimed at <u>reviving</u> this ancient civilization.

（https://news.cgtn.com/news/2023-10-13/The-first-decade-of-the-BRI-The-call-of-the-Silk-Road-1nRs0enOmmQ/index.html）

在中文字幕中，"全面复兴"属于评价性信息，是因为它表达了对埃及文明的一种积极评价和愿景。这个词语传达了对重振和恢复埃及古老文明的期望，暗示了一种对埃及未来的乐观态度。但是，在英文翻译中，"全面复兴"翻译成 reviving，而不是 fully reviving（字面翻译），译文剔除了"全面"这一评价性修饰。这是因为 reviving 更加简洁和直接地传达了原文的意思，在英语中，reviving 可以被理解为"复兴"或"恢复"，而 fully reviving 可能会增加一些额外的语义，给人一种过度修饰的感觉。

例 18：选自《美丽中国——群山间的无瑕美玉》，00:51～01:01

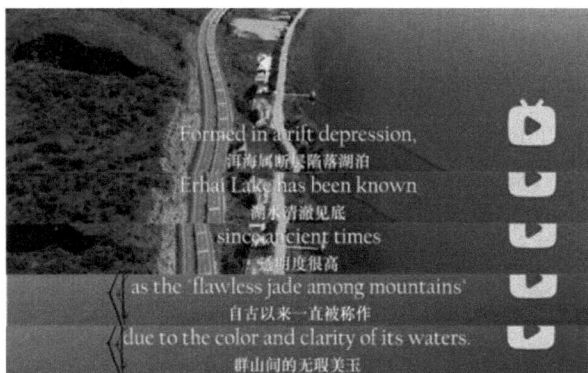

图 8-18　《美丽中国——群山间的无瑕美玉》截图

原文：洱海属断层陷落湖泊

　　　<u>湖水清澈见底</u>

　　　<u>透明度很高</u>

　　　自古以来一直被称作

　　　群山间的无瑕美玉

译文：Formed in a rift depression

　　　Erhai Lake has been known

　　　since ancient times

　　　as the "flawless jade among mountains"

　　　<u>due to the color and clarity of its waters</u>.

（https://www.bilibili.com/video/BV1cT4y137Du/?spm_id_from=333.337.search-card.all.click）

根据"合理适度评价 避免夸大事实"原则，在翻译描述湖水清澈见底、透明度很高的句子时，考虑到英汉语言差异和文化差异，把原文中的程度性评价修饰删除，将该句翻译为 due to the color and clarity of its waters，强调了湖水的颜色和清澈度，而不是夸大或夸张湖水的属性。这样的翻译也符合英语语境中对湖泊特征的描述方式。在英译中，遵循"合理适度评价"原则，可使译文在保持汉语相对准确和客观描述的同时，平衡英汉语言差异和文化差异，从而既充分传达原语文本含义和美感，又尽可能尊重译语受众的文化背景和审美取向。此外，如此处理简洁凝练，符合字幕语言对简洁性的要求，而结合视频画面呈现的清澈湖泊，译语受众仍可领会到原文描述的洱海之美。

（四）类比文化信息 强化受众理解

针对国家纪录片中的文化信息，翻译时要运用"适当类比，强化理解"原则，以受众为中心，帮助其更好地理解和接受所展现的历史文化内涵。这样的翻译方式能够提高纪录片在不同文化间的传播效果，促进文化交流和理解。具体而言，第一，采用译语视角。鉴于所传达的文化信息通常是具有特定文化内涵和背景的，翻译时需要从译语中选择合适的词汇、短语和表达方式，以便更好地传达文化信息，并使之在译语的文化环境中具有意义。第二，适当类比。由于不同文化之间存在差异，有些文化信息在不同文化中可能无法直接对应，使用类比可以帮助受众更好地理解原文中的文化信息。在类比时，需要选择与受众熟悉、易于理解的事物或概念进行对比，以促进文化信息的准确传达和受众理解。第三，强化受众理解。文化信息往往需要更多的背景知识和文化理解才能完全领会，翻译时需要通过适当的解释来强化译语受众对文化信息的理解，帮助他们更好地欣赏纪录片所描述或呈现的内容。

例 19：选自《美丽中国——漂在沼泽之上的花海》，03:00～03:06

图 8-19　《美丽中国——漂在沼泽之上的花海》截图

原文：形成了一副天人合一的新山水

译文：It has formed a new <u>landscape</u>
representing the unity of man and nature.

（ https://www.bilibili.com/video/BV1cT4y137Du/?spm_id_from=333.
337.search-card.all.click ）

在这个例子中，"天人合一"是中国传统文化中的一个概念，指的是人与自然融为一体的境界。而"山水"在中国文化中被广泛用作表达和象征自然美和人文情感的符号。结合视频画面，译者没有将原文直译，而是类比译语的表达习惯，将其翻译成"It has formed a new landscape representing the unity of man and nature."，从而强化观众理解，并且在尽量准确传达文化信息的同时，保持了语境的连贯性和准确性。观众能够更好地理解这个景观的象征意义，以及中国文化中天地统一、人与自然和谐的重要价值观。通过这种翻译方式，观众可以更好地欣赏和理解纪录片中展示的文化信息。

例 20：选自《美丽中国——群山间的无瑕美玉》，01:37～01:41

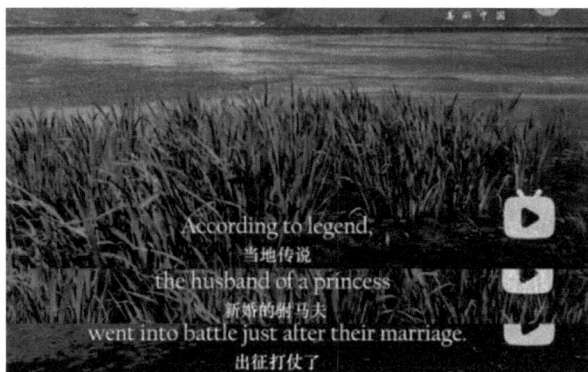

图 8-20　《美丽中国——群山间的无瑕美玉》截图

原文：当地传说
新婚的驸马夫
出征打仗了

译文：According to legend,
<u>the husband of a princess</u>
went into battle just after their marriage.

（ https://www.bilibili.com/video/BV1cT4y137Du/?spm_id_from=333.
337.search-card.all.click ）

　　在翻译自然地理类纪录片中的字幕语言时，如果涉及文化信息，可以采用类比的方式进行翻译，以便更好地让观众理解。在这个例子中，将"驸马夫"翻译成 the husband of a princess 是合适的翻译选择。"驸马夫"是一个古代中国的官职称谓。由于"驸马夫"在英语中没有特定的称谓，将其翻译为 the husband of a princess 则通过类比的方式提供一个相似的概念，以帮助观众更好地理解这个角色的身份和地位。这样的翻译选择通过适当的类比为观众提供了一个容易理解的概念，并且在尽量准确传达文化信息的同时，保持了语境的连贯性和准确性。通过这种翻译方式，观众能够更好地理解文化背景和相关角色之间的关系，同时可以更好地欣赏和理解纪录片的内容。

（五）适当保留美感 突出影片主旨

　　在翻译国家纪录片时，译者可以采取直译、视角转换和改译等方法，尽量保留原文中的美学元素，同时突出主要内容，以确保信息简明、易于理解，并与画面内容和影片主旨相一致。一方面，需保持修饰手法。在翻译中，译者可以尝试保留原文中的修饰手法，如对偶、排比等，以保持原文的韵律和节奏感。另一方面，保留氛围烘托。在翻译中，译者可以尝试保留原文中烘托画面场景氛围的表达方式，以确保翻译后的字幕能够传达相似的情感和氛围，保留原文的情趣。

　　例 21：选自《美丽中国——群山间的无瑕美玉》，02:14～02:19

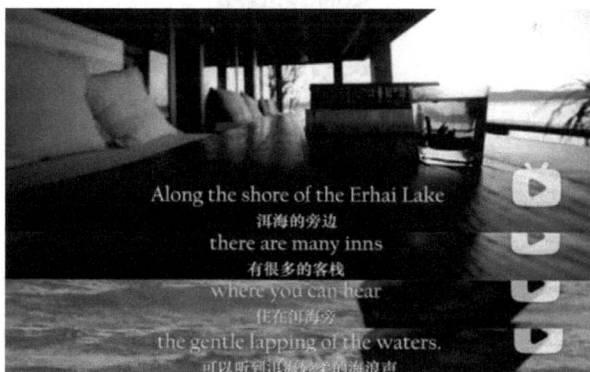

图 8-21 　《美丽中国——群山间的无瑕美玉》截图

原文：洱海的旁边
　　　　有很多的客栈
　　　　住在洱海旁
　　　　可以听到洱海轻柔的海浪声

译文：Along the shore of the Erhai Lake

there are many inns

where you can hear

the gentle lapping of the waters.

（ https://www.Bilibili.com/video/BV1cT4y137Du/?spm_id_from=333.337.search-card.all.click ）

在这个例子中，"可以听到洱海轻柔的海浪声"这句话中的美学要素主要包括声音和水的形容，通过修辞手法来传达自然美和情感体验。这个修辞手法的翻译选择在句子中使用了具象描写，通过 the gentle lapping of the waters 这个短语传达了原文中海浪声柔和、轻盈的特点。这样改写后的译文使得观众能够在读字幕时感受到类似的美学体验，同时准确传达了原文的主旨。翻译后的句子适当保留了原文的美学要素，通过描写洱海的岸边有很多的客栈，以及观众可以听到轻柔的水声等细节，突出了自然美和人文情感的重要性，让观众获得了更加丰富的感官体验，并能更好地理解文化背景和景点特色。

实 践 探 索

参 考 样 例

延 伸 阅 读

1. 黄友义. 坚持"外宣三贴近"原则，处理好外宣翻译中的难点问题[J]. 中国翻译，2004，25（6）：27-28.

2. 韩飞. 中国式现代化语境下的纪录片国际传播：叙事框架与实践路径探析[J]. 中国电视，2023

（2）：45-50.

3. 吕洁，潘莉. 传播视角下基于文本信息类型的旅游简介翻译：以粤港澳旅游景点为例[J]. 翻译季刊，2020（97）：69-82.

4. 潘莉，黄楚欣. 信息价值优先原则下的纪实短视频英译策略初探[J]. 解放军外国语学院学报，2022，45（4）：79-87，161.

5. 张同道，胡智锋. 中国纪录片发展研究报告[M]. 北京：科学出版社，2012.

6. Galtung, J. & Ruge, M. H. The structure of foreign news: The presentation of the Congo, Cuba and Cyprus Crises in four Norwegian newspapers[J]. *Journal of Peace Research*, 1965, 2(1): 64-90.

7. Gans, H. J. *Deciding What's News: A Study of CBS Evening News, NBC Nightly News, Newsweek, and Time*[M]. Evaston: Northwestern University Press, 2005.

第九章

国家话语的媒体翻译建构

媒体既是国家话语的传播主体，也是国家话语翻译的传播渠道。国家话语传播主体，除了前面章节提到的党和政府及其领导人外，还包括"作为国家话语传播媒介和主要信息载体的国家级媒体"，是"代表国家或具有国家传播功能的下位主体"[①]。媒体是国家软实力的重要体现，是国家话语对外传播的关键渠道。国家话语翻译的传播渠道包括所有承载和传递信息的媒介和平台，如报刊、广播、电视等传统媒体以及依托移动互联网技术发展的新媒体。我国主流媒体不断推进国际化，建构全球采编网络，建立海外制播中心，实现制播的全球本土化，内容生产和话语方式走向大众化[②]。

本章将聚焦国家级媒体机构及其各类媒体平台，如新华社、《中国日报》、人民网等。第一节将从传统媒体和新媒体两个层面简述国家话语在不同媒介的传播特点，第二节则概述国家话语的媒体翻译与建构的基本概念及话语特征，第三节以国家修辞话语的媒体翻译建构为例，对比中外主流英文媒体的语篇重构方式并分析其影响因素。国家话语翻译的传播对象主要是国际受众，因此本章案例主要来自我国主流英文媒体及其各类传播平台，第三节会涉及部分英美媒体涉华报道中出现的国家话语译文。

第一节 国家话语的媒体传播

数字时代，国家话语翻译的传播媒介日趋多元化。本节将围绕我国主流英文媒体的传统媒体及新媒体传播渠道，概述其传播特征。

---

① 陈汝东. 论国家话语能力[J]. 北京大学学报（哲学社会科学版），2011（5）：66-73.（p.68）
② 陈汝东. 论国家话语体系的建构[J]. 江淮论坛，2015（2）：5-10，2.

一、传统媒体传播及其主要特征

我国主流英文媒体的传统媒体传播渠道主要包括报纸、广播、电视等大众媒介，三者分别具有视觉传播、听觉传播、视听传播的特征。传统媒体服务于大众传播，或者说信息的社会化传播，具有专业化、制度化、中心化、单向性的特征[①]。在传播的时空维度上，传统媒体相对于新媒体具有较大的限定性。

（一）报纸

报纸以文字、图像为符号，以印刷媒介为载体进行信息的社会化传播。我国最具代表性的国家媒体英文报纸包括《中国日报》和《环球时报》（英文版）（*Global Times*）。中国日报社是中央主要宣传文化单位之一，是中国走向世界、世界了解中国的重要窗口。《中国日报》创刊于 1981 年 6 月 1 日。《中国日报国际版》创刊于 2019 年 1 月 2 日，国际版网站、客户端及社交媒体账号等同步启动，有效整合了原有美国版、英国版、欧洲版、亚洲版、东南亚版、非洲版、拉美版和加拿大版等多个海外版资源，突出中国立场、国际视野、深度为要、融合传播，倾力打造向世界讲述中国故事、传播中国声音的主渠道和新平台。《中国日报国际版》每周一至周五出版对开 16 版日报，每周五增出 4 开 32 版国际版周末版。在全球 33 个印点全彩印刷，总期均发行量 30 万份，覆盖 63 个国家和地区的高端读者。中国日报社在国内有 35 个分社、记者站和 14 个印点，在境外设有亚太分社、欧洲分社、非洲分社和美国分社 4 个指挥中心，下设记者站、办事机构等。[②]

《环球时报》是由中国共产党中央委员会机关报社人民日报社主办与出版的国际新闻报刊，创刊于 1993 年。《环球时报》（英文版）创刊于 2009 年 4 月 20 日。[③]

（二）广播

广播主要以声音为传播符号，诉诸听觉传播。相较于纸质媒介，广播媒体在受众体验上更具亲近感和现场感。虽然广播的信息传播形态较为单一，但换一个角度看，在视觉信息爆炸的时代，各种视觉信息目不暇接，难免使人有视觉疲劳的时刻，广播作为"解放眼球"的信息媒介，显示出听觉资源的潜在价值[④]。我国

① 隋岩. 群体传播时代：信息生产方式的变革与影响[J]. 中国社会科学，2018（11）：114-134，204-205.

② 中国日报社　报社简介和传播网络[EB/OL]. [2022-08-06]. https://cn.chinadaily.com.cn/5b753f9fa310030f813cf408/5f59c820a31009ff9fddf6bc/5f59c843a31009ff9fddf6bf/.

③ 关于环球时报[EB/OL].（2021-08-17）[2024-11-11]. https://hd.globaltimes.cn/article/44O8GBcr4ld.

④ 高贵武，赵媛媛. 移动互联时代广播媒体的生态与发展逻辑[J]. 新闻记者，2015（10）：24-32.（p.29）

面向全球传播的国家广播电台是中国国际广播电台，创办于 1941 年 12 月 3 日①。新媒体对广播听众的分流使广播媒体的市场竞争环境更加严峻。近年来，传统广播的数字化融合趋势加速，越来越多的国家将广播数字化融合提升到媒体发展战略层面，大力拓展在数字平台和终端上的移动收听业务，用户可通过新闻客户端、车载终端、流媒体网络应用等渠道收听节目②。

（三）电视

电视是融视听为一体的综合性媒介，通过生动直观的影像符号传递信息，给受众带来比广播媒体更强的现场感和感染力。中央广播电视总台于 2018 年 4 月 19 日正式挂牌，"截至 2023 年底，共开办 51 个电视频道、22 套对内广播频率；采用 68 个传播语种、建设近 200 个海外站点，构筑起遍布全球的海外传播格局"③。CGTN 是中央广播电视总台下属的新闻国际传播机构，于 2016 年 12 月 31 日开播，原 CCTV-NEWS 频道更名为 CGTN。CGTN 在 160 多个国家和地区放送节目，并在内罗毕、华盛顿、伦敦设有三个区域制作中心④。

二、新媒体传播及其主要特征

新媒体主要指"基于数字技术、网络技术及其他现代信息技术或通信技术的，具有互动性、融合性的媒介形态和平台"⑤。新媒体的非线性传播模式使得信息传者与受众之间的界限变得模糊，受众具有与信息生产者交互信息的功能，甚至可以在互动中转变为信息生产者的身份⑥。

新媒体的本质特征是技术上的数字化和传播上的互动性，其主要特征包括数字化、融合性、互动性、网络化。由于其数字化、移动化、交互性、参与性、多媒体融合性传播等特征，新媒体传播打破了信息生产与接收的时空场景限制，可以说是一种"微传播"，"既帮助传统媒体突破了报刊印销时间、节目播出时间的限制，又契合了现代人快节奏的生活方式和碎片化的信息获取方式"⑦。

---

① 中国国际广播电台简介[EB/OL]. [2024-11-11]. https://www.cnr.cn/2008zt/08gbfzlt/gjtjj/200812/t20081214_505175929.html.

② 高贵武，赵媛媛. 移动互联时代广播媒体的生态与发展逻辑[J]. 新闻记者，2015（10）：24-32.（p.24）

③ 中央广播电视总台社会责任报告（2023 年度）[EB/OL].（2024-05-31）[2024-11-11]. https://news.cctv.com/2024/05/31/ARTIYx8iopCYvaCSCHvEvcE9240530.shtml.

④ ABOUT US - China Global Television Network[EB/OL]. [2022-08-06]. https://www.cgtn.com/about-us.

⑤ 彭兰. "新媒体"概念界定的三条线索[J]. 新闻与传播研究，2016，23（3）：120-125.（p.125）

⑥ 匡文波. 到底什么是新媒体？[J]. 新闻与写作，2012（7）：24-27.（p.25）

⑦ 隋岩. 群体传播时代：信息生产方式的变革与影响[J]. 中国社会科学，2018(11)：114-134, 204-205.（p.119）

　　数字媒体时代，互联网技术的快速发展和移动互联网的广泛普及，改变了信息生产与消费的方式，也改变了信息生产者与受众的关系及主体性地位，打破了传统媒体单向、线性的传播规律，人们可以随时随地参与传播活动①，这引发了国家媒体的信息生产与传播方式的转型。近年来，国家推出了媒介融合政策，推进官方传统媒体对接网络媒体，创新融合传播形式②。CGTN、《中国日报》、《环球时报》（英文版）等主流英文媒体都已推出移动客户端，入驻社交媒体平台，建立了微博、微信、哔哩哔哩、抖音、脸谱、推特、Instagram、YouTube 等新媒体平台的社交账户。

　　国家近年出台的媒体融合指导意见，在顶层设计上越来越重视新媒体平台的资源配置和内容生产。2014 年 8 月，中央全面深化改革领导小组第四次会议审议通过了《关于推动传统媒体和新兴媒体融合发展的指导意见》，习近平强调要"强化互联网思维，坚持传统媒体和新兴媒体优势互补、一体发展，坚持先进技术为支撑、内容建设为根本，推动传统媒体和新兴媒体在内容、渠道、平台、经营、管理等方面的深度融合，着力打造一批形态多样、手段先进、具有竞争力的新型主流媒体，建成几家拥有强大实力和传播力、公信力、影响力的新型媒体集团，形成立体多样、融合发展的现代传播体系"③。2020 年 9 月，中共中央办公厅、国务院办公厅印发了《关于加快推进媒体深度融合发展的意见》，该意见指出"以互联网思维优化资源配置，把更多优质内容、先进技术、专业人才、项目资金向互联网主阵地汇集、向移动端倾斜，让分散在网下的力量尽快进军网上、深入网上，做大做强网络平台，占领新兴传播阵地"④。移动互联网平台成为重点传播主阵地。

三、中国国家媒体的新媒体传播现状

　　移动互联时代，技术和平台的升级使新的传播形态不断涌现，信息获取渠道更加多元化。近年来我国主流媒体逐步顺应传统媒体转型趋势，开展媒介融合发展与创新，建设全媒体、立体化传播体系，推进差异化分层传播、扩大受众覆盖面。例如，CGTN 自开播以来便确立了"移动优先"战略，在内容制作上优先考

---

① 隋岩. 群体传播时代：信息生产方式的变革与影响[J]. 中国社会科学，2018（11）：114-134，204-205.

② 陈汝东. 论中国国家话语的发展趋势[J]. 学术界，2017（2）：125-135，325.（p.127）

③ 习近平：推动传统媒体和新兴媒体融合发展[EB/OL].（2014-08-18）[2022-08-07]. http://media.people.com.cn/n/2014/0818/c120837-25489622.html.

④ 中共中央办公厅 国务院办公厅印发《关于加快推进媒体深度融合发展的意见》[EB/OL].（2020-09-26）[2022-08-07]. http://www.xinhuanet.com/politics/2020/09/26/c_1126542716.htm.

虑移动平台的需要，建立集采集、制作和分发于一体的融媒中心①。又如中央广播电视总台采用"台网并重、先网后台、移动优先"战略，按照互联网传播要求和新媒体发展特征，以先进技术为引领，在融合发展中赢得新优势、开辟新空间②。

在新媒体环境下，媒体用户的信息消费方式与习惯发生转变，这促使国家外文主流媒体不断改革内容生产方式。这些媒体利用多种新媒体渠道进行国家话语传播，包括外文网站、移动客户端、视频网站以及社交媒体官方账号，如建立微博、微信、抖音、哔哩哔哩、脸谱、推特、Instagram、YouTube 等数字媒体平台上的社交账户。

例如，作为国家英文日报，中国日报积极推进媒体融合发展与创新，拥有由传统媒体、移动媒体、社交媒体构成的全球化、分众化、多语种、全媒体传播体系，全媒体用户总数超过 4 亿，是国内外高端人士首选的中国英文媒体。中国日报网创办于 1995 年，是国内最早开通网站的国家级媒体，现已成为国家级综合性媒体网站和中国最具影响力的英文网站。截至 2022 年 12 月，中国日报客户端全球下载用户超过 3900 万，是我国唯一下载量过千万的英文新闻客户端，脸谱账号粉丝数超过 1.05 亿，位居全球媒体账号粉丝数第二位③。中国日报传播网络的构建有三个要点：一是构建全球化、分众化传播网络；二是完善全媒体、立体化传播矩阵；三是搭建国际化、多元化传播渠道，以更好地发挥其国际传播平台的作用。中国日报通过多元化传播网络，实现报纸深度解读、网络实时发布、移动媒体滚动追踪、社交平台深度互动引导，成为国家外宣的重要舆论阵地和境外媒体转载率最高的中国信息源之一④。

环球网（www.huanqiu.com）也是海外媒体转引率居高的中国媒体之一，由人民网和环球时报社联合主办，人民日报社、中央网络管理部门批准，于 2007 年11 月正式上线，属于中央有关主管部门认可的可供网站转载新闻的中央级新闻单位。环球网凭借强大的媒体平台和原创内容生产力，全方位跟踪全球热点，第一时间传递中国声音，成为中国人了解世界首选的信息分享平台。⑤《环球时报》英文网（www.globaltimes.cn）于 2009 年 4 月开通。

---

① 毕建录. 国际战略视角下我媒体的对外传播：兼评中国国际电视台（中国环球电视网）CGTN 的成立[J]. 青年记者，2017（21）：51-52.

② 中央广播电视总台招贤纳士进行时[EB/OL].（2019-06-09）[2022-08-06]. http://m.news.cctv.com/2019/06/07/ARTIeT9Rz5dIy734Ycb5RxlN190607.shtml.

③ 中国日报社. 传播网络[EB/OL]. [2022-08-06]. https://cn.chinadaily.com.cn/5b753f9fa310030f813cf408/5f59c820a31009ff9fddf6bc/5f59c843a31009ff9fddf6bf/.

④ 中国日报社. 传播网络[EB/OL]. [2022-08-06]. https://cn.chinadaily.com.cn/5b753f9fa310030f813cf408/5f59c820a31009ff9fddf6bc/5f59c843a31009ff9fddf6bf/.

⑤ 关于环球网[EB/OL]. [2022-08-06]. https://corp.huanqiu.com/about/.

除此之外，国家媒体设立的英文网站还包括新华网（https://english.news.cn/home.htm）、人民网（http://en.people.cn/）、国际在线（http://chinaplus.cri.cn/）、央视网（https://english.cctv.com/）、中国网（http://www.china.org.cn/）、中新网（http://www.ecns.cn/）、CGTN（https://www.cgtn.com/）等。上述国家媒体同时开通了移动客户端、海外社交媒体账号。其中，由中央广播电视总台主办的国际在线（www.cri.cn）目前通过 44 个语种以及广客闽潮 4 种方言对全球进行传播，是中国使用语种最多的国际化新媒体平台[①]。

第二节　国家话语的媒体翻译

一、国家话语的媒体翻译：概念与特征

国家话语的媒体翻译指的是国家话语通过新闻媒体的翻译与报道实现跨语言、跨文化传播，在本节中特指我国媒体的对外翻译与传播。可以说，国家话语的媒体翻译在某种程度上具有新闻翻译的特征，包含对信息的选择、重释、重写、（再）语境化、编辑，体现媒体的建构属性[②]。简单来说，媒体建构（framing）的核心是选择（selection）与突显（salience）。在新闻报道中，记者选取现实事件的某些方面，将其突出呈现在文本中，目的是强调某些定义、进行道德评价、提供解释框架或解决方案等，从而指引新闻受众阅读和理解文本的方向[③]。在翻译实践中，建构是一种体现译者主动性的策略，译者有意识地建构文本的阐释框架，通过翻译塑造出可能不同于原文呈现的现实[④]。国家话语的媒体翻译与传播是一种语境重构（recontextualization）[⑤]，媒体首先在国家话语文本中选择需强调的内容，然后在新闻报道语境下用特定的表达形式重构国家话语及其现实。

需要注意的是，国家话语的媒体翻译并不等同于新闻翻译，二者的区别性特

① 国际在线[EB/OL].（2018-10-25）[2023-02-19]. https://news.cri.cn/20181025/3c9752d3-ff8e-b40b-63a4-402d59dd11c3.html.

② van Doorslaer, L. Journalism and translation[M]. In Y. Gambier & L. van Doorslaer (Eds.), *Handbook of Translation Studies (Volume 1)* (pp. 180-184). Amsterdam and Philadelphia: John Benjamins, 2010.

③ Entman, R. M. Framing: Toward clarification of a fractured paradigm[J]. *Journal of Communication*, 1993, 43(4): 51-58.

④ Baker, M. *Translation and Conflict: A Narrative Account*[M]. New York: Routledge, 2006.

⑤ Schäffner, C. & Bassnett, S. Politics, media and translation: Exploring synergies[M]. In C. Schäffner & S. Bassnett (Eds.), *Political Discourse, Media and Translation* (pp. 1-29). Newcastle upon Tyne: Cambridge Scholars Publishing, 2010.

征在于，国家话语的媒体翻译首要秉持立场等效原则，无论处理的是以信息型文本、表情型文本为主的国家话语，还是以操作型文本为主的国家话语；同时，国家话语的媒体翻译遵循"外宣三贴近原则"——贴近中国发展的实际，贴近国外受众对中国信息的需求，贴近国外受众的思维习惯[①]。

二、国家话语的媒体翻译的主要类型

本小节聚焦以平面静态形式呈现于国家主流英文媒体的国家话语。国家话语的媒体翻译与传播类型可总结为四种：一是全文翻译传播，二是片段摘译传播，三是转述翻译传播，四是图解新闻翻译传播。

（一）全文翻译传播

全文翻译指国家媒体在其网络平台上发布国家话语文本的全文译文。例如，国家领导人的国内外重大场合讲话、演讲或外媒署名文章的英译全文通常由新华网英文网站第一时间同步发布。比如，习近平于 2022 年 7 月 1 日上午在庆祝香港回归祖国 25 周年大会暨香港特别行政区第六届政府就职典礼上发表重要讲话，讲话全文的英译文 "Xi Jinping's address at the meeting celebrating the 25th anniversary of Hong Kong's return to the motherland and the inaugural ceremony of the sixth-term government of the Hong Kong Special Administrative Region"于 2022 年 7 月 2 日下午在新华网英文网站上发布[②]，后由中国网等各大主流英文媒体转载。

（二）片段摘译传播

片段摘译指国家媒体在其网络平台上发布国家话语文本的精选要点译文，有助于受众迅速把握文本的关键信息。例如，2022 年 3 月 11 日上午，第十三届全国人民代表大会第五次会议闭幕后，国务院总理李克强出席记者会并回答中外记者问，中国日报网在同一天发布总理在记者招待会上的要点精选报道 "Highlights from Premier Li's news conference"，并在适当位置附上详细报道的超链接，这种做法在满足信息需求的同时，也创造了进一步的信息需求。该报道节选片段如例 1 所示。例 1 选自李克强就美国消费者新闻与商业频道记者有关国家减税降费等

---

① 黄友义. 坚持"外宣三贴近"原则，处理好外宣翻译中的难点问题[J]. 中国翻译，2004,25（6）: 27-28.（p.27）

② Full text of Xi Jinping's address at the meeting celebrating the 25th anniversary of Hong Kong's return to the motherland and the inaugural ceremony of the sixth-term government of the Hong Kong Special Administrative Region[EB/OL]. (2022-07-02) [2022-08-07]. https://english.news.cn/20220702/74d848898c8d4201bd5140570611dc58/c.html.

财政政策问题的回答，回答原话实录如例 2 所示。通过对比例 1 和例 2，我们可以观察到例 1 摘译了例 2 记者会实录中的哪些话语，有哪些共同特征。

例 1：选自 Highlights from Premier Li's news conference，2022-03-11

On financial policy

- Fee and tax reduction most direct, fair and effective measure to help businesses (*Read more*)[①]

- Li highlights 2.5 trillion yuan in tax cuts and refunds

- China will give priority to small and micro enterprises in its tax rebates to help them navigate difficulties (*Read more*)[②]

- Central government's transfer payments to local governments will reach 9.8 trillion yuan this year

（ https://www.chinadaily.com.cn/a/202203/11/WS622ab150a310cdd39b c8bf46_3.html ）

例 2：选自李克强总理出席记者会并回答中外记者提问，2022-03-11

美国消费者新闻与商业频道记者：国家金融与发展实验室有关研究显示，降费对于小企业的帮助是最大的，减税次之。您能否与我们分享关于减税降费影响的具体数据？另外，由于房地产市场发展速度的放缓，地方政府财政有所减少，对这方面有什么考虑？还有就是涉及消费方面，政府会考虑采取发放消费券等类似的政策措施吗？

李克强：结论是要有理论和实践支撑的。从我们这几年的实践看，减税降费效果最直接。我记得去年到东部地区和十几位企业家交谈，他们谈到了企业运行中的困难，希望国家再出台一些宏观支持政策。我当时就说，中央政府的政策储备是有的，但需要集中使用。有三项选择，但只能做选择题，就是三选一。一是大规模投资，也许你们可以得到订单。二是发放消费券，可能会直接刺激消费。三是给企业减税降费，稳就业、促投资消费。他们沉默一会儿，几乎异口同声地回答，我们选择第三项。因为这是最直接、最公平、最有效率的。从今年我收到的有关报告看，普遍把减税降费作为对政府宏观政策的第一期待。看来，施肥还得要施到根上，根壮才能枝繁叶茂。

---

① Zhang, Y. Li: Tax and refunds best way to help economy[EB/OL]. (2022-03-11) [2022-08-08]. https://www.china daily.com.cn/a/202203/11/WS622ad520a310cdd39bc8c06b.html.

② Fan, F. F. Li says timely help for services sector crucial[EB/OL]. (2022-03-11) [2022-08-08]. https://www.chinad aily.com.cn/a/202203/11/WS622af1a9a310cdd39bc8c0e5.html.

我在材料上也看到，有人担心减税降费实施几年了，边际效应是不是已经递减了，也就是说作用不像以前那么大了。这次我们实施的大规模减税降费是退税和减税并举，规模 2.5 万亿元。在 2020 年经济受冲击最严重时，我们也就是这么大的政策规模，最终挺过来了，而且我们这次调整了结构，把退税顶在前面。所谓退税，就是按照增值税税制的设计，对市场主体类似于先缴后返的税额，我们采取提前退税的办法，就是一次性把留抵的税额退给企业，规模 1.5 万亿元以上。如果效果好，我们还会加大力度。

我们退税优先考虑小微企业，因为小微企业量大面广，支撑的就业人口多，而且现在是他们资金最紧张、最困难的时候，所以我们要在今年 6 月底以前，把小微企业的存量留抵税额一次性退到位，把制造业、研发服务业等一些重点行业的留抵税额在年内全面解决，对小微企业的增量留抵退税逐月解决。我在政协参加讨论的时候，一位政协委员是企业家，他就告诉我，相比其他减税降费和投资等措施，退税效果来得最快、来得最好。跑个项目可能有很多周折，退税等于是给企业直接发现金、增加现金流，是及时雨。看来，说破千言万语，不如干成实事一桩，一定要把这项关键性措施落到位。

减税降费是在做减法，但实质上也是加法，因为今天退，明天就是增，今天的减，明天就可能是加。去年新增纳税市场主体交的钱，超过了我们当年减税的钱，这是有账可查的。从 2013 年我们实施增值税改革以来，以减税为导向，累计减了 8.7 万亿元，当时我们的财政收入大概 11 万亿元，去年已经突破了 20 万亿元，增加了近一倍。因为企业在这个过程中受益了，效益增加了。可谓水深鱼归、水多鱼多，这是涵养了税源，培育壮大了市场主体。

刚才你说到地方财政收入遇到新的困难，我们注意到了。所以今年中央对地方的转移支付增幅是多年来少有的，增长 18%，总规模达到 9.8 万亿元。退税主要是中央财政掏腰包，当然地方政府也得"凑份子"。我们退税的钱是直达企业，考虑到基层的困难，我们对基层的转移支付补助资金是直达市县以下基层。地方政府要当"铁公鸡"，不该花的钱一分钱也不能花，该给市场主体的钱一分都不能少，多一分那是添光彩。

（http://www.gov.cn/premier/2022-03/11/content_5678618.htm#allContent）

（三）转述翻译传播

转述翻译指国家领导人、外交部等国家机构发言人的话语以转述话语的方式呈现于英文报道中，成为新闻叙事框架的一部分。此时，国家话语从其原有语境中移出，进入译语新闻话语语境，以直接引语或间接引语的方式重构于新闻报道中进行传播，体现语篇之间的互文性[①]。作为新闻转述话语的国家话语的翻译不仅关乎被转述文本本身的转换，还涉及转述动词的选用、被转述者的身份定位以及被转述文本的上下文表达，它们共同构成受众解读的对象。

例如，中国日报网一篇报道转述了李克强在 2022 年总理记者会上答记者问的话语，现摘取报道片段如例 3 所示，总理记者会问答实录如例 4 所示。

例 3： 选自 GDP target signals more pro-growth measures，2022-03-12

Despite a slowdown compared with previous years, China's GDP growth target of around 5.5 percent points to the nation's proactive pursuit of economic progress on a high base and necessitates robust support from macroeconomic policies, <u>Premier Li Keqiang said</u> on Friday.

Meeting such an annual GDP growth rate target means the country will add nominal output of about 9 trillion yuan ($1.42 trillion) this year, much larger than the number a decade ago when an even higher growth rate was achieved, <u>Li said</u> at a news conference in Beijing after the closing of the fifth session of the 13th National People's Congress.

"<u>Slower growth on the surface actually now carries more weight,</u>" <u>Li said, adding that</u> the output increment represented by China's growth target this year is equivalent to the aggregate output of a medium-sized economy.

Achieving this year's growth target is not easy given emerging downward pressures and rising uncertainties, necessitating macroeconomic policy support such as expanded fiscal spending to support tax cuts and refunds, <u>Li said</u>.

（https://www.chinadaily.com.cn/a/202203/12/WS622beaf0a310cdd39bc8c244.html）

例 4： 选自李克强总理出席记者会并回答中外记者提问，2022-03-11

去年，在以习近平同志为核心的党中央坚强领导下，经过全国人民的共同努力，我们不仅完成了全年经济社会发展的主要目标任务，而且为今年打下了坚实基础。<u>今年经济确实遇到了新的下行压力和挑战，且不说各种复杂环境在变化，不确定因素增多，就是我们本身要实现 5.5%</u>

① Schäffner, C. "The prime minister said…": Voices in translated political texts[J]. *Synaps*, 2008, 22: 3-25.

的目标，它的增量，也就是中国百万亿元量级以上 GDP5.5% 的增量，<u>就相当于一个中等国家的经济总量。10 年前我们经济总量还是 50 多万亿元，增长 10%，增量有六七万亿元就可以了，而今年得要有九万亿元名义 GDP 的增量</u>。这就好像登山，如果你要登 1000 米的山，想爬 10%，那 100 米就可以；如果你要登 3000 米的山，想上 5%，那就是 150 米。而且条件也变了，越往上气压越低、氧气越少，<u>看似速度放缓了，实际上分量更重。</u>

<u>实现 5.5% 左右的增长，这是在高水平上的稳，实质上就是进，是不容易的，必须有相应的宏观政策支撑</u>。比如财政政策，今年我们降低赤字率到 2.8%，赤字比去年少了 2000 多亿元。但与此同时，我们加大了<u>财政支出</u>的力度。那你们会问，钱从哪里来？我在政府工作报告当中已经说了，我们这两年可用未用、结存的中央特定金融机构和专营机构的利润，再加上财政预算稳定调节基金，新增支出规模不小于 2 万亿元，而且增加的规模主要用来<u>减税降费，特别是退税</u>，这相当于给登高山的人输氧。当然，我们还有配套的金融、就业等多项举措。

（http://www.gov.cn/premier/2022-03/11/content_5678618.htm#allContent）

例 3 的英文报道中综合使用了一处直接引语和三处间接引语，且转述动词都是表示客观中立的 said 或 adding。报道所转述的三段内容出自李克强总理在记者会上就美联社记者有关中国政府制定 GDP 增速目标的问题的回答，切合本篇报道 GDP 增长目标及措施的主题。作为转述话语，总理的话语服务于英文报道的主题阐述及叙述框架。

例 4 画线部分为例 3 英文报道中转述的话语，我们可以观察一下英文新闻报道对记者会实录中的哪些内容进行了取舍。总的来说，英文新闻中选择翻译和转述总理话语中的主要观点、支撑和解释观点的重要数据以及关键措施，同时省略了总理话语中的细节内容、口语化表达、重复性话语、类比和设问的修辞手法。通过这种处理，最终呈现出的新闻转述话语信息密度更高、表述方式更为客观和正式。

（四）图解新闻翻译传播

图解新闻主要指摘译国家话语中的核心语句或数据信息，以平面图片形式呈现在各类媒体平台上。图解新闻主要指"把文字信息转换为形象符号，以视觉化的方式引导读者对信息的关注和思考"，"通常是传统新闻报道的精华浓缩和事物间的关系揭示"[①]。这种融图文于一体的表现形式，有一定的视觉冲击力，便于受

---

① 刘义昆，卢志坤. 数据新闻的中国实践与中外差异[J]. 中国出版，2014（20）：29-33.（p.30）

众抓取和理解关键信息，建立深刻印象。尽管交互式视频化的呈现方式越来越受到新闻生产者和消费者的青睐，但图解新闻能以直观形象、简洁明晰的方式综合呈现信息，同时契合受众碎片化、轻量化的阅读习惯。

图解新闻在国家话语的媒体传播中起着不可忽视的作用，通过形象化、通俗易懂的图文组合，使严肃的时政报道变得更具可读性和趣味性。近年来，我国主流英文媒体如人民网、中国日报网和《环球时报》英文网纷纷推出了图解新闻栏目。

例如，《环球时报》英文网 2023 年 8 月 13 日以图解新闻方式报道了我国生态文明建设[①]，如图 9-1 所示，对数据进行梳理并将其可视化，通过字体大小和排版布局表明数据的重要程度以及数据之间的关系。

图 9-1 Ecological civilization in China

例如，中国日报网以图文报道 2022 年 7 月 12 日习近平来到新疆乌鲁木齐国际陆港区考察时的讲话"随着共建'一带一路'深入推进，新疆不再是边远地带，

---

① Deng, Z. J. & Xu, Z. H. Ecological civilization in China[EB/OL]. (2023-08-13) [2024-08-07]. https://www.global times.cn/page/202308/1296174.shtml.

而是一个核心区、一个枢纽地带"①，如图 9-2 所示。

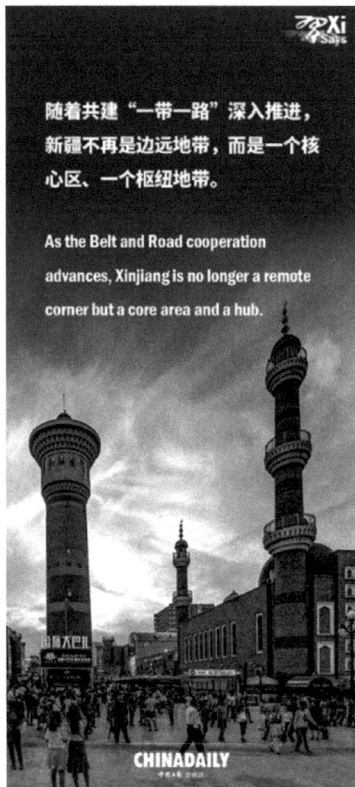

图 9-2　Highlights of President Xi Jinping's quotes on Xinjiang

第三节　国家话语的媒体翻译重构

本节将建构分析模型，通过对比中外主流英文媒体的语篇重构方式，分析讨论国家话语的媒体翻译建构的策略和影响因素，强调重视国家话语的媒体翻译重构与国家形象塑造之间的关系。本节主要内容基于笔者的前期研究并做了适当调整②。

---

① Highlights of President Xi Jinping's quotes on Xinjiang[EB/OL]. (2022-07-21) [2022-08-08]. https://www.chinadaily. com.cn/a/202207/21/WS62d8f13fa310fd2b29e6da31_1.html.

② Pan, L. & Huang, C. Recontextualizing political metaphor in news discourse: A case study of the Chinese president's metaphors in English reports[M]. In N. X. Liu, C. Veecock & S. I. Zhang (Eds.), *Chinese News Discourse: From Perspectives Communications, Linguistics, Translation and Pedagogy* (pp. 65-83). London and New York: Routledge, 2021.

一、国家话语与媒体翻译重构

国家领导人话语，特别是在外交场合的发言，作为最重要的国家对外话语，向来受到国内外媒体的关注。从传播角度来看，语言、外交和媒体之间关系密切，媒体报道既可传播政治外交理念，也可通过新闻翻译重构影响受众对国家话语的理解。国家领导人外交话语中的隐喻是国家话语的重要组成，是中外媒体传播国家话语时经常突出报道的内容。外交隐喻作为一种国家修辞话语，其媒体传播关系到国家话语能力建设与国家形象建构，关乎国际话语权的提高①。近年来，国家领导人在国际场合发言中的隐喻及媒体翻译逐渐成为国家话语翻译传播研究的焦点②。

关于国家话语中隐喻的话语特征及翻译特点，可阅读本书第四章"国家领导人话语翻译"的第四节，这里不再赘述。简言之，国家话语中的隐喻翻译通过选用隐喻源域意象的突出特征，来突显或隐藏隐喻目标域的某些方面，从而引导译语受众理解隐喻目标域涉及的议题、理念或观念。同时，由于隐喻意义的生成与识解取决于不同的语境因素，对隐喻进行跨语言和跨文化的语境重构，可能会改变甚至偏离国家话语中隐喻的原意和交际意图。

领导人在外交场合使用的隐喻与"对外政策和国际关系密切相关"，具有"政治敏感性、语义隐含性、表达意象性和民族特色性"等话语特征③。本节以批评话语分析中的语境重构原则和评价理论中的介入系统为基础，搭建外交隐喻的媒体翻译重构分析模型，对比中国和英美主流英文媒体翻译报道国家领导人所用隐喻时的语境重构方式，考察媒体如何将隐喻从其原有的外交话语语境中剥离，并在翻译报道中重构其态度定位和评价。

二、国家话语的媒体翻译重构的分析模型

媒体重构指话语从原语语境中移出，进入译语新闻语境，这一过程既包括对该话语的翻译与转述，也包括新闻语篇对该话语的调用与重塑。在跨语言新闻报

① 陈汝东. 论国家话语能力[J]. 北京大学学报（哲学社会科学版），2011（5）：66-73.

② Pan, L., Li, J. & Huang, C. Mediation and reception of political metaphor in media discourse: A case study of president Xi's most quoted anti-corruption metaphor[J]. *Translation Quarterly*, 2019(94): 19-44；Pan, L. & Huang, C. Stance mediation in media translation of political speeches: An analytical model of appraisal and framing in news discourse[M]. In B. Wang & J. Munday (Eds.), *Advances in Discourse Analysis of Translation and Interpreting* (pp. 131-149). London and New York: Routledge, 2020.

③ 杨明星，赵玉倩. "政治等效+"框架下中国特色外交隐喻翻译策略研究[J]. 中国翻译，2020，41（1）：151-159，190.（p.152）

道中，国家话语的转述，无论是以直接引语还是间接引语的形式，必定涉及翻译。如前所述，国家话语的媒体翻译可以指外文报道中的翻译现象，是"一个包含选择、重写与语境重构的转移过程"①。在新闻报道中转述国家话语时，媒体可能借助不同译文和转述形式来调节话语意义。译语新闻中的转述话语表征有可能令译语受众认为国家领导人真的在用译语讲话。然而在跨语言报道中，外交隐喻经由新闻媒体翻译和语境重构，隐喻的意义实际上可能出现很大的变动。

诺曼·费尔克拉夫（Norman Fairclough）提出的话语实践语境重构四原则包括内容呈现（presence）、内容抽象（abstraction）、内容重组（arrangement）、内容添加（addition）②。内容呈现指新闻报道中事件元素的出现或缺失、突显或模糊。内容抽象指对具体事件的抽象或概括程度。内容重组指如何对新闻素材或事件进行重新组织编排。内容添加即在描述特定事件时添加的解释性或合法化内容，如原因、目的和评价。这四个原则同样可体现在媒体翻译和转述外交隐喻的语境转换与重构。

同时，媒体在转述隐喻时常结合"隐含评价的客观报道"③，也就是说，在媒体报道隐喻时，隐含的评价可体现媒体的态度倾向。借助詹姆斯·R. 马丁（James R. Martin）和彼得·R. R. 怀特（Peter R. R. White）的评价理论进行描述，有助于分析媒体翻译转述隐喻的态度和立场。评价理论描写态度（attitude）、介入（engagement）和级差（graduation）三个语言资源系统如何构建话语中的评价，以解释作者或讲者与读者或听众之间的交际互动和态度定位。态度系统主要涉及语言使用者的情感（affect）以及对人、事、物的评判（judgment）、评赏（appreciation）。介入系统可用于考察新闻中的转述话语，用以解释新闻语篇中"新闻作者与多种声音和观点进行对话的交际安排"④。当新闻将政治外交隐喻归于国家领导人的话语时，媒体将国家领导人话语重构为新闻转述话语，选取的介入资源即转述动词可体现对转述话语的立场或态度，并可能引导公众观点。

本节以批评话语分析中的语境重构原则和评价理论中的态度系统和介入系统为理论基础，搭建语境重构分析模型，以分析和解释政治外交隐喻在媒体话语中的翻译、转述与语篇重构策略。由于国家话语中的隐喻常以转述话语的形式出现在

---

① van Doorslaer, L. Translating, narrating and constructing images in journalism with a test case on representation in Flemish TV news[J]. *Meta*, 2012, 57(4): 1046-1059. (p.1057)

② Fairclough, N. *Analyzing Discourse: Textual Analysis for Social Research*[M]. London: Routledge, 2003. (pp.139-140)

③ Schäffner, C. & Bassnett, S. Politics, media and translation: Exploring synergies[M]. In C. Schäffner & S. Bassnett (Eds), *Political Discourse, Media and Translation* (pp. 1-29). Newcastle upon Tyne: Cambridge Scholars Publishing, 2010. (p.5)

④ White, P. R. R. Exploring the axiological workings of 'reporter voice' news stories—Attribution and attitudinal positioning[J]. *Discourse, Context & Media*, 2012, 1(2-3): 57-67. (p.58)

新闻标题及正文中，该模型以文本语境为出发点，考察隐喻从国家话语转变为新闻转述话语及其他新闻语篇要素的语言转换与语境重构。该模型基于评价理论的语言资源系统和话语实践语境重构四原则，分析译语新闻中转述动词的评价意义和其他语境线索，考察媒体如何利用隐喻实现其交际意图、态度定位和立场调节。

如图 9-3 所示，新闻翻译报道外交隐喻的语境重构分析模型包含三个层面：首先，观察中外媒体如何翻译同一隐喻，分析译文呈现的隐喻形象或意义及其可能的态度倾向变化；其次，分析媒体在转述隐喻译文时添加的转述动词等介入资源，以及这些动词可能表达的态度定位；最后，考察译语报道如何重组与隐喻及原文语境相关的标题、消息源及事件要素，在新闻语篇中进一步建构被转述的外交隐喻。由于篇幅所限，这里我们只简述第一层面和第二层面的分析。

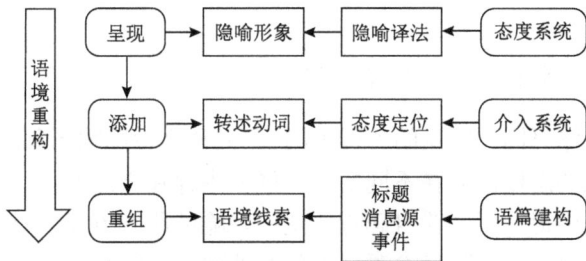

图 9-3　新闻翻译报道外交隐喻的语境重构分析模型

三、国家外交隐喻媒体翻译重构的策略分析

媒体广泛关注和积极报道的国家修辞话语往往意象丰富、立场鲜明。因此，了解中外媒体如何翻译和转述这类隐喻以构建新闻语篇具有重要意义，有必要从语篇层面对相关报道进行深入研究。此处分析的语篇是 2019 年 10 月 12 日至 13 日习近平对尼泊尔进行首次国事访问的相关英文报道，其中习近平在这次访问期间发言提到的一个隐喻，得到了国内外媒体广泛报道。10 月 13 日，习近平在加德满都同尼泊尔总理卡德加·普拉萨德·夏尔马·奥利（Khadga Prasad Sharma Oli）会谈。奥利在会谈中表示，尼方坚定奉行一个中国政策并在涉及中国核心利益问题上给予坚定支持。对此，习近平强调，"任何人企图在中国任何地区搞分裂，结果只能是粉身碎骨"[①]。

此处重点分析中国和英美主流媒体英文报道中"粉身碎骨"的英译，主要是因为该隐喻同时受到国内外媒体的广泛关注，是迄今为止有关习近平外访英文报

[①] 习近平：任何分裂中国企图都是痴心妄想[EB/OL].（2019-10-13）[2022-08-08]. http://www.xinhuanet.com/politics/leaders/2019-10/13/c_1125099224.htm.

道中被引用最多的隐喻之一。也许有人会说，英文报道中习近平所用隐喻的英文并非严格意义上的翻译。但是，由于该隐喻的原文是中文，所以其在英文报道中的英文表达可以说是该中文隐喻的英译文。

原文前半部分，"任何人企图在中国任何地区搞分裂"可译为 anyone that attempts separatist activities in any region of China。然而，后半部分"粉身碎骨"描述的是搞分裂活动的后果，其英译易被外国媒体用以误导受众，而误导程度取决于该隐喻的英译在多大程度上再现其源域意象。分析的语料包含 16 篇英文新闻报道，11 篇来自 9 家英美主流媒体，包括 4 家英国媒体和 5 家美国媒体，5 篇来自 3 家中国新闻媒体。新闻收集的时间范围为 2019 年 10 月 13 日至 16 日，即习近平对尼泊尔进行国事访问后的 4 天。由于篇幅所限，这里只简述第一层面和第二层面的分析。

（一）中国外交隐喻的中外媒体翻译

中外不同媒体对同一隐喻的英译不同，不同译文对隐喻形象的抽象程度不同，因而隐喻目标域的态度倾向在不同的媒体译文中存在级差变化。我们从中国和英美媒体英文报道中提取了"粉身碎骨"这一隐喻的所有英译，对比发现中国和英美媒体的英译在保留或删除隐喻源域意象的处理上有较大差异。如表 9-1 所示，尽管中国媒体的译文 2 和译文 3 以及英美媒体的所有译文都保留了隐喻意象，译文中目标域的态度倾向或评判仍存在级差变化。

表 9-1 中国和美英主流媒体英文报道中的隐喻译文及频次

中国媒体（5 篇报道，9 个隐喻译文）	英美媒体（11 篇报道，23 个隐喻译文）
[1] be/end in vain （n=3）（中国日报网，CGTN）	[5] end in crushed bodies and shattered bones/end in shattered bones （n=13）［路透社（Reuters），《每日电讯报》（The Telegraph），《卫报》（The Guardian），美国有线电视新闻网（Cable News Network，CNN），《商业内幕》（Business Insider），福克斯新闻（Fox News）]
[2] be crushed （n=2）（新华网，CGTN）	
[3] be smashed into pieces （n=2）（《中国日报》英文网）	[6] be crushed （n=4）（路透社，《卫报》，CNN）
[4] fail （n=2）（CGTN）	[7] be smashed (in)to pieces （n=3）［美国广播公司新闻频道（ABC News）]
	[8] perish, with their bodies smashed and bones ground to powder/bodies smashed （n=2）（BBC）
	[9] be ruined （n=1）［《纽约时报》（The New York Times）]

如表 9-1 所示，中国媒体的 4 个隐喻英译文，译文 1 和译文 4 抹除隐喻形象，强调隐喻意义，从而在新闻中传达隐喻在外交语境中对分裂活动注定失败、徒劳一场的鲜明态度；译文 2 和译文 3 虚化了"粉""碎"的动作形象，译文 3 同时呈现了该动作的结果，由此译文 3 对目标域的态度倾向要强于译文 2。英美媒体采用的 5 类隐喻英译文都在不同程度上呈现了隐喻形象，试图显化对隐喻目标域的评判态度，而未明晰隐喻在外交语境中传达的态度立场。译文 5 和译文 8 几乎是"粉身碎骨"的逐字翻译，呈现出抽象程度最低的隐喻意象，译文 8 甚至可以说是过度翻译，对目标域的态度倾向最强。译文 6、译文 7、译文 9 则对隐喻意象中的动作或动作的结果进行抽象化表达，对目标域的态度倾向较弱。部分英美媒体如美国广播公司（American Broadcasting Company，ABC）（译文 7）、美国有线电视新闻网（译文 6）的报道指明中国媒体为隐喻话语的消息源，选取中国日报网（译文 3）和新华网（译文 2）英文报道中未删除隐喻形象的译文，并以超文本链接形式提供中国媒体报道页面。

（二）中外媒体转述重构隐喻的立场定位

在陈述事实、阐明观点时，添加转述动词是媒体重构所转述话语的常用方式，也是新闻翻译重构政治隐喻的互文标记。同时，转述动词能体现新闻报道中对所转述话语嵌入的评价。表 9-2 为中国和英美媒体报道"粉身碎骨"译文时添加的转述动词。

表 9-2　媒体报道隐喻译文的转述动词

中国媒体（5 篇报道，8 个转述动词）	英美媒体（11 篇报道，23 个转述动词）
[1] says/said　（n=7） [2] stressed　（n=1）	[3] warns/warned　（n=9） [4] said　（n=9） [5] told　（n=3） [6] vows　（n=2）

如表 9-2 所示，中国媒体在转述隐喻译文时多用 says/said，而英美媒体多用 warns/warned 或 said。根据评价理论的介入系统，says/said 或 told 表达中立态度，为读者解读报道中的转述内容提供一定的思考空间，而 warns/warned、vows 和 stressed 则表示对转述话语的疏远或尖锐态度。

四、媒体翻译重构的语篇策略模式及影响因素

分析表明，媒体对外交隐喻的语境重构从语篇的三个层面进行，目的在于把

被转述隐喻及讲者置于特定评价及叙事框架中，从而调节态度立场。本小节将根据分析结果，分别讨论媒体翻译重构的语篇策略模式及影响因素。

（一）媒体翻译重构的语篇策略模式

对应语篇的三个层面，媒体翻译重构以调节态度立场的语篇策略包括以下三点：①修辞意象的直译处理歪曲形象；②借用转述动词重新定位态度；③编排新闻事件重构隐喻投射的"现实"。

1. 修辞意象的直译处理歪曲形象

中国和英美媒体在英文报道中凸显修辞意象的不同方面。中国媒体偏向意译隐喻，抹除隐喻的表面意象以突出其实际内涵，但也存在保留并模糊部分隐喻意象的情形；而英美媒体则倾向直译或逐字翻译隐喻，凸显"粉身碎骨"字面上承载的修辞形象。意译帮助读者解读隐喻使用的原意；直译则强调了对分裂主义的震慑，但投射出消极不利的形象。

2. 借用转述动词重新定位态度

新闻报道嵌入的态度性转述动词，可对被转述隐喻及讲者在媒体话语中的态度定位产生附加价值判断。中国媒体多采用 says/said 等中性的非态度标记动词，而英美媒体通常插入 warns/warned 等带有强烈态度意味的标记动词。

3. 编排新闻事件重构隐喻投射的"现实"

隐喻的媒体语境重构离不开新闻语篇中对相关事件的编排等语境设置。CGTN 等中国媒体报道聚焦隐喻原文的外交语境，将隐喻置于语篇本身和支持性转述话语之间；BBC 等英美媒体报道将该隐喻抽离其原始语境，嵌入新闻叙事框架中不同的质疑声音之间，目的在于建构与隐喻原始语境无关的争议性事件或"现实"。

（二）媒体翻译重构的影响因素

外交隐喻媒体翻译与语境重构的媒体效应，一方面可能来自媒体受众的错误印象，认为报道中翻译和转述的隐喻话语是讲者的实际措辞，另一方面与两种语言的差异及其社会语境和意识形态差异有关。

1. 语义隐含差异

中国和英美媒体报道中隐喻的不同译文反映了原文隐喻形象带有的不同含义，体现了隐喻形象与隐含意义的冲突。隐喻意象具有多义性和创造性，这使得新闻报道中翻译隐喻的词汇选择更为多元。因此，隐喻的多层次隐含意义在语境重构中会被重新解读。具体来说，英译文是否显化隐喻形象或意义，会影响中国和英美媒体对原有外交话语意图的建构或态度定位。

2. 社会文化差异

隐喻的内涵植根于特定的社会文化背景。大多数中文隐喻承载着固有的社会信仰和文化思维方式，而媒体对外交隐喻的翻译与转述，不仅将隐喻剥离了外交语境，也使其脱离了原语语言文化环境。"粉身碎骨"隐喻的使用意图是传达中国对分裂主义毫不妥协的反对态度，其态度立场在中国媒体报道的译文中得到了强化，如 fail 和 be in vain。多数英美媒体倾向于直译隐喻意象而不传达其含义，部分原因在于，直接呈现隐喻形象有助于英美媒体构建吸引眼球的叙述事件，并引导目标受众产生切合媒体自身意图的理解。这也反映了近年来西方媒体涉华报道的负面化倾向。随着中国的发展，外媒愈加聚焦中国，然而攻击和抹黑却成为某些西方媒体报道中国的主流。

3. 意识形态差异

译文对隐喻形象或隐喻意义的不同表征，符合中国和英美媒体各自持有的意识形态和价值观念，这种差异有助于媒体在对隐喻进行语境重构时叙述各自认为"正确"的新闻故事，从而使隐喻相关的议题在媒体话语中得以重新建构。这在某种程度上反映了国与国之间的分歧以及对于相关问题的认知偏差，同时为英美媒体报道中隐喻译文呈现的特征提供了有力的解释。

五、国家话语的媒体翻译重构与国家形象塑造

国家话语翻译，尤其是国家领导人话语的媒体翻译构建，可影响国家话语体系构建和国家形象塑造，同时影响目标受众对一个国家的理解和认同效果。中国和英美两国英文翻译报道我国领导人外交场合所用隐喻时，重构隐喻的首要语篇策略多为直接转述隐喻译文，再从新闻报道的视角嵌入转述动词，进而在上下文编排相关新闻事件来建构被转述隐喻，从而共同作用于对隐喻的态度定位。虽然很难确定英美媒体和中国媒体对于该隐喻的英译是有意重构还是无意选择的结果，但是媒体翻译重构对隐喻态度定位存在的明显差异值得关注。由于对同一政治隐喻的不同译法和转述方式会建构出不同的形象和现实，因此在国际传播中，媒体对隐喻的语境重构是嵌入不同态度倾向的重要语篇策略。

在国家外交话语的媒体翻译重构中，选择呈现外交隐喻的表面形象还是隐含意义是中外媒体翻译需权衡的问题。分析表明，当隐喻在不同话语类型之间进行跨语言、跨文化传播时，随着语境改变，媒体翻译中呈现的是隐喻形象还是形象的内涵，可能影响外交话语真实意图的传达，甚至可能引起国际误解。同时，翻译中对某些隐喻表面意象的突出和隐含意义的抹除，可能塑造出不利的国家形象。当中国媒体在个别报道中相当笼统地直译隐喻的表面形象时，其译文可能成为英

美媒体报道重构该隐喻的参考对象，被借用于英美媒体相关报道中，可能给我国国际传播和国家形象的塑造带来不良影响。因此，对于国家修辞话语翻译，建议国家英文媒体及时就其译文达成共识，及时提供统一官方译文，以供国家英文媒体报道传播，争取引导国际舆论，避免西方媒体的歪曲翻译和任意建构。

值得注意的是，对隐喻的意义解读及其媒体效应最终取决于译语受众的接受程度，因此国家修辞话语对外传播的接受情况及改进方案值得翻译实践者和研究者共同重视。同时不可否认，媒体机构的相关准则和议程设置也会影响不同国家媒体对外交隐喻的语境重构差异。

国家话语的媒体翻译重构关系到国家形象的塑造和传播。国家形象"自身并非是一种客观存在，而是一个国家通过各种传媒媒介、文化作品以及品牌重塑来反映国家身份与特性"，"在某种意义上是一种话语建构的产物"①。国家形象问题也是语言性的修辞问题，国家形象传播可理解为一种具有人类意图性的修辞行为②。

我们可能会感受到中国自我认知的国家形象和国际社会感知的形象存在偏差，这背后可能是传播媒介的选择和建构问题。西方媒体的长期炒作和任意建构，形成了对中国的错误或扭曲形象。换言之，在全球传媒场域占主导地位的西方媒体从"他塑"视角建立中国形象，使得中国形象受制于西方强势话语，容易引起新闻受众对中国形象的质疑和误读③，本节对中国外交隐喻的英美媒体翻译重构分析即是典型案例。

翻译作为一种重要的国际传播媒介，在国家形象的建构或重构中起着独特作用，随着中国的国力增强和对外交流日渐频繁，通过翻译主动叙述和建构国家形象，成为"一种跨文化的再现和重构"④。同时，中国国家形象的修辞叙述与传播需要依托中国建立在全球范围内具有公信力并被国际社会信任的大众传媒，否则国家形象的修辞将难以进入目标受众的认知域⑤。

延 伸 阅 读

1. 陈汝东. 论国家媒介空间的建构：挑战与对策[J]. 江淮论坛，2017（1）：140-145.
2. 陈汝东. 论新时代我国国家传播的新态势与新对策[J]. 山西师大学报（社会科学版），2021，48（3）：23-27，53.

---

① 吴赟. 国家形象自我建构与国家翻译规划：概念与路径[J]. 外语研究，2019，36（3）：72-78.（p.74）
② 胡范铸，薛笙. 作为修辞问题的国家形象传播[J]. 华东师范大学学报（哲学社会科学版），2010，42（6）：35-40.（p.35-36）
③ 吴赟. 国家形象自我建构与国家翻译规划：概念与路径[J]. 外语研究，2019，36（3）：72-78.
④ 王宁. 翻译与国家形象的建构及海外传播[J]. 外语教学，2018，39（5）：1-6.（p.1）
⑤ 胡范铸，薛笙. 作为修辞问题的国家形象传播[J]. 华东师范大学学报（哲学社会科学版），2010，42（6）：35-40.（p.40）

3. Entman, R. M. Framing: Toward clarification of a fractured paradigm[J]. *Journal of Communication*, 1993, 43(4): 51-58.

4. Schäffner, C. Political discourse analysis from the point of view of translation studies[J]. *Journal of Language and Politics*, 2004, 3(1): 117-150.

5. Schäffner, C. & Bassnett, S. Politics, media and translation: Exploring synergies[M]. In C. Schäffner & S. Bassnett (Eds), *Political Discourse, Media and Translation* (pp. 1-29). Newcastle upon Tyne: Cambridge Scholars Publishing, 2010.

6. Valdeón, R. A. Anomalous news translation: Selective appropriation of themes and texts in the internet[J]. *Babel*, 2008, 54(4): 299-326.

7. van Doorslaer, L. Journalism and translation[M]. In Y. Gambier, & L. van Doorslaer (Eds.), *Handbook of Translation Studies* (*Volume 1*) (pp. 180-184). Amsterdam and Philadelphia: John Benjamins, 2010.

在国际交流日益频繁的今天，翻译作为国际传播的重要环节，扮演着打破语言壁垒、传递国家声音、服务外交事业、促进文化交流等多重角色。翻译，这一看似简单的工作，实则是推动全球文明进步、促进经济发展的强大动力。而国家话语翻译，更是关乎国家立场传播、传播效果优化，以及国际社会的认知认同，是一项既重要又复杂的社会实践活动。随着全球媒介化的不断推进，信息的跨国界流动已成为常态，国家话语翻译作为沟通的桥梁，直接决定了国家间的信息能否被准确、有效地接收和理解，进而对国家形象的塑造、外交政策的传递、文化的交流以及国际关系的构建产生深远影响。因此，培养具有国际视野、精通双语或多语、深谙跨文化交流技巧的翻译人才，对于提升国家话语的国际传播能力至关重要。

本书作为一部应用翻译学的著作，旨在为促进国家话语翻译学术研究，推动实证翻译研究，以及推动国家话语翻译教材体系建设做出贡献。在新时代国际传播具有战略意义这一背景下，翻译学科人才培养的重要性和迫切性不容忽视，推进国家话语翻译与传播的研究和教学更是迫在眉睫。

国家话语翻译，除了要求译者具备扎实的语言基础，更需具备高度的政治敏感性和文化素养，只有这样才能准确把握国家话语的深层含义和语境特征，确保翻译的准确性和贴切性。然而，随着数智科技和媒介技术的飞速发展、机器翻译与人工智能的广泛渗透，国家话语翻译与国际传播正面临着前所未有的挑战和机遇。如何在这一变革中把握主动，既提升翻译工作效率，又保证翻译质量，成为我们必须面对和解决的问题。

在这个过程中，数智赋能翻译传播成为提升国家话语国际传播效能的关键。虽然技术的力量大，但翻译传播的核心仍在于人，国家话语翻译与国际传播应始终坚定主体立场、贴近目标受众、重视双方差异，遵循对外传播三贴近原则。对于人工智能和大数据模型带来的强大翻译处理能力，我们必须谨慎且智慧地确保国家立场和态度的准确无误传递，以及国家正面形象的有效塑造，避免因技术误用或理解偏差导致的国际误解。

无论技术如何进步，国家话语翻译与国际传播工作的有效开展始终离不开翻译传播人才的支撑。这些人才需要精通语言转换的技术与艺术，更需要具备深厚的跨文化交流能力和国际视野，需要能够针对译语受众的信息需求，准确且有效地传达和传播国家话语，以确保不同文本类型的翻译既忠实于原文功能、交际意图和国家立场，又符合目标语言的表达习惯和目标受众的思维习惯。

因此，培养具有国际视野、精通多国语言、熟悉国际传播规律的翻译传播人才，成为我们应对当前挑战、提升国家话语国际影响力的关键所在。通过加强相关教育培训，提升人才的综合素质和专业能力，我们才能在数智科技与人工智能的浪潮中，确保国家话语翻译与国际传播工作的高质量发展。这不仅是为了提升国家的国际传播能力，更是为了构建人类命运共同体贡献中国智慧和中国力量。

本书在撰写过程中，充分考虑了翻译专业课程教学的需要，有助于培养政治素质过硬、既具国家视野又有家国情怀的多模态国家话语翻译人才，可充分锻炼学生的国家话语翻译能力和对外传播能力。全书内容充分融入思想政治教育元素，可通过国家领导人话语、党政文献话语、外交部等国家外交机构话语、国家企事业单位宣传话语、国家话语口译等的实例讲解，促进学生了解我国国情，丰富思政教育内容，实现政治素养教育，培养学生的家国情怀。同时，除了重视书籍、报纸、会议的翻译传播外，本书特别重视多模态传播模式中的国家话语翻译，包括在电视、广播电台、影视作品和新媒体（网络）进行的翻译与国际传播，通过多种视听文本类型的实例分析，充分培养学生的多模态翻译传播能力，使其能够切实适应新时代融媒体广泛采用的多模态翻译传播模式。

对于翻译从业者而言，本书同样具有极高的参考价值。书中对中外媒体对中国国家话语的传播进行的对比，有助于提升读者对媒体内容的辩证思考能力，坚定政治立场，坚持对中国特色社会主义的道路自信、理论自信、制度自信、文化自信，从而更好地服务于我国的对外传播事业和对外话语体系建设。

本书作者作为广东外语外贸大学（简称广外）政治叙事全媒体翻译传播研究团队的负责人和翻译与国际传播研究中心的负责人，响应国家对外传播的迫切需要，自2020年起，便在广外开设"国家话语翻译"和"时政翻译"等专业课程，并在广外高级翻译学院设置翻译专业硕士翻译与国际传播方向，之后在广外英语语言文化学院本科英语专业设置翻译与国际传播模块课程，以求提升学生的国家话语和时政话语的翻译能力和对外传播能力，全面培养适应新时代传播方式、掌握国家话语翻译技巧与素养的翻译传播人才。开展多轮课堂教学的同时，本书作者一直带领团队致力于国家话语翻译与传播研究和教学改革。本书由作者设定总体框架、修改完善各章及统稿，各章节初稿撰写及完善的分工如下：序言（潘莉、黄楚欣）、绪论（潘莉、黄楚欣）、第一章（潘莉、黄楚欣）、第二章（潘莉、张晓萌）、第三章（潘莉、张晓萌、宋雨婷）、第四章（潘莉、黄楚欣）、第五章（潘莉、黄燕羽）、第六章（潘莉、袁歆宇）、第七章（潘莉、吴丹萍）、第八章（潘莉、韩琳）、第九章（潘莉、黄楚欣）、后记（潘莉）。本书获得了广外研究生院研究生教材建设项目立项资助，同时也是广外政治叙事全媒体翻译传播研究项目的重要阶段性成果。本书所使用的图片均已明确标注出处。若存在任何版权疏漏，敬请相关权利人及时与笔者（panli88@gdufs.edu.cn）联系，以便妥善处理。

经过四年多的筹备与撰写，《国家话语翻译与国际传播》一书终于出版。本书撰写过程中，得到了广外高级翻译学院和英语语言文化学院领导们和同事们的大力支持，尤其得到了李瑞林教授和蓝红军教授的积极支持和大力帮助。在此一并致以特别感谢！本书的顺利出版，还要特别感谢科学出版社的支持和责编杨英女士在编校出版过程中为本书付出的心血。

希望本书能抛砖引玉，引发学界和教育界对国家话语翻译与国际传播研究和教学的更多关注，希望能够借助本书的推广和使用，进一步推动相关研究和教学，为培养更多优秀的国家对外传播人才做出应有的贡献。